Adolf Schöll

Archäologische Mitteilungen aus Griechenland

EHV
HISTORY

Adolf Schöll

Archäologische Mitteilungen aus Griechenland

ISBN/EAN: 9783955641627

Auflage: 1

Erscheinungsjahr: 2013

Erscheinungsort: Bremen, Deutschland

EHV
HISTORY

ARCHAEOLOGISCHE

MITTHEILUNGEN AUS GRIECHENLAND

NACH

CARL OTFRIED MÜLLER'S

HINTERLASSENEN PAPIEREN HERAUSGEGEBEN

VON

ADOLF SCHÖLL.

––––––––

I. ATHENS ANTIKEN-SAMMLUNG.

I. HEFT.

Mit sechs Tafeln.

FRANKFURT ⅟M. 1843.

VERLAG DER JOH. CHRIST. HERMANN'SCHEN BUCHHANDLUNG.

F. X. SUCHSLAND.

ARCHAEOLOGISCHE

MITTHEILUNGEN AUS GRIECHENLAND.

I. ATHENS ANTIKEN-SAMMLUNG.

Inhalt.

Vorwort.

Der Begleiter O. Müller's auf seiner Reise in Griechenland im Jahr 1840, deren Opfer dieser grosse Gelehrte geworden ist, hat es für seine Pflicht gehalten, dass die zu theuer erkauften Früchte dieser Reise der Oeffentlichkeit nicht vorenthalten blieben. Zwar war es nicht Müller's Absicht, ein Buch über die Reise herauszugeben, sondern nur die manichfaltigen Resultate derselben theils kleinen Monographieen, theils jenen umfassenden Werken der Alterthumsforschung einzuverleiben, deren künftige Abfassung oder Ueberarbeitung er bezweckte. Müller's Tagebücher enthalten natürlich nur kurze, nach Orts- und Zeit-Gelegenheit aufgesammelte Notizen des Verschiedenartigen, wie es Weg und Stunde im Nebeneinander und Durcheinander bieten mochten. Aber im Ganzen ist Desselben für die kurze Zeit der Sammlung unglaublich Viel, und vom Einzelnen nicht Weniges, was, an die rechte Stelle gebracht, von besonderem Interesse für den Archäologen sein muss. Weil bei diesen Bemerkungen der Herausgeber der beständige Begleiter seines Freundes war, konnte er mit Dessen ihm anvertrauten Tagebüchern seine eigenen verbinden und die so durch gegenseitige Ergänzung vermehrten und verdeutlichten Aufzeichnungen unter bestimmte Gesichtspunkte ordnen.

Die Inschriften, deren Müller einen erheblichen Schatz gesammelt hat, schien es passend, an Boeckh zu übergeben, in dessen Corpus Inscriptionum sie doch aufgenommen werden mussten. Eine nach Umgebung und Behandlung bessere Unterkunft konnten sie nicht finden. — So blieben diejenigen Notate übrig, die sich auf Antiken, auf Monumentenkunde und Chorographie beziehen. Diese zusammenzustellen und zu erläutern, ist die Absicht des Herausgebers, ohne Ausschliessung derjenigen Inschriften, die mit Bemerkungen solcher Art zusammenhängen.

Der erste Theil soll in zwei Heften, von welchen das erste hier vorliegt, den Antikenvorrath von Athen umfassen. Ein zweiter könnte den architektonischen Denkmalen von Athen nebst den ihnen angehörigen Sculpturen gewidmet werden; ein dritter den beiden Wanderungen, in Morea und in Rumelien.

Die Erscheinung dieses ersten Heftes ist durch äussere Umstände verzögert worden, die zu beseitigen nicht in der Macht des Herausgebers lag. In zwei einleitenden Aufsätzen suchte er den Zustand Griechenlands in archäologischer Hinsicht übersichtlich zu machen; durch die Abhandlungen, welche jedem Abschnitte des Verzeichnisses attischer Antiken beigefügt sind, die Bedeutung derselben für Kunstgeschichte und Alterthumskunde näher zu bezeichnen und vergleichend zu entwickeln. Auf gleiche Weise ist das zweite Heft angelegt, das vorzüglich die Grabstelen, Urnen, Sarkophage der athenischen Sammlung, auch einige dort befindliche Bronzen, Terracotten, Vasen behandeln wird.

Wem die Beschreibung des Einzelnen im Verzeichnisse bisweilen zu ausführlich scheinen will, der bedenke, dass ohne solche Ausführlichkeit, die für den Verfasser ungleich mühsamer, als den Leser ist, Nachrichten von Antiken, die von keiner graphischen Darstellung begleitet sind, für den Archäologen — mehrfältige Erfahrung hat mich davon überzeugt — gar keinen sichern Gebrauch zulassen. — Nur einen kleinen Theil des Verzeichneten, war es vergönnt, auf den beigegebenen Tafeln durch Abbildung zu verdeutlichen. Sie rühren von Müller's Zeichner, Fr. Neise her. Wenn es Demselben bei der Kürze der Zeit zum Abzeichnen und sonstigen Hemmnissen auch nicht möglich war, stets den Styl der Werke treu und fein genug wiederzugeben, werden die Tafeln doch die bestimmtere Auffassung des Beschriebenen erleichtern. Einige nicht griechische Antiken, die seine Blätter enthielten, wurden gleichfalls, weil sie theils unedirt, theils zur Vergleichung geeignet waren, in die Tafeln aufgenommen und im Texte berücksichtigt.

Trotz dem beschränkten Apparate werden Kundige im Einzelnen Neues und Belehrendes, im Ganzen eine Zusammenstellung, die bisher gefehlt hat, in diesen Mittheilungen erkennen. Finden sie Verbreitung, so sei es zur Ehre des umsichtigen, begeisterten, unermüdlichen Forschers, der den treusten Eifer für die geistige Wiederherstellung des Alterthums mit seinem Leben besiegelt hat!

ARCHAEOLOGISCHE

MITTHEILUNGEN AUS GRIECHENLAND.

ANSCHAULICHKEIT DES GRIECHISCHEN ALTERTHUMS IM LAND UND SEINEN UEBERRESTEN.

Dem Freunde des Alterthums beut das jetzige Griechenland in gewissem Sinne weit weniger als Italien, in anderem viel mehr. Der ungelehrte Besucher, der auf seinem Boden sich von lebhaften Eindrücken des Alterthums umgeben zu sehen hofft, findet sich getäuscht. Er trifft im Ganzen — die zahlreichen Reste von Städtemauern ausgenommen — auf wenige Ruinen der Architektur, deren er auf einer Reise nach Neapel und Sizilien mehr, ihm vielleicht imposantere beschauen konnte. Was er von plastischen Werken und antiken Geräthen vorfindet, bleibt, Alles zusammengenommen, an Zahl weit unter dem Reichthume irgend eines der nahmhafteren italischen Museen, und von diesem kleinen Vorrath ist wieder der grössere Theil von unerheblichem Kunstwerth. Wer aber vorbereitet diese verödete, einst so geistvolle Welt betritt, der fühlt sich lebhafter und tiefer in's Alterthum zurückversetzt, als unter den reicheren Genüssen der italischen Monumente und Sammlungen. Fast möchte man sagen, dass sich der alte Gegensatz von Rom und Griechenland noch in der Nachschattung erhalten habe: dort die imponirende Grösse und Fülle, hier das sinnvolle und schöne Maass.

Das Land, das in Italien zu einem Bilderbuch so vieler Zeiten geworden ist, gewährt in Hellas vor Allem den Eindruck einer grossen Bühne der Erinnerung nur an die classische Zeit. Denn das Mittelalter — zerfallene Thürme und ein Paar Klöster auf Inseln ausgenommen — tritt uns nicht entgegen. Von den Türken erzählen nur unbedeutende, jetzt noch verringerte Moscheen, kleine Minarets, kleinliche, meist geschleifte Festungsmauern und nützliche zwar, doch ungeschmückte Wasserleitungen und Brunnen. Und was die junge Gegenwart am Lande hat thun können, ist so unverhältnissmässig klein gegen die grossen Möglichkeiten, die sich an ihm darstellen, wie die Bevölkerung ohne Verhältniss gering ist gegen die Landschaften. Welche Lagen, und wie klein und formlos die wenigen Städte, welche Küsten-Ebenen und Thäler, unbebaut, welche Häfen, und wie wenig Schiffe! Alles nur eben noch so bewohnt, um bereist werden zu können mit Gedanken an die einstigen Bewohner. Es ist so still um den Wanderer her in Griechenland. Was am meisten den Sinn einnimmt, mit den erhabensten Zügen die Betrachtung beschäftigt, das gerade ist noch ganz das Alte, das Aelteste, der vorbildende Grund, von dem das sittenreiche, bildsame Leben der Hellenen umfangen war — diese Natur, die in ihrer Verwandtschaft zum alten Volksgeiste die Erinnerung an ihn so mächtig hebt und wieder von ihr belebt wird. In stets erneuten Uebersichten unter dem lauteren, glühenden Himmel, von Insel zu Insel-Gruppen, die, wie Marmorwände, auf der blauen See erschimmern, von Küstenhöhen zu jenseits klaren

Küsten und Zinnen, vom Bergrücken hinab in Pässe, Thalgewinde, Durchsichten auf's Meer, und hinüber zu herumstehenden Bergen, die einander überragen, erbauen sich dem Auge die Scenen früher Wanderungen und Kriege, öffnen sich die gesonderten Kreise alter Völkerschaften, blinken die Gipfel alter Religionen und Gesänge. All' diese in der Geschichte verewigten Ortsnamen, diese von der Poesie, die sie wiegten, vergötterten Räume, werden helle, grosse Bilder und sehen, in ihrer einsam heitern Dauer von keiner zerstreuenden Nachwelt beeinträchtigt, den Gast aus später Zeit und ferner Heimat so edelschön und gewohnten Gedanken, geahnten Empfindungen so zusagend an, dass sie eine Heimat anderer Art dem Geiste werden.

Unter den mächtigen Bildungen und ruhig tiefen Farben dieser selbst so denkwürdigen Landesnatur stösst nun aller Orten der Reisende auf Wohnspuren jener längst vergangenen Bevölkerung, die von allen, welche seither durchziehend, erobernd, übrig bleibend sich darin zerstreut und angesiedelt, allein würdig gewesen ist, in dieser Natur erzogen zu werden. Nicht alle dieser Spuren sind für das Auge bedeutend; aber alle sind lehrend, nicht wenige vom tüchtigsten Charakter, und ihre Menge im Ganzen macht eine ausgedehnte, stets nahe Grundlage geschichtlicher Betrachtungen. Da sieht man überall wieder Hügelfelsen zu Terassenwänden geglättet, zu Nischen geräumt, Treppen darin gehauen, in die Bergzwingen Fahrwege gebrochen mit tiefgefurchten Gleisen, auf den Hügelplatten Säume für Gebäude, Rinnen für den Wasserabfluss gezogen, in ihre Tiefe hinab Zisternen und cylindrische Vorrathsräume gehauen, in ihren Blöcken Sarkophage gebildet oder am Fusse Grabkammern gearbeitet. Dies ist zunächst die kleine Schrift, in der man das alte, verschwundene Leben dem Boden eingegraben findet; und auch Buchstaben und Zeilen wirklicher Schrift haben einzelner Orten an solchen Felsen, bisweilen in recht alten Zügen, sich noch erhalten, die da sagen, welches Bezirkes Grenze bis hierher gegangen, oder welcherlei Gottheiten die Stätte heilig gewesen. Man wird bei diesen Spuren nicht, wie etwa bei den ungeheuern ägyptischen Katakomben und ihrem unzählig wiederholten nüchtern phantastischen Inhalt, an ein idiosynkratisches, ein eigensinnig angestrengtes Cultursystem, man wird hier nur an die zweckmässige Ausbildung des Mutterbodens erinnert, wie menschlicher Bedarf sie fordert, Verstand mit gemüthlichem Sinn und williger Hand im Bunde leistet. Die Grundform des Ganzen folgt der natürlichen Anlage; Alles ist traulich; Wohnraum und Götterzelle, Hutgrenze und die Felsensitze für die Versammlung, die Behälter für Nahrung und Trunk und die Aschenkammern für die letzte Ruhe — Alles nahe beisammen, von keiner mitgebrachten Willkühr, von Ortsgelegenheit und schlichter Besonnenheit gemessen und voneinander nicht mehr, als die Bestimmung erheischte, gesondert. Dabei wird Einem der enge, kindliche Bund mit der nächst umgebenden Natur, der überall der griechischen Sittlichkeit zu Grunde liegt, und der Zusammenhang recht fühlbar, in welchem die klare und bestimmte Anschauung, die vom feinen Verstand und Urtheil der Griechen gleichsam die Mutterzelle bildet, mit der Offenheit und Uebersichtlichkeit schon ihres äusseren Lebens gestanden hat.

Zugleich aber geben eigentliche Bau reste, zahlreich in jeder Landschaft, oft von unglaublicher Festigkeit und grosser Ausdehnung, einen Maassstab für die Energie und das Thatleben dieser kleinen Völkerschaften: die sicheren Höhen und die schliessbaren Pässe, worin die Natur ihnen Mittelpunkte und Schutzgrenzen des Zusammenhalts und dazu das Material der Befestigung anbot, haben sie mit gewaltigen Mauern gegürtet, mit Warten und starken Burgen bepanzert. Dieser wiederkehrende Abschluss der Stadtgebiete und Landschaften gegen einander bringt den Hauptvortheil für die Entwicklung, in welchem sich die Griechen, verglichen den Asiaten, befanden, die Menge haltbarer, beschränkter und darum in sich freierbelebter Sammelpunkte, zur Anschauung. Hier konnten nicht unermessliche Volksmassen im bienenartigen Drang sich zusammenbauen, die zum Bestande bald einer gewaltsamen Bindung bedürfen, die dann in Erstarrung oder zerfallende Schwäche übergeht. Hier trennten und verbanden sich mässige Haufen in mannigfaltiger Selbständigkeit und wetteifernden Gegensätzen. Und wie rüstig die Uebung in diesen Gegensätzen, wie gespannt der Trieb der Selbständigkeit, wie nöthig den Gesonderten Tapferkeit gewesen sein muss, das sagt die Zahl der Festungen, ihre mühsame Höhe, die Dicke der Mauern, die Mächtigkeit der Blöcke, die so oft allseitig in einander ein- und übergreifend ein redender Ausdruck vom fest entschlossenen Verbande und hartnäckigen Widerstande sind. Mit saurem Schweiss in jener heissen Luft erklimmt man die steilen Hügel, auf welche diese Geschlechter noch solche Blöcke schleppten und thürmten, und deren beschwerliche Pfade die Bewohner täglich hinauf und hinab wandelten. Noch lässt etwa in einer Hügelbucht die geformte Krümmung, oder was bei ihr sich zudem von Steinbegrenzung erhalten hat, die Rennbahn erkennen, wo Knaben und Männer zu solcher zweckmässigen Tüchtigkeit, zur Gesundheit und Selbstbehauptung sich zubereiteten. Und es kann mit solchen Ansichten leicht auch der Blick nach der See auf einen Hafen mit Resten antiker Dämme sich verbinden, um gleichzeitig das weitere Uebungsfeld der alten Griechen, die Schule ihres Muthes und ihrer Gewandtheit, der Gefährten-Verbindung untereinander und weckender Berührung mit Fremden in's Gedächtniss zu rufen. Wie nahe sind sich überall Gebirg und Strand, Jagdhöhen und Thalgefild! Es liegt vor Augen, dass innerhalb der Landschaft die natürlichen Stände leicht und nothwendig ineinander eingreifen, ihre Erfahrungen und Sinnesarten sich austauschen und verbinden, die mannichfaltige Brauchbarkeit und Bildbarkeit eines Naturbezirks für Menschenzwecke sich Allen erklären musste. Alle in solchem mehrseitigen Zweck-Umgange mit der Natur und mit einander, Alle durch die unvermeidlichen Verwickelungen mit gleich natürlichen Absichten und Hoffnungen der Nachbarn stets wach und thätig in Angelegenheiten erhalten, die von Trieb, Reiz und Leidenschaft aufgedrungen und erhitzt, doch immer zugleich praktisch verständig und wohlabsehbar waren, mussten sie ein Leben führen, das nicht minder und nicht mehr drang- und thatreich, als bewusst und begriffen war.

So erkennt man am Bilde der Landschaften mit ihren Resten alter Stadt- und Hafengebiete auch noch den Plan und Vorzug der inneren Welt der Griechen. Aus dieser im Landesplan angelegten Sonderung der Anbauer, die doch zugleich Verbindung war und ihre erleichterte und hervorgereizte Zweckthätigkeit durch Beschränkung bestimmt und überschaulich, durch Gegenseitigkeit scharf und bewusst machte, erklärt es sich, dass bei den Griechen Sinnlichkeit und Verstand, Phantasie und Wille — bei Orientalen in wilder Ehe oder tödtender Scheidung begriffen — einander zu einer so anschaulichen, wie begrifflichen, so bildlichen, wie praktischen Ideenwelt durchdringen konnten. Allen deutliche Gemeinzwecke und Wechselbestimmungen hafteten an den Höhen und Gründen, den Kreuzwegen und Buchten der umgebenden Natur, verwandelten und wiederholten sich mit dem Jahreslauf, bildeten die Grundlage für gemeinsame Zustände und Einrichtungen, Entschlüsse und Streitigkeiten.

Diese in die Knoten und Perioden der Wirklichkeit, und an ihr entwickelter Sitte, eingekleideten allgemeinen Bestimmungen bildeten das System der vergeistigten Naturanschauung des Griechen. So entstanden ihm seine Götter, deren Wesen auf den schöpferischen Gründen und Zwecken der Naturbezirke ruhte, und deren Wirken darin gesehen wurde, dass der Inhalt und die regelmässigen Vorgänge dieser Naturkreise dem Bedarf und Streben des Menschen entgegenkamen, eine seiner Bestimmung entsprechende Zweckmässigkeit und seinem Verstande gleiche Gesetzmässigkeit entfalteten und behaupteten. Wie daher die Landschaft menschliches Wohngebiet, Nähr- und Wehrkreis, ihre Gaben erkannte Eigenthümer, ihre Fähigkeiten und Veränderungen Regeln menschlichen Thuns und Genusses, all ihre Zweckanlagen menschliche Siften werden: so stiegen aus ihr dem Griechen in der Betrachtung dieses Prozesses von selber die Wesen auf, die das Natürliche dem Menschlichen, das Vorhandene und Vorgehende dem Willen und Wissen, das Nothwendige dem Freien aneignen und sittlich verknüpfen. In der Selbstbeschauung der Cultur wurden dem Griechen seine Götter Inbegriffe der Natur und zugleich der menschlichen Geistigkeit, ausgestattet mit den Grundzügen der Wirklichkeit, aber eingebildet in Menschengestalt.

Es waren auch allein diese gemeinsamen Bestimmungen in Natur und Geist, allein die Götter, welche als anerkannte Verbindungsmacht die griechischen Völkerschaften zusammenhielten. Statt umfassender Reiche, wie sie die leichte Verselbständigung der kleinen Staaten nicht aufkommen liess, machten die Ideen allgemeiner göttlicher Lebensleitung das Band und Mittel für Staatenvereine und Nationalbewusstsein. Griechenlands Grosskönige waren nur die Gottheiten: als Königstädte zur Sammlung und Darstellung der Kräfte und Schönheit des Volkes dienten nur Bundesheiligthümer; den Landfrieden geboten und die Musterungen bewirkten blos die heilig gehaltenen Feste der erneuten Himmelsordnung mit ihren freibesuchten Wettspielen. Keine Standarten und Rundwachen eines Oberherrn, aber auf den Meerstrassen liegende Inselheiligthümer, die Bergpässe schirmende Götterhaine, Tempel auf Landengen, im Hafen, am Vorgebirg schützten die Wege des Verkehrs, die Märkte, die Waaren und das gewonnene Gut; und anstatt oberster Verwaltungsbeamten empfingen die zahlreich und weither besuchten Orakel fortwährend Kunde von den Zuständen getrennter Geschlechter und entlegener Volkskreise, waren die sichern Niederlagsorte für Nachrichten, Pfänder, Tauschgüter, und die kundigen Rathsbehörden für Streitigkeiten der Staaten, für Unternehmungen der Seefahrer und entfernte Pflanzungen. Durch solche heilige Verbindungspunkte blieben auseinander geführte Griechenstämme, so wie die Zweige ihrer Bildung, und einheimische Staaten mit auswärtigen in Zusammenhang und Austausch.

Dies, dass die letzten Instanzen dieser Nation, deren Land ein Schema der Freiheit war, überall nur Ideale des allgemeinsten natürlichen und sittlichen Bedürfnisses, die Anstalten und menschlichen Vertreter der Ideale nicht mit äusserlich überherrschender Gewalt, sondern blos mit einer Macht belehnt waren, die sich auf die innere Nöthigung der Gemüther gründen und durch wirkliche Verwerthung für die praktischen Verhältnisse behaupten musste, diese in ihrer Art einzige Befestigung der höchsten Interessen des Volkes nur in einer geschichtlich entwickelten Phantasie der Bewusstseinsgesetze ist die Ursache, warum das alte Griechenvolk, wie kein anderes, ein Volk der Kunst werden musste.

Da der Zusammenhalt der Landschaften untereinander und der Völkerschaften im Bunde durch die Phantasie des Glaubens allein gegeben war, so konnte er auch gestaltet nur für die Phantasie und lebendig nur in ihrer bildenden und sinnenden Begeisterung unterhalten werden. Die Asyle der Einigkeit und Gemeinkraft, der Gesammtwürde und Sicherheit mussten sich in Götterheerden erbauen, die ihre Macht und Würdigkeit für die Phantasie unmittelbar ausdrückten. Die Ideale aber dieser Macht, da sie in alle Grenzen und Vermittelungen des Handelns hereingriffen, zogen die Mittel und Früchte des Lebens, die Waffen und Freudengeräthe der Sitte und den Schmuck der Gesellschaft als ihr Gewand, die Energieen des Lebens und Strebungen der Geister als ihr Inneres an. Plastische Tempelgebäude und plastische Göttergestalten erstanden aus einer inneren Nothwendigkeit. Das Anerkennen aber von der Tugend und Heiterkeit des Volkes im Zusammenhang mit diesen Idealen konnte sich nicht in Würdebelehnungen von höchsten Behörden herab und hinauf, die es nicht gab, aussprechen, sondern nur in der freithätigen Darstellung der Tugend und Heiterkeit Aller aneinander und miteinander, im festlichen Aufzuge, wo Alle abwechselnd Glieder und Zuschauer waren, in Kämpfen der Volksfeste, die keinem Streite, noch Erwerbe, nur der Offenbarung gottgegebener Tüchtigkeit und Wertherkenntniss galten. Und weil die Vertreter der allgemeinen Begeisterung die Form derselben und ihr Wissen durch keine äussere Gewalt befestigen und verbindlich machen konnten, so mussten von ihnen stets diejenigen an die Spitze treten, welche in thätiger Phantasie die herkömmlichen Ideale mit der fortschreitenden Sittlichkeit zu vermitteln wussten, die wahrhaften Seher und Meister musischer Chöre, die schaffenden Künstler und geistreichen Dichter.

So wie nun der Besucher Griechenlands die erste Bedingung zu einer solchen ideal-wirklichen Bildung noch in den Grössenverhältnissen der Landschaften und Graden von Abgrenzung und Oeffnung gegeneinander verzeichnet sieht: so findet er auch die Malstätten dieser Bildung und ihrer Feste noch nicht von jeder Spur der alten Bedeutung entblöst. Noch beut ihm der Boden wenigstens die Bezirkslinien zur Anknüpfung seiner Erinnerung an den Reichthum von Denkmalen und das kräftige Leben, womit diese Stätten verherrlicht waren; noch spricht in hingestreuten Trümmern und Ruinen die alte Baukunst an den Orten ihrer Entstehung ihn an. Im waldgesäumten Thale von Olympia trifft er am Fusse jenes steilen Hügels, der vor Zeiten durch die Opferasche jeder Festepoche höher wuchs, die Grundmauer und ein Paar grosse Säulenstumpfe von dem Tempel, in welchem einst der colossale Zeus des Phidias thronte; auf dem Isthmos, im Angesicht der prachtvoll umgürteten Meerenge, Mauerreste und Bautrümmer von dem Bezirke des Poseidon, wo die Wagenrennen gefeiert wurden; in Nemea's von malerischen Hügeln und fernschimmernden Kuppen umgrenzten Thale unter grünen Rückwänden über gefallenen Colonnen noch eine Säulengruppe vom Tempel des Zeus der Nemeischen Spiele. Auch Delphi verräth noch durch Terrassenmauern und Marmorstufen die Umgrenzung und Stelle seines Orakels, auch Delos durch Säulen einen Tempel desselben Gottes und in plastischen Architekturtrümmern die Härde seiner Opferfarren, Eleusis durch Hallenreste und Plattformen den einst so heiligen Boden, Epidauros in edeln Bruchstücken die Tempelstadt des Heilgottes. Und es gemuthet anders, in einer stillen griechischen Waldschlucht oder auch auf einer Höhe, wie Akrokorinth, unter den grossartigsten Ansichten des Meeres und seiner gewaltigen Gebingswälle bei Trümmern eines Tempels zu stehen, als wenn man römische Ruinen mitten unter neuen Gebäudemassen oder in dieselben eingemauert sieht. Leichter wird die Einbildung zurückgeleitet zur alten Bedeutung und Gestalt von Ueberbleibseln, die sie, wie die Tempelzellen zu Rhamnus, in der Wildniss, überwachsen von Gestrüpp, als wenn sie solche unter den Häusern und dem Getreibe jetziger Bevölkerung antrifft.

Es beschränkt sich aber, was die Erde Griechenlands von alter Architektur behalten hat, nicht blos auf solche mehr mahnende, als darstellende Spuren; wie man denn Fundamente und Gliederstücke von grössern und kleinern Heiligthümern in allen Theilen des Landes auf jeder Tagereise einmal oder mehrfach bemerken kann; sondern es reichen auch Ruinen besseren Standes noch hin, von den verschiedenen Stufen der griechischen Baukunst und von der Vollendung, die sie erreicht hat, bestimmtere Begriffe zu geben. Tiryns auf dem Küstengefild von Argos, dieses Castell von ungeheuern Blöcken, und zu Mykenä das unterirdische, auf runder Grundfläche sich bis zur schliessenden Spitze verjüngende Gebäude, ausserdem cyklopische Mauern, wie sie in keinem Strich des Landes fehlen, rücken bei verschiedener Anlage und Ausführung mit gleichem Nachdruck den Bautrieb alter Zeiten vor Augen, dem die massive Festigkeit und Dichtigkeit der Construktion noch das Hauptaugenmerk war. Zu Euböa das kleine Heiligthum der Himmelsgöttin auf der Höhe des Berges Ocha, die Wände gedeckt von über einander vortretenden, immer längeren und leichteren, zuletzt durch verbindende Platten geschlossenen Blöcken, gewährt das Beispiel eines alterthümlich einfachen Tempels. An andern bedeutenden Ruinen stellt sich die Säulenarchitektur musterhaft oder mit interessanten Abweichungen dar. Der Tempelüberrest auf der Stadtfläche von Korinth, ist gleich sein Alter, nach der Lindigkeit des Profils vom Capitälhalse hinauf zu urtheilen, schwerlich so früh, als es die herrschende Meinung schätzt, gemahnt doch durch das Gedrungene, Stämmige seiner aus einem Stück gehauenen Säulen an den alten Charakter des dorischen Styls. Nicht mehr aus einem Stück und gestreckter sind die Säulen des Aeginetischen Pallastempels, der wohl erkennbar nach Eintheilung und Gliederverhältnissen, den entwickelten dorischen Styl in der Stärke seiner mässig strebenden Säulen, der sattsamen Schwere des Gebälks und den geregelten Ziergliedern anschaulich macht. Den auf dieselben Prinzipien gegründeten, edler und feiner entfalteten attischen Styl zeigen zu Athen der in seiner Gesamtgestalt so gut erhaltene, schlanker als der äginetische gestellte Theseustempel, die grossartigen Propyläen der Akropolis, diese dorischen Hexastyle vor und nach einem Durchgange, welcher drei ionische, prächtig hochwüchsige Säulen entlang führt; es zeigt ihn die Ruine des Parthenon in hoher, einziger Schönheit. Wiederum lässt einen mehr verdünnten dorischen Styl die noch übrige heiterschlanke Säulenreihe des Tempels auf dem Vorgebirge von Attika bei Sunion sehen. Athen giebt auch vom ionischen Styl in dem kleinen Tempel der Siegesgöttin vor dem Südflügel der Propyläen ein eigenthümliches Gebilde, das in seinen Hauptverhältnissen eine schlichte Tüchtigkeit, in den Formgliedern Anmuth ohne Weichheit hat. Und die höchste Blüthe des ionischen Styls und zierlichste Feinheit der Ausführung trägt auf der Akropolis das Erechtheion an sich, dieses im Verhältniss zu seinem Umfang so ungemein reiche, für die Ansicht mannichfaltig schöne und in den Theilgliedern reizend geschmückte Tempelgebäude. Es sind diese attischen Monumente, welche, zumal durch die Vergleichung und Ergänzung der Eindrücke bei ihrer Nähe untereinander, die Energie der griechischen Baukunst im Verbinden und plastischen Entwickeln der Glieder und die Vollendung im Ausführen in einem Grade kennen lehren, wie man sie ausserdem nirgends, auch in sizilischen Tempelruinen nicht wiederfindet. Hier in Athen ist es ja auch, dass korinthische Bauformen, die man jetzt in Korinth vergeblich sucht, sich noch in leichter, gefälliger Blüthe am Denkmal des Lysikrates und in colossaler Pracht an den Säulen des Olympiertempels darstellen.

Ist es nun bei mehreren dieser Denkmäler die im Zerfall noch unverwüstliche klassische Schönheit, wodurch sie verdienen, dass man zu ihnen hin wallfahre, so kann auch keine Zeichnung die Linienfeinheit und zarte Profilschärfe ihrer Formen in d e r Wirkung wiedergeben, die sie an Ort und Stelle im tieflichten Aether des griechischen Himmels behaupten. Diese Klarheit der durchsonnten Luft, die das Auge des Griechen so feinsinnig werden liess, dazu die grossen Akkorde, die zu diesen Gebäuden ihre Naturscene mit beschaulichem Bergformen und Meeresflächen bildet, erschliessen ein unmittelbares Verständniss der hellenischen, vor allem der attischen Architektur. Man fühlt es, wie sie für diesen Himmel und diese Erde gehört, in deren Umfassung sie aufgewachsen ist, und wie dieser helle, schönumschriebene Horizont für sie gehört. Man möchte glauben, dass dieser Zusammenhang der Bauformen mit der umgebenden Natur nicht blos in jenen nach den Völkerschaften benannten Stylen, sondern bisweilen sogar im Verhältniss des einzelnen Gebäudes zum Charakter seiner Oertlichkeit sich ausspreche. So wird als Baumeister des arkadischen Tempels, der ebenfalls zu den besterhaltenen gehört, des Apollontempels zu Bassä, Iktinos, der attische Meister genannt, und das Gebäude hat in der Hauptgestalt zwar die schlankere Führung dorischer Formen, wie der Parthenon, aber der Charakter des Giebelrahmens und seine Verzierung ist ionisch; wie denn auch im Innern aus Nischenpfeilern der Seitenwände ionische Säulen herauswachsen mit eigenen Capitälen und breit zum Boden abfallenden Basen. War ohne Zweifel die eigenthümliche Raumbildung des Innern durch besondere Zwecke des Cultus erfordert, so will mir doch scheinen, dass aussen an der Krönung jene weiche Grenzlinie und der hervortretende Blätterschmuck, so wie im Innern die frei behandelten Säulenkronen und jene breit in den Boden greifenden Basen etwas von dem Typus des Wurzelns und Wipfelns wiedergeben, der auf dieser Gebirgshöhe ringsumher im Waldleben herrscht, und dass diese gelassenen und im Vergleich mit den attischen minder feinen Motive, so auch der örtliche schwarzgraue Stein, eben so gut zur einsam wilden Lage stimmen, als in Athen zur offneren und klarer bestimmten Landschaft der helle und goldtönige Pentelische Marmor, und die edleren Formcharaktere.

Die Trümmer des alten Griechenlands sind unglaublich redend auf ihrem Boden, weil man immer umher in der Natur den Volkscharakter und die Geschichte angedeutet sieht, deren Erzeugniss und Ausprägung sie waren. Der Hauptzug ihrer Formen, das fasslich Entwickelte und harmonisch Verbundene, erscheint auch in den Gestaltungen des grossen wilden Baues, der sie umgibt. Der leuchtende Tag theilt Alles in ausgesprochene Massen von bestimmten und stetigen Grenzlinien, die nicht, wie höher im Norden, durch manigfaltige Wolkenschatten und Dunstreflexe undeutlicher gemacht und phantastischer zerstreut werden, nicht durch Vermischung mit den krauseren Säumen verbrämender Vegetation in duftige und schattige Weichheit sich verlieren, sondern die Flur- und Waldzeichnung selbst wird im näheren Umkreis ganz deutlich gesehen, und den fernen Bergen, an welchen sie verschwindet, gibt der heitere Luftspiegel gleichtönige Massen und feste Umrisse. Das Ansehen der Natur ist plastischer als bei uns. Ihm ist der Charakter dieser Architektur verwandt. Sie will nicht durch das Ungeheure imponiren, noch mit äusserlich aufgetragenen Bedeutungszeichen sich schmücken, noch vorbereiten auf ein gedachtes Innere, sondern sie setzt ihren eigenen Zweck, einen Raum abzuschliessen und zugleich zugänglich zu machen, und ihre eigenen Mittel in steigenden und bindenden Massen, und den Zusammenhang selbst von Zweck und Mittel auf's Unterscheidbarste und Gediegenste auseinander. Sie stellt selbst ihren Sinn im reinen und vollendeten Körper dar, so dass sie einem anschaulichen Organismus ähnlich und hierin plastisch ist. Weil sie so das Insichberuhen und Gleichgewicht einer grossen Gestalt sichtbar macht, kommt auch an ihrer Stirn der förmlich plastische Schmuck der Metopen, und in ihrer Krone, dem Giebel, die Statuencomposition nicht als ein Fremdes, sondern als eine Blüthe ihres eigenen Prinzips zum Vorschein. Dieses plastische System, welches man mit Recht das charakteristische des griechischen Volksgeistes nennt (denn er zeigt es, wie in der Architektur, so in der älteren Kunst der Dichtung und der jüngeren der Malerei), legt sich umfassend in der vollständigen Erscheinung eines griechischen Tempels mit seinen eingefassten und angehörigen Sculpturen dar.

Man kann den griechischen Tempel ein System der Plastik nennen, worin dieselbe zugleich in ihrer ersten Form und Hülse, dem gebundenen Gleichgewicht, als Bauzusammenhang, und in ihrer zweiten Form und Knospe, dem halb noch gebundenen, halb organischen Gleichgewicht, als Relief am Bau, und in ihrer dritten Form und Blüthe, dem rein organischen Gleichgewicht, als Götterbild im Bau, vollendet und musterhaft sich offenbart. Was der griechische Boden bewahrt hat von plastischen Ueberresten an und neben den architektonischen, indem es uns zur Anschauung dieses einzigen Systems verhilft, kommt an Werth für die Geschichte dem Edelsten gleich, was die Literatur der Griechen uns von ihrem Dichten und Denken erhalten hat. Die grossartigsten und lautersten Gebilde der griechischen Plastik von allen der Zerstörung entgangenen sind solche von Tempelgebäuden. Ihre Schönheit und Bedeutung ist so gross, dass selbst der ganze reiche Antikenfund des italischen Bodens keinen Ersatz für sie gewähren könnte. Erst nach der Mitte des vorigen und im Anfang dieses Jahrhunderts hat man durch Stuart und Elgin die Sculpturen vom Parthenon näher kennen gelernt, erst vor dreissig Jahren in den von einer Gesellschaft dänischer und deutscher Reisenden entdeckten Giebelstatuen des äginetischen, und Friesreliefs des arkadischen Tempels, ebenso authentische Werke aus derselben grossen Kunstperiode hinzugewonnen; und erst seitdem besitzen wir einen Maasstab für die Vollkommenheit der griechischen Plastik und ihre geschichtliche Entwickelung. Die äginetischen Gestalten in ihrer gemessenen Rüstigkeit sind von einem festen, und in dieser festen Bestimmtheit beitern Geiste volksthümlicher Sitte durchdrungen und gehalten. Die attischen des Parthenon beseelt in ihrer grossartigen Ruhe und adeligen Energie ein schönes freisinniges Selbstbewusstsein. In den Kampfbildern des arkadischen Frieses bewegt sich eine pathetischkühne Thatlust. Inzwischen haben diese Kenntniss die in Sicilien zu Selinus 1823 von zwei Engländern gemachte Entdeckung von Tempel-Metopen, und in Griechenland die Ausgrabung von Metopen-Bruchstücken des Zeustempels in Olympia, ein Ergebniss der französischen Expedition, lehrreich vermehrt. Jene selinuntischen Sculpturen von drei verschiedenen Tempeln stellen zum Theil einen der ältesten Charaktere griechischer Plastik, zum Theil in hoher Trefflichkeit eine dem Styl der äginetischen Figuren verwandte Kunstausbildung vor Augen. Die Reste der Olympischen Metopen in ihrer naiven Derbheit und Bewegtheit nähern sich dem Styl jener Friesreliefs des Tempels zu Bassä. Wirklich sind sie auch mindestens unter dem Einflusse derselben attischen Bildnerschule gearbeitet, von der die Letzteren und in Athen die Metopen des Parthenon herrühren.

Von diesen Zeugnissen der antiken Bildung, die der griechische Boden so lange bewahrt hat, ist freilich der grössere Theil dort nicht mehr, sondern in europäischen Sammlungen zu finden; im britischen Museum die besterhaltenen von den unvergleichlichen Giebelstatuen des Parthenon und von seinen Metopen, so wie das Bedeutendste seiner Friesdarstellung; daselbst auch die Bildwerke des arkadischen Tempels; die des äginetischen in München, des olympischen im Louvre. Aber es tragen doch noch in Athen, der kleinen Reliefs am Denkmal des Lysikrates und der immerhin interessanten Windefiguren am achteckigen Thurme zu geschweigen, das Theseion und der Parthenon Ueberreste ihres Sculpturenschmuckes an sich, und die Karyatidenhalle am Erechtheion besteht noch. Zudem sind neuerdings dort ausgegraben vom Parthenonbildwerk manche erhebliche Stücke, von der Brüstung am Niketempel treffliche Reliefs, nebst dem grösseren Theil seines plastischen Frieses, von welchem nur vier früher von ihm getrennte Stücke durch Elgin nach England gekommen waren. Und in der Schutträumung am Erechtheion sind wenige, aber kostbare Fragmente von den kleinen hocherhabnen Figuren, die an seinem Friese befestigt waren, an's Tageslicht getreten.

Dieser Vorrath in Athen von Ueberresten architektonischer Sculpturen aus der grössten Epoche der Plastik ersetzt, was ihm ab Zahl abgeht, durch die Schönheit der besser erhaltenen Fragmente, durch den Werth aller für die Wiederherstellung ihres Ganzen in der Vorstellung, und durch ihre Wichtigkeit für die Erkenntniss der Styl-Unterschiede, in welchen die attische Sculptur sich bewegt hat. Auch bedarf es keiner Erinnerung, dass am Gebäude selbst, wie am Parthenon und Theseion, noch Metopenfiguren und Darstellungen des äusseren Cella-Frieses zu sehen, zum Behufe der Beurtheilung, in welchen Verhältnissen und Graden hier die Sculptur wirken konnte, höchst erwünscht ist.

Es beschränkt sich jedoch, was Griechenland jetzt an antiken Sculpturwerken aufzuweisen hat, nicht hierauf allein. In kleiner Anzahl und zerstreut kommen Statuetten, Statuenreste, monumentale oder Geräthen angehörige Reliefs, bald als Staatseigenthum in kleinen öffentlichen Gemächern, bald im Privatbesitz, auch in und bei den vielen Kirchlein, oder bei Klöstern und sonst im Freien, bei Trümmern alter Wohnorte, an Brunnen angebracht, in Mauern eingelassen, allerwärts im Lande vor. Was in Athen zusammengebracht ist, theils im Theseion, theils umgittert vor einem Flügel der Hadrianischen Stoa, theils auf der Akropolis in verschiedenen Räumen und Gemächern, endlich auch im Privatbesitze, das macht im Ganzen eine beträchtliche Sammlung aus. Seit Athen Sitz der Regierung ist, sind hier überall bei den Neubauten, die der Staat und Einzelne gemacht haben, einige Antiken gewonnen worden. Im Allgemeinen sind die Statuenüberreste, die bei solchen Gelegenheiten hier und sonst in Griechenland zum Vorschein kommen, öfter als die, welche aus italischem Boden hervorgehen, gewaltsam beschädigt. Waren hier die alten Christen dem Heidenbildwerk feindlicher als in Italien? Zum Theil ist die Schuld wohl auch jenem noch immer verbreiteten Aberglauben der Neugriechen beizumessen, wornach sie die Antiken als Behälter verborgener Schätze zu betrachten geneigt sind, und daher so oft gleich bei der Auffindung zerschlagen. Bedenkt man nun ausser diesen älteren und neueren Zerstörungen die viel grössere Seltenheit von Fundamentgrabungen und von planmässigen

2*

Nachgrabungen hier, als in Italien, und dass, was solche wiederholt gefördert hatten, vor der Zeit der neuen Regierung immer aus dem Lande geführt worden, so wird man sich nicht wundern, dass ein Götterwald, wie im Vatikan oder in Neapels Museum, hier nicht anzutreffen ist.

Nichts desto weniger beut Athen dem Archäologen auch in dem Erübrigten dieser Antiken-Classe eine mannichfaltige Beschäftigung. Ausser einigen Statuen aus verschiedenen Theilen des Landes und Grabreliefs von später Entstehung, die grösstentheils aus den Cykladen stammen, enthalten diejenigen Sculpturen, die neben jenen architektonischen, aus dem Boden der Akropolis hervorgegangen sind, und andere, die Ausbeute griechischer Gräber, besonders des Piräeus, Exemplare von hohem, theils kunstgeschichtlichem, theils auch in ihrer Schönheit begründetem Interesse. Unter jenen von der Akropolis befinden sich merkwürdige, charaktervolle Werke der altattischen Bildnerschule. Reliefs, eben da gefunden, geben mit solchen Piräischer Gräber einen lehrreichen Ueberblick über den mannichfaltigen und lange bestandenen Gebrauch der Stelen, jener pfeilerartigen oder auch tafelähnlichen Denksteine, welche, häufig architektonisch gekrönt und mit grösserem oder kleinerem Bildwerk verziert, in ihren Inschriften bald das Gedächtniss öffentlicher Acte des Staates oder eines Beamten, bald eines religiösen Gelübdes, bald Verstorbener zu verewigen bestimmt waren. Ein Theil der letzteren zeigt innerhalb einer Umrahmung, welche die Form von Anten mit Giebeldeckung hat, Reliefdarstellungen, an welchen die Fortsetzung des edelanmuthigen attischen Styls, wenn auch im Uebergange zur Abschwächung und in dieser selbst, bemerkenswerth und in den besten von sehr anziehender Wirkung ist. Ihnen schliessen sich, als Werke von gleicher Bestimmung und ähnlichem Interesse, einige marmorne Graburnen mit flachen Reliefbildern an, die Attika eigenthümlich sind.

Es gibt auch diesen Gegenständen der Betrachtung und Erinnerung die Umgebung einen eigenen Reiz, besonders auf der Akropolis von Athen, wenn man da im Freien einzelne dem Schutt entrungene Sculpturen in der unmittelbaren Nähe der schönen Ruinen und mit der Aussicht auf Landschaft und Meer vor sich unter andern Trümmern hat. Da auf grüner Erde eines jener Gebälkstücke vom Erechtheion, deren Ornament der Arbeit eines Cameo nichts nachgibt, neben der Basis eines alten Weihgeschenkes mit alterthümlichen Buchstaben, dabei vielleicht Marmorblöcke, beschrieben an einer Seite mit Namen freier Bürger, an einer andern mit den Titeln der Cäsaren, zu deren Postament das alte Familiendenkmal umgebaut wurde, oder das Stück einer Inschrift, welche Gold- und Silberschätze des Parthenon oder Steuersummen der fernen Städte aufzählt, über die sich die Seeherrschaft Athens erstreckte; und hierbei nun der Ueberrest einer thronenden Statue in hieratischem Gewand oder sonst ein Bruchstück sorgfältiger Meisselarbeit — wird es nicht in dem angemessensten Museum, das man ihm wünschen könnte, gefunden? Wenn der leuchtende Tag darüber hinschaut mit demselben an den goldfarbigen Parthenonsäulen sich vertiefenden Himmelblau, demselben klardunkeln Berglehnen des Thalumfanges, derselben Helligkeit des Meerbusens und ihn überschwebenden fernen Gebirges, welche die Ammen des Sinnes solcher plastischen Gebilde waren — ist diese Umgebung der letzteren nicht schöner und bezeichnender, als irgend ein gemauerter Prachtsaal es sein könnte? Wenn die nebenstehenden und umherliegenden Trümmer mit ihren Formen und Gedächtnisszeichen noch die wirklichen Worte der vergangenen Geschichte reden, in deren Mitte die Phantasie zu solchen Bildungen sich verkörperte — haben sie hieran nicht eine viel wahrhafter erklärende und würdiger umfangende Folie, als an den reichsten Marmorhallen, deren Lünetten etwa die Wappen und Geschichten der Päbste vorstellen? Kaum wird auf der ganzen Erde ein zweiter Punkt zu finden sein, auf welchem, wie auf diesem Burghügel, durch so anschauliche, der Natur heimgefallene Schriftzüge der Geschichte sich der Wanderer versetzt sieht in einen so grossen Moment der Menschheit, der einzig geistvoll, längst überwunden und doch noch so wohlverständlich ist. Es gibt wohl grössere Ruinen, aber nicht von so klar gediegener Schönheit, es gibt reichere Archive, aber nicht von so anschaulich sinnigem Zusammenhang; und es gibt nirgends ein Grab, das in der Lage so grossartig, im Ansehen so heiter wäre, wie dieser Hügel mit dem hingestreuten edlen Schmuck eines Volkes, das vor Jahrtausenden gelebt hat. Hier fühlt man sich gegenwärtig berührt von der Sphinx der Geschichte, von ihren Klauen und von ihrer ewig blühenden jungfräulichen Brust, und bei jedem Schritte begegnet man einem hellen Blick ihres Auges, der Nachsinnen und Erinnerung weckt. Es ist Alles plastisch, was man hier sieht, die Gestaltung der Gegend umher und die Form der Felshügel, auf die man hinabschaut, deren Wände und Stufen der Meissel fertig gemacht hat, der Fels, auf den man tritt, und der als Grund der Tempelunterbauung abwechselt mit ihn ausgleichenden Quadern, die Gliederung und Zier der Säulengebäude und die dabei gefundene Schrift selbst, die von diesem Bau erzählt, oder von einer Weihung an seine Gottheit, oder der Macht ihres Staates; denn auch diese Urkunden hat der Meissel geschrieben. Und so ist es auf seinem ächtesten Boden, in dem einstimmigen Zusammenhang seiner Natur und seiner Religion, seiner Geschichte und Bestimmung, dass Einem hier das Erzeugniss griechischer Bildnerkunst vor Augen kommt. Wie anders wirkt es, ob man hier am Ort der Weihe, oder bei uns in einer Gallerie eine Statue der Pallas oder ein Bildwerk sieht, das dieser Göttin einen Rechenschaft ablegenden Beamten, einen siegreichen Krieger, eine geschützte Familie gegenüberstellt.

Auch von den kleineren Werken der Figuren-Plastik in Thon und in Bronze werden die meisten, die zu Athen sich finden, geringer an Zahl, als an Interesse, den Ausgrabungen auf der Akropolis verdankt, obwohl Einzelnes dieser Art aus andern griechischen Fundorten hier vorkommt, wie z. B. ein schöner kleiner Stier von Bronze, der sich im königlichen Schloss befindet, am kopaischen See, Anderes in Aegina, Tenea, Thera u. a. O. gefunden ist. Auf der Akropolis aber macht jene farbigen Votivpüppchen von gebranntem Thone und etliche kleine Bronzefiguren der Fundort unter dem Parthenon merkwürdig, welcher sie der Periode vor der Blüthe attischer Kunstübung zuweist. Aus attischen Gräbern ist Einzelnes von Thonbildwerk und Bronzearbeit noch in neuerer Zeit hervorgegangen, wenn gleich so Vieles nicht, als von solchem Gräberschmuck früherhin, zur Zeit der türkischen Herrschaft und der beginnenden neuen Regierung in Privathände gekommen ist. Da wurden aus Gräbern bei Athen schöne, bemalt gewesene Götterfigürchen von Terracotta ausgegraben, wie deren einige in den Besitz des Königs von Baiern gekommen sind. Auch ward Goldschmuck aus attischen Gräbern, aus solchen der westgriechischen Inseln und dem Archipelagus gewonnen, wovon Athens neuere Sammlungen wenig oder nichts enthalten; und das unter jetziger Regierung gefundene Silbergeräth eines attischen Grabes aus später Zeit ist nach Baiern gekommen. So sind auch die schönsten Bronzen aus griechischem Boden nicht dort selbst zu sehen, sondern im britischen Museum. Indessen ist das in Athen Gesammelte von mannigfaltigem Gräberinhalt, Thonlampen und Krügen, Alabastergefässchen, Glasfläschlein, gemalten Vasen, hinreichend, um, zusammengehalten mit den verschiedenen Lagen und Einrichtungen der Gräber, den Formen der Stelen und Sarkophage, auch diesen Theil der griechischen Alterthümer in seinen Besonderheiten und Unterschieden zu veranschaulichen. — Geschnittene Steine sieht man in Athen nur sehr wenige, aber von speziellem Interesse. Hie und da werden solche dem Reisenden im Lande zu Kauf geboten; weit häufiger Münzen, von welchen auch die Regierung eine nicht unerhebliche Sammlung zu Athen besitzt. Insbesondere ist noch der Vorrath an gemalten Vasen von Werth. Denn es hat für die Kunstgeschichte Wichtigkeit, einige der aus italischen Schätzen bekannten Classen dieser Geräthe in Griechenland gefunden zu wissen. Ausser diesen zeichnen aber die Vasensammlung zu Athen eigenthümliche Arten sowohl einer altgriechischen, als einer attisch eleganten Technik aus. Und so wird jede Seite des archäologischen Interesses, vom topographisch-historischen Augenmerk bis zum kunstgeschichtlichen und antiquarischen, auf diesem Mutterboden des alten Griechenvolks und durch seine Verlassenschaft in demselben berührt und genährt und zur Einbildung denkwürdiger Vorzeit belebt.

AUSGRABUNGEN UND SAMMLUNGEN IN GRIECHENLAND
(bis in's Jahr 1840.)

Nie sind in Griechenland Ausgrabungen in einem ähnlichen Umfange veranstaltet worden, wie seit Jahrhunderten in Italien. Von Sammlungen dortselbst in den Zeiten seiner Abhängigkeit sind wir wenig unterrichtet. Vor den Nachgrabungen, die erst in unserm Jahrhundert Reisende und in Griechenland wohnende Franken gemacht haben, sind uns blos von seinen Inseln und Landen solche bekannt geworden, die gelegentlich gefunden, oder über Boden erhalten, in's Abendland herüberkamen. So einzelne geschnittene Steine schon im frühen Mittelalter. Und nur von solcher Erwerbung scheinen auch die plastischen Werke gewesen zu sein, die in Folge venezianischer Eroberungen griechischer Inseln und Küstenplätze seit dem dreizehnten Jahrhundert nach Venedig, und zum Theil von da in andere italische Gallerieen, auch in neuerer Zeit theilweise noch weiter zerstreut worden sind. Was man hiervon jetzt noch in Venedig auf der Markus-Bibliothek und im Privatbesitze findet, beschränkt sich, nach manchen Veräusserungen, auf einige Statuen von grösserem Interesse, dann vornehmlich auf Grabreliefs, wie deren einige auch das Museum zu Verona und so manches andere hat [1]).

---

[1]) Jene vier bronzenen Pferde mit vergoldetem Geschirr, aufgestellt über dem Portal von San Marco, welche bei der Eroberung von Constantinopel 1204 erbeutet sein und von der dortigen Rennbahn, nach Mustoxidi's Vermuthung aus Chios, herrühren sollen, haben, wie ihre Gruppirung zeigt, das Viergespann eines Triumphwagens gemacht. Dies, und ihr Styl, bezeichnet sie als Werke aus der Zeit der Römerherrschaft. Sie gehören einer trefflichen Kunstübung an, haben aber nicht die Formcharactere aus den Kunstepochen des freien Griechenlands. — Von den vier marmornen Löwen, die vor dem Arsenal Venedigs liegen, sind zwei oder drei bei Morosini's vorübergehender Eroberung von Athen, 1687, von dort und aus dem Hafen Peiräeus (Porto Leone) weggenommen. — Nicht dazu gehört die schmächtig lange, liegende colossale Löwin von geringer Arbeit, mit neuem Kopf und der Unterschrift: Anno Corcyrae liberatae. Aber ein Löwe von graulich streifigem Marmor, nicht colossal, liegend, mit neuem Kopfe, ohne erheblichen Kunstwerth ist nach einer Aufschrift an der linken Seite (ΑΘΗΝΑΘΕΝ) aus Athen. — Tüchtiger gebildet sind die zwei sehr colossalen Löwen, von welchen der eine, der sehr gelitten hat, sitzend vorgestellt, sein Kopf geflickt ist, der andere liegend mit links blickendem, wahrscheinlich neuem Kopf. Dieser hat an der Basis die Inschrift: Atheniensia Venetae classis trophaea, Veneti senatus decreto in navalis vestibulo constituta; jener: Franciscus Maurocenus Peloponesiacus, expugnatis Athenis marmorea leonum simulacra, triumphali manu e

Seit der zweiten Hälfte des vorigen Jahrhunderts wurden durch wiederholte Besuche Griechenlands, und seit dem Anfange des unsrigen auch durch öfter veranstaltete Nachgrabungen reisender Alterthumsfreunde viele und darunter sehr bedeutende Antiken aus dem griechischen Boden in europäische Sammlungen versetzt. Bei weitem das Meiste kam nach England (zu geschweigen der älteren Arundel'schen Erwerbungen) durch Worsley[1]), Elgin[2]), Clarke[3]), Aberdeen[4]), Payne Knigt[5]) und was in kleineren Privatsammlungen Guilford[6]), Leake, Hawkins, Graham und Burgon[7]), Fiott Lee[8]), und Andere vereinigten[9]). Auch Frankreich gewann durch Choiseul Gouffier, Forbin, de Rivière und die Expedition zur Wiederherstellung Griechenlands für die Gallerie im Louvre namhafte griechische Kunstwerke[10]). Nach München sind solche besonders durch Baron Haller gekommen[11]), einige nach

Piraeo direpta, in patriam transtulit, futura Veneti leonis, quae fuerant Minervae Atticae, ornamenta. — Dass Morosini damals mehr Werke attischer Sculptur nach Venedig geschafft, ist nach den gleichzeitigen Berichten nicht vorauszusetzen. Wohl aber ist bekannt, dass die Venezianer um dieselbe Zeit so Manches aus den Cykladen, dem Peloponnes und sonst ihnen gehörigen griechischen Plätzen wegschleppten. Anticaglien aus Attica sollen zur Zeit dieser Eroberung in das Museum zu Cassel gekommen sein.

[1]) Von Athen z. B. das Relief aus der Pansgrotte; das schöne Herakles-Relief; Jupiter und Minerva (richtiger: Zeus und Hera); Pisistratus (vielmehr ein Stück vom Parthenonfries; wenigstens weit eher als das in derselben Sammlung dafürgehaltene No. 26); Stelen; Porträtbüsten. Köstliche Reliefs aus Megara, Paros u. a. Sammlung zu Appuldurcombe auf Wight.

[2]) Ausser den berühmten Sculpturen der athenischen Tempel die Statue des Dionysos vom Denkmal des Thrasyll, eine Eros-Statue, ein Puteal aus Attika mit bacchischen Figuren alten Styls, ein Musik-Sieg-Relief, kleine Grabdenkmäler, Marmorgefässe, Votivtafeln, Vasen von Athen, Aegina, Korinth, Argos, Bronze- und Goldgeräth, Cameen, Münzen, nun im brit. Museum.

[3]) Was er brachte, steht im Vorsaal der Bibliothek zu Cambridge; darunter der Rest jener colossalen weiblichen Figur von Eleusis, auf deren Haupt ein grosser Kalathos, auf den Kreuzbändern an der Brust ein Medusenhaupt angebracht ist; der Kopf einer Herastatue aus Troas u. a.

[4]) Die dem Zeus geweihten Votivreliefs vom Pnyxfelsen zu Athen (im brit. Mus.)

[5]) Besonders die schönen Bronzen aus Epirus (im brit. Mus.)

[6]) In den Besitz dieses Lords kam u. a. das berühmte Korinthische Puteal mit der Relief-Darstellung einer Götter-Begegnung in schönem hieratischen Styl.

[7]) Die beiden Letztgenannten machten in attischen Gräbern Nachgrabungen, wo Burgon unter Anderem jene (laut Inschrift) athenische Preis-Vase mit Pallas in alterthümlicher Zeichnung und einem Wagenrenner gewann.

[8]) Aus Gräbern von Ithaka zog er bronzene nicht nur, sondern auch silberne und goldene Schmucksachen, Fibeln, Ohrgehänge, Halsbänder. Aus demselben Fundorte nahm ähnliches schön gearbeitetes silbernes und goldenes Ziergeräth Linkh nach Rom.

[9]) Man findet auch in Wiltonhouse, in der Sammlung des Herzogs von Pembroke griechische Monumente, einen Sarkophag, der aus Athen stammen soll, das Relief mit Inschrift, welches den gymnischen Sieg eines Knaben feiert u. a.

[10]) Ausser einer Friesplatte vom Parthenon und den Metopen von Olympia ist besonders die grossartig schöne Statue der Aphrodite von Melos zu nennen, dann wegen seines kunstgeschichtlichen Interesses das Relief von der Insel Samothrake, welches mit Namensbeischrift den Agamemnon, Talthybios und Epeios vorstellt; nächst attischen Grabstelen auch ein Relief aus Messene. Zudem hat Paris in neuerer Zeit aus verschiedenen Theilen des griechischen Klein-Asien Antiken erworben. Es sind auch Bronzearbeiten, meist auf griechischem Boden gefunden durch Bröndsted, für das Kabinet des Louvre erkauft worden. Unter den Privatsammlungen daselbst enthält die des Grafen Pourtalès Gorgier reizende bunte Terracottafigürchen aus Gräbern von Athen, und die Bronzen des venezianischen Hauses Nani, die zum Theil aus Griechenland stammen; darunter den kleinen Lychnuch des Polykrates, von manchen Archäologen für das älteste der erhaltenen griechischen Gusswerke geschätzt. Neuere Erwerbungen dieser Art aus Griechenland gingen in die Cabinete Blacas und Révil.

[11]) Ausser den äginetischen Sculpturen die schmucken Terracottafigürchen aus Athen, attische Graburnen, die Herme eines bärtigen Gottes, das anmuthige Nereiden-Relief aus Rhodos. Auf anderem Wege erhielt die Glyptothek ein Relief aus Delos und zwei Philosophen-Porträts aus Athen. Einiges aus griechischem Boden kam noch in neuerer Zeit in den Besitz des Königs von Baiern. Derselbe hat nun auch die Dodwell'sche Sammlung erkauft, welche die von diesem Reisenden in Griechen-

Berlin durch Bartholdy, den Grafen Sack und Andere[1]), Manches durch dänische Reisende in ihr Vaterland, durch Rottiers nach Leyden u. s. w. Eine Zusammenstellung sämmtlicher nachweisbar griechischer Antiken, die im Occident zerstreut sind, nebst dem, was einige Cabinete in Corfu, auf Thera und sonst enthalten, wäre ein wichtiges Hülfsmittel für die Kunstgeschichte. Hier liegt es ausser unserem Zwecke. Noch unter Capodistrias sind aus den Gräbern Aegina's Terracotten, Bronzen, feine attische Vasen, auch Reliefs in den Besitz englischer Geschäftsträger Dawkins, Cartwright, und verschiedener Reisenden, Gegenstände gleicher Art ebendaher, und von den Cykladen Thon- und Bronzefiguren, Gold- und Silberschmuck, auch geschnittene Steine nach Paris, und Vasen nach Antwerpen in das Cabinet Harry (darunter eine attische Preis-Vase), Vasen dessgleichen um dieselbe Zeit in Aegina ausgegraben und zu Athen in der Zeit der Regentschaft erworben durch Baron Rouen, nach Frankreich gegangen. Von einigen der letzteren giebt die Expedition de la Morée Beschreibungen und Abbildungen.

Von den in Griechenland selbst unter der Türkenherrschaft gemachten Sammlungen bestand noch während der Befreiung zu Athen die namhafte des französischen Consuls Fauvel, welche Sculpturreste, besonders ausgezeichnete Stelen[2]), gemalte Vasen, vorzügliche zumal aus Athen und Aegina, begriff. Da sie zerstreut ist, sind die schönen Zeichnungen verschiedener Gegenstände dieser Sammlung in Stackelberg's „Gräber der Griechen" doppelt werthvoll.

Für Aufbewahrung heimischer Antiken hatte sich bereits in den ersten Jahren des Freiheitskampfes eine Privatgesellschaft, die Philomuse, gebildet; zum Museum dafür bestimmte dann Capodistrias in Aegina die Hallen und einen Saal des unter ihm erbauten Waisenhauses, diesen für die Vasen, Terracotten, Bronzen, Münzen, jene für die Sculpturen. Dieser Vorrath, theils aus Aegina selbst, theils aus Megara, Thyrea, Delos u. a. O. herrührend, jetzt in Athens öffentliche Sammlungen aufgenommen, macht einen bedeutenden Theil der Letzteren aus.

Vor der Begründung der neuen Regierung 1832 und während derselben wurden zu Athen bei Bauanlagen unter anderen Entdeckungen da und dort Sculpturreste hervorgebracht, von welchen eine Ephebenstatue und eine Anzahl Stelen aus Gräbern am Piräeus hernach in den öffentlichen Besitz gekommen sind. Nach dem Abzuge der Türken von der Akropolis hatte Pittakis, gegenwärtig Conservator der Antiken, die daselbst zu Tage liegenden plastischen Bruchstücke und Inschriften in einem vorläufigen Sammelplatz vereinigt. Auch wurde im Frühjahr 1833 mittelst Subscription die erste Ausgrabung am Parthenon veranstaltet, wodurch, ausser Inschriften, schöne Friesstücke des Tempels von der Nordseite und eine Metope der Südseite hervorgezogen wurden.

Im Sommer 1833 organisirte die Regierung den antiquarischen Dienst. Vom Winter bis in den Frühling 1834 bereiste Dr. Ross den Peloponnes. Die von ihm geleiteten Ausgrabungen lieferten

---

land gekauften und durch Nachgrabung gewonnenen antiken Gegenstände verschiedener Art, Reliefs, Terracotten, Anticaglien, Vasen, unter Anderem die interessante korinthische Vase alten dorischen Styls mit beigeschriebenen Namen, enthält.

[1]) Ein colossaler Jupiterkopf aus Athen; attische Graburnen, auch Terracottafiguren; aus Melos die Statue des Hermes von dem Parischen Künstler Antiphanes. Auch einige in Griechenland gefundene Vasen sind in der Berliner Sammlung solcher Gefässe.

[2]) Darunter soll eine, mit einem Fleuron zur Bekrönung, an achtzehn Fuss Höhe gehabt und in untereinander gesetzten Namen ein ganzes Geschlechtsregister enthalten haben.

alterthümliche Votivfigürchen von Blei aus dem Menelaion bei Sparta, auch einige rohe Thonfiguren von da, und kleierne Strahlenringe; solche noch aus andern Gräbern daselbst, und Grablampen; ausserdem einige kleine Reliefs; auch ein solches nebst Geräthresten aus Megalopolis[a]).

Im August 1834 kam aus München v. Klenze nach Griechenland und veranlasste die Regentschaft zu Ausgrabungen am Parthenon, welche sogleich drei Reliefplatten von der Nordseite des Frieses zu Tage förderten. Nachdem nun Athen zum Königsitze geworden war, kamen nicht nur durch vermehrte Neubauten allerlei antike Ueberreste zum Vorschein, es wurden auch im Jahre 1885 und dem folgenden unter der Leitung des Dr. Ross und der Architekten Schaubert und Hansen, auch Laurent, die Ausgrabungen auf der Akropolis fortgesetzt. Man begann, den Unterbau des südlichen Flügels der Propyläen von den neuern, an und über ihn gebauten Befestigungswerken zu befreien; zugleich wurden Räumungen und Ausgrabungen am Parthenon, zuvörderst an der südwestlichen Ecke des Tempels unternommen.

Am letzteren Orte fand man zunächst neben Stirnziegeln des Tempels Bruchstücke kleiner Reliefs und Statuen, dann am Unterbau unter dem südwestlichen Giebeleck den Tors eines jugendlichen Gottes und wenig später den ihm gehörigen rechten Schenkel (er war unter den Giebelfiguren die zweite dieser Seite), ein gewandumschmiegtes Bein, das Stück eines Pferdekopfes, ein Bruchstück der linken Brust und Schulter einer gewandeten Göttin. Später kamen die innere Seite von einer am Boden sitzenden bekleideten Göttin, eine männliche Brust, Hinterschenkel von den Pferden dieses Giebels aus dem Schutt hervor, auch von einer Metope der Südseite der wohlerhaltene Kopf eines Kentauren; hernach vom Cella-Fries der Nordseite eine figurenreiche Platte. Zwischen diesen Funden gewann man durch dieselbe Ausgrabung einen Denkstein mit Relief in strengem Styl und Inschrift älteren Charakters, eine Statuette der Pallas, einen grossen, sehr beschädigten männlichen Tors, Fragmente von Köpfen, Reste von Pferden (verschieden von jenen des Giebels) und andere Sculpturtrümmer. Was man hierauf an der Südseite von Ueberbleibseln alter Kunst fördern konnte, befand sich in und unter den Fundamenten vieler kleiner Bauanlagen von Türkenhand zerschlagen und verbraucht: halbcolossale verstümmelte Köpfe, allerlei Statuentrümmer, Reliefbruchstücke, indessen auch einige Fragmente von Metopen, interessanter farbiger Architekturstücke nicht zu gedenken.

Die Räumung des Propyläen-Unterbaues, bei der Anfangs alte architektonische Bruchstücke zum Vorschein kamen, förderte hernach ein schönes Votivrelief, dann, ausser Propyläen-Cassetten, eine der trefflichen Reliefplatten von der Balustrade des Niketempels, und ferner unter den verbaut gewesenen Theilen dieses Gebäudes nach und nach sieben Stücke seines plastischen Frieses. Im November 1835 fand sich eine zweite schöne Platte jener Balustrade und späterhin eine Anzahl kleinerer Fragmente von derselben; im Anfang des Jahres 1836 ein achtes und neuntes Stück vom Friese des Niketempels. Bei diesem Abbrechen der modernen Batterieen am Unterbau des Propyläenflügels und des Niketempels, welchen man wieder aufzurichten begann, fand man auch im Frühjahr 1896 ausser einigen sehr alten, schön gearbeiteten Köpfen eine colossale weibliche Gewandstatue, mit einem an ihren rechten Schenkel gelehnten und geschmiegten nackten Knaben.

---

[a]) Wichtiger waren auf dieser und andern Excursionen, seine topographischen und epigraphischen Entdeckungen, die hier übergangen werden müssen.

Die Aufgrabung am Parthenon, zu Ende 1835 auf eine Schichte von antikem Bauschutt zwischen der Südostecke des Parthenon und der Burgmauer geleitet, förderte aus dieser Schichte verschiedene alte Bronzefiguren und Geräthe, Votivfigürchen von bemaltem Thon und kleine farbige Architektur-Ornamente, und aus demselben Lagerort bis in den Anfang des folgenden Jahres viele Scherben schöner gemalter Vasen. Von Sculpturen erhielt man hier, ausser mehreren Bruchstücken eines Löwen, den unteren Theil einer thronenden weiblichen Gewandstatue alten Styls. Im Frühjahr 1836 wurde dann an der Ostseite des Parthenon aus dem Schutte zwischen den Umlaufsäulen und denen des Pronaos ein ausgezeichnet schönes Stück vom Fries über dem Eingange des Tempels, mit sitzenden Gottheiten, hervorgezogen, neben welchem sich daselbst ein verzierter marmorner Thronsessel fand. Später brachte man an derselben Ostseite nur noch kleine Fragmente vom Fries, eins mit den Hinterbeinen eines Opferstiers, und an Statuenresten, vielleicht vom Giebel, den Tors eines Knaben wenig unter Naturgrösse, und einen mehr männlichen, wenig über Naturgrösse, an's Licht. Um den Sommer 1836, wo die Ausgrabung fortschritt an der Nordseite, fand sie in dem hier nur niedrigen Schutt blos kleine Bruchstücke von Friesplatten, eine halbe Marmormaske, einige sehr beschädigte Köpfe.

Derselbe Zeitraum, in welchem am meisten die Nachforschungen und Untersuchungen mit Umsicht betrieben wurden, gewährte noch andere archäologische Resultate. In der ersten Hälfte des Jahres 1835 wurde der Theseustempel mit Schonung seiner antiken Gestalt und Herstellung des aus dem Mittelalter herrührenden Daches zu einem Museum für die Funde der Unterstadt und des Hafens und die aus den Provinzen herbeigezogenen Antiken eingerichtet. Die Sammlung darin erhielt sogleich neuen Zuwachs; denn im Sommer dieses Jahres bereiste Ross mit Schaubert die Inseln und kaufte von Tenos eine Herme mit Inschrift, auf Thera eine Apollostatue von alterthümlichem Styl, grub auch auf der letzteren Insel Amphoren, Glasgefässchen, kleine Terracotten aus, und erwarb Vasen von eigenthümlicher Form und Bemalung. Zur selben Zeit erhielt man aus Gräbern in der Gegend des alten Tenea die Trinkschale mit Herakles und Nessos und einige Gefässe der sogenannten ägyptisirenden Art, und zu Megara ward eine weibliche Gewandstatue gefunden. Gegen Ende des Jahres 1835 stiess man beim Grundgraben für das neue Münzgebäude auf einen sehr grossen Marmorsarkophag mit römischen Ornamenten, und ganz in der Nähe wurden im Frühjahr 1836 noch zwei kleinere mit Reliefs geschmückte Sarkophage entdeckt, auch unter christlichen antike Gräber, zum Theil mit bemalten Vasen und dabei an mehreren Todtenschädeln Goldschaumplättchen gefunden. In diesem Frühjahr leitete ausserdem die Grundgrabung für das königliche Schloss auf viele Gräber von unerheblichem Inhalt und eines mit jenem Silbergeräth, welches dem König von Baiern geschenkt wurde. Zugleich wurden im Mai 1836 in einem Garten beim Peiräus Nachgrabungen (begonnen schon vor 1½ Jahren) wieder aufgenommen, welche mehrere sehr grosse Grabstelen mit Relief und eine ziemliche Anzahl von kleineren förderten, unter welchen einige bemalt gewesene sich bereits früher bemerkten Beispielen gesellten. Es kamen deren noch mehr im Herbst dieses Jahres hinzu, als man den Sumpf am Peiräus ausfüllte, wo man überdies wieder einige Vasen fand.

Ich kann nicht ganz übergehen, dass in denselben drei Jahren auch die Ausbeute an Inschriften sehr gross war; wie denn zahlreiche aus Böotien Ross 1833 an Böckh sandte, 1835 andere aus Alt-Syros und sehr alterthümliche aus Thera (diese durch Prokesch von Osten aufgezeichnet) eingingen, peloponnesische und phokische Ross 1834 herausgab und im folgenden Jahre Aufzeichnungen solcher von den Cykladen bekannt machte. Vor allen wichtig aber waren die 1834 und 1835 beim Bau der königlichen Magazine im Peiräeus entdeckten Platten von Rechnungen der Vorstände der Schiffshäuser, die Bruchstücke eines Volksbeschlusses über den Ausbau der langen Mauern, gefunden 1834 von Pittakis in der Irene-Kirche, und durch Ross an O. Müller geschickt, dann die in den folgenden Jahren bei den von Ross geleiteten Räumungen und Ausgrabungen der Akropolis geförderten vielen Inschriften mit Inventarien der Schatzmeister der Burggöttin, Verzeichnissen von Tributen der Städte des attischen Seebundes (zu einem guten Theile bis jetzt unedirt), so wie die aus der Batterie vor den Propyläen hervorgezogenen Bruchstücke von Rechnungen über den Bau des Erechtheion, nebst einzelnen Urkunden anderer Art und Weihinschriften von besonderem Interesse. Wir verdanken denselben eine Menge von Einblicken in äussere und innere Verhältnisse des attischen Staates, in Baueinrichtungen und Marinewesen, eine beträchtliche Anzahl Künstlernamen, auch solche bis dahin unbekannter Archonten u. a. m. Indem nun unter derselben Leitung der Aufgang zu den Propyläen mit seinen Marmorstufen, der Unterbau des Niketempels, dieser selbst nach Stand, Form und plastischem Schmuck, das Verhältniss der Propyläenflügel und der Unterbau des Parthenon, nebst so mancher antiken Zierde dieses Tempels und der Akropolis erst in's Licht trat: so war dies ohne Frage die für die Archäologie bedeutendste Periode der neuen Verwaltung von Griechenland.

Leider trafen im September 1836 verschiedene Umstände zusammen, durch welche veranlasst, Ross seine Entlassung einreichte. Er wurde zwar für Griechenland, als Professor an der neuen Universität zu Athen, erhalten, die Aufsicht aber über die Alterthümer erhielt seit dem October Pittakis. Mit dieser Aenderung sind genauere und geordnete Berichte über die Ausgrabungen bald ausgegangen. Zwar begründete im Jahre 1837 die Regierung eine archäologische Zeitschrift zu dem Zwecke, dass in derselben urkundliche Berichte über die Funde niedergelegt und die gesammelten Erwerbungen selbst aufgezeichnet und abgebildet würden. Es sind auch, von Ende 1837 an, Hefte dieser Ἀρχαιολογικὴ Ἐφημερίς, wenn schon nicht in eingehaltenen Terminen, forthin erschienen. Allein mit Ausnahme eines sehr summarischen Berichtes im ersten Heft, findet sich darin nirgends eine genügende Mittheilung über den Fortgang der Grabungen und ihre Ergebnisse, sondern nur wenige, zerstreute und gelegentliche Erwähnungen, die sich darauf beziehen. Es füllen diese Blätter grösstentheils Copieen von Inschriften und Inschriftfragmenten, früher und später gefundene durch einander, und nicht immer die werthvollsten unter den vorhandenen. Auch machen Irrthümer oder Druckfehler die beigefügten Angaben unzuverlässig. Gleich im ersten summarischen Bericht werden z. B. der Ausgrabung von 1838 Funde zugeschrieben, die sie nicht gemacht hat (vgl. Kunstbl. 1836, Nr. 60); ein andermal z. B. wird von einem Relief mit (sehr fehlerhaft verstandener) Inschrift angegeben, (Ἐφ. 1840 Φυλλ. 19, p. 348, Nr. 420) es sei 1839 gefunden, während es im Januar 1835 ausgegraben und von Ross bereits im April 1835 im Kunstblatt (Nr. 27) mitgetheilt ist. Von mehreren Gefässen, die uns in der Vasensammlung mit der Bemerkung gezeigt wurden, dass sie in der Nähe desselben Grabes gefunden seien, welches die Stele des Aristion enthielt, wird in der Zeitschrift (1838 August, p. 130) blos eines angeführt, dann (1839 Sept., p. 258) das Bruchstück eines andern beschrieben. Was von Bildwerken durch diese Zeitschrift bekannt gemacht ist, steht in sehr geringem Verhältniss zum Vor-

3*

handenen, ist zufällig herausgerissen und in keiner Beziehung geordnet. Alles Interessante abbilden zu lassen, mögen die Mittel nicht reichen, aber doch wohl, um ein geordnetes Verzeichniss zu geben. Indessen hätten wir, selbst wenn das Letztere versucht würde, nicht das Nöthige, weil Mangel an Sachkenntniss unbrauchbare Bestimmungen und Beschreibungen zur Folge haben würde. Es enthält jedoch diese Zeitschrift einzelne dankenswerthe Gaben, und wir sind zum Theil auf andern Wegen über die Fortsetzung der Akropolis-Räumung und die Funde der nächsten Jahre doch so ziemlich unterrichtet.

Im Winter 1836 wurde das Mittelgebäude der Propyläen und der nördliche Flügel von seinen modernen Vermauerungen und Ueberbauungen befreit, dann im Frühjahr 1837 auch am Erechtheion gegraben. Von den Karyatiden, deren sich nur noch drei an der kleinen südlich vorspringenden Halle des Erechtheion befanden, lag eine vierte am Boden, welche, da auch ihr Kopf bereits vor einigen Jahren gefunden war, mit geringen Ausbesserungen wieder an ihre Stelle gebracht werden könnte; auch fand sich die fünfte, jedoch ohne Kopf und Capitäl, und in Stücke zerbrochen. Die sechste ist bekanntlich durch Elgin in England. Die Südseite des Tempels ward von modernem Gemäuer gereinigt und die Cellamauer einigermassen hergestellt, an der Ostseite die Stufen aufgedeckt, auch sonst die Ruine einigermassen geflickt. Bei diesen Räumungen fand man den Tors eines Pferdes aus Pentelischem Marmor von vorzüglicher Arbeit, nahe an Naturgrösse, auch einen Pferdekopf, ausserdem das Bruchstück einer Friesplatte von der Nordseite des Parthenon, und ein kleines alterthümliches Votivrelief, endlich von den schönen marmornen Friesbildern des Erechtheion 16 Fragmente.

Im Frühling desselben Jahres (1837) ward auch in der Stadt unweit des nördlichen Abhanges vom Theseion bei Gelegenheit eines Privatbaues das Denkmal des Eubulides aufgedeckt, bei welchem drei Marmorköpfe und ein colossaler weiblicher Torso ausgegraben wurden. Aus dem Peiräeus erhielt man um diese Zeit an 12 Stelen und eine namhafte Anzahl Thongefässe. In der Stadt aber brachte im November wieder die Grundgrabung für einen Privatbau einen zwar unverzierten Sarkophag zum Vorschein, dessen Skelet neben sich zwei silberne, jedoch zerfallene, Candelaber, auch Elfenbeintäfelchen und Glasfläschchen, über der Brust aber von der linken Schulter die Goldblätter einer Guirlande und an den Fingerknochen sieben Goldringe mit geschnittenen Steinen stecken hatte.

Im Jahre 1838 wurden die Arbeiten auf der Akropolis theils an den schon bezeichneten Orten fortgesetzt, theils auch der Weg zwischen Propyläen und Parthenon aufgedeckt. Ausser Inschriften oder Resten von solchen, deren man fortwährend viele, wo immer gewühlt wurde, fand, kamen hier ebenfalls manche plastische Ueberbleibsel zum Vorschein. Votifreliefs, Stelenreste traten in diesem und den folgenden Jahren an verschiedenen Stellen der Akropolis zu Tage; wie denn auch im Peiräeus die Funde einzelner Grabstelen von Zeit zu Zeit sich erneuerten. Eine Reliefstele dieser Art, so wie eine marmorne Graburne ward im Jahre 1839 in der Landschaft nördlich vom Peiräeus, in der Gegend des alten Gaues Oa, entdeckt. Und bei Velanideza in der Mesogäa, wo etwa das alte Phegus lag, zog man im Frühjahr 1839 die alterthümlichste aller bis jetzt gefundenen Stelen mit der Relieffigur des Aristion, und eine Vase, die Knochen enthielt, dann in der Nähe andere Vasen hervor. Auf der Akropolis war in diesem Jahre einer der interessanteren Funde eine Nikefigur, die wohl gleich den früher geförderten zur Balustrade am Niketempel gehört hat. Bei der Stadt brachte die Anlage des königlichen Gartens. Im October 1839 ausser Inschriften etliche Statuenreste in einem Hügel unweit des Ilis und näher dem neuen Palast bei antiken Grundspuren Architektur- und Sculpturfragmente zum Vorschein.

Im Frühjahre 1840 sah man auf der Akropolis als neuerdings ausgegrabene Parthenon-Sculpturen eine verstümmelte Kentaurenmetope von der Nordseite, und fünf Bruchstücke vom Cella-Fries, worunter drei besser erhaltene dem Männerzuge, Opferzuge und Musikchor angehörten. Es kam bald ein kleines, aber räthselhaftes Bruchstück, gleichfalls vom Friese, hinzu. Auch grub man damals nahe am Parthenon die obere Hälfte einer colossalen Eule aus. Später fand sich an der Ostseite des Parthenon der Oberleib einer weiblichen Gottheit aus dem Giebel; dann an anderer Stelle von einer Metope das Bruchstück eines kämpfenden Helden, anderweitiger Reliefreste von geringerem Werth zu geschweigen. In diesem Sommer wurden auch zwischen Propyläen und Erechtheion Fundamentstücke vom Postament der grossen Pallas-Statue blos gelegt und auf der andern Seite, südöstlich den Propyläen, die Marmorbasis mit Inschrift, auf welcher einst das trojanische Pferd von Bronze gestanden. Zur selben Zeit ward an der Südseite der Propyläen geräumt, woselbst dicht an die letzteren in einem Winkel herantretende antike Wände enthüllt wurden, bei welchen sich kleine Marmorfragmente und Terracottenreste fanden.

Im Theseion sah man im Frühling 1840 einen vor Kurzem in einiger Entfernung von der Gegend des alten Theaters entdeckten Silen mit einem Dionysoskinde auf den Schultern. Auch waren zwei wohlgearbeitete Reliefstelen hierhergebracht, die man unlängst im Peiräeus aufgegriffen hatte, wo sie, seit geraumer Zeit heimlich verwahrt, eben in's Ausland sollten entführt werden. Das bekannte Verbot jeder Ausfuhr von Antiken, welches in Griechenland besteht, hat nämlich die Folge, dass viel mehr Funde verhehlt und heimlich verkauft werden, als dies der Fall sein würde, wenn für die Regierung blos das Vorkaufsrecht und bei gestattetem Ausverkauf ein Zoll zum Gesetz gemacht worden wäre. Die zuvorkommende Entdeckung solcher heimlichen Verkäufe, wie eben in diesem Falle, wird immer viel seltener bleiben, als ihr Gelingen. Ich hörte von Kellerräumen, in welchen eine gute Zahl Antiken versteckt seien, welche Fremden, zu denen man das Zutrauen hegt, angeboten werden.

Noch erhielt das Theseion im Sommer dieses Jahres aus dem Peiräeus eine kleine Herakles-Herme, mit dem Rücken an einen Lorbeerstamm gelehnt, einen Panisk, mit einem Pfeiler verbunden, den Tors eines Früchte tragenden Dionysos und ein kleines Grabrelief.

Mit diesem Ueberblick wünschte ich dem Leser einen Begriff zu geben, woher die neuen Sammlungen Athens ihre Vorräthe erhalten und sich vermehrt haben. Ueber die Orte der Aufstellung ist wenig zu sagen. Der mässige Raum im Theseion, bei welchem auch aussen einige Denkmäler sich finden, ist unter den dortigen Verwahrungsgemächern das grösste. Was ein Holzgitter von einer Wand der Hadrianischen Stoa einschliesst, sind zum grösseren Theile Stelen verschiedener Art. In seinem Hause verwahrt Pittakis die Münzen, einige geschnittene Steine und sonst einzelne Antiken; Anderes in seinem Amts-Zimmer im Gebäude des Cultus-Ministeriums. Am oberen Abhang der Akropolis und oben allerwärts liegen oder stehen Basamente, Inschriften, plastische Reste im Freien. Es sind aber hier andere zusammengebracht im nördlichen Flügel der Propyläen in der Pinakothek, hinter und oberhalb derselben in einer Hütte, auf der anderen Propyläenseite in einem Verschlag; ferner in zwei Zisternen, der einen unterhalb des Parthenons, der andern hinter dem Erechtheion, dann in der kleinen Moschee, die in den Parthenon eingebaut ist, und in mehreren Gemächern eines östlich beim Erechtheion errichteten Häuschens. Grösstentheils sind die Sachen so, wie eben der nächste Bedarf oder Zufall es geben mochte, zu einander geräumt, wobei von Classification oder irgend einer planmässigen Ordnung noch nicht die Rede sein kann.

Eine Aufzählung des Vorhandenen nach den Lokalen, wie und wo es im Jahre 1840 gesehen wurde, würde daher ein eben so ungeordnetes, übersichtsloses Ganze bilden und am so unzweckmässiger sein, als bereits während unserer Gegenwart wiederholt einzelne Gegenstände aus einem der Lokale in das andere versetzt wurden, ohne dass ein hierdurch etwa eingeleiteter bleibender Plan sich hätte errathen lassen. Es wird also das Aufgezeichnete hier nach einer sachlichen Eintheilung, und nicht dem Lokale nach, zusammengestellt, der Ort aber bei jedem Gegenstande nur in Klammern beigefügt werden. Nach dieser Classen-Eintheilung soll auch Einzelnes, was im Privatbesitze zu Athen gesehen ward, eingereiht werden. Diese Bezeichnung geschieht in dem nachstehenden Verzeichnisse mittelst folgender

ABKÜRZUNGEN.

E.	Erechtheion (= Poliastempel).	St.	Stoa des Hadrian.
H. E.	Häuschen beim Erechtheion.	v. B.	im Besitz des K. Preuss. Bevollm. Hrn.
Z. h. E.	Zisterne hinter dem Erechtheion.		v. Brassier.
M.	Moschee im Parthenon.	Fa. » »	des Legationssekretär Faber.
P.	Pinakothek (im nördl. Propyläenflügel).	F. » »	des Major Finlay.
H. P.	Häuschen hinter der Pinakothek.	G. » »	des Oester. Consuls Gropius.
Z. P.	Zisterne beim Parthenon.	v. O. » »	des K. K. Bevollm. Prokesch
V.	Verschlag hinter den Propyläen.		von Osten.
Cu.	Gemach im Cultus-Ministerium.	R. » »	des K. Leibarztes Dr. Röser.
T.	Theseion.	U. » »	des Professor Ulrichs.

AUSDRÜCKE FÜR GEWANDUNG.

Chiton nenne ich das Untergewand, es sei lang, auf die Füsse reichend (Ch. Podéres), oder kurz, gleich der Tunica, bilde Aermel oder nicht. Doppel-Chiton das Untergewand, das bis auf die Füsse reicht und ausserdem von den Schultern bis in die Kniegegend einen zweiten unter der Brust übergürteten kürzeren Rock bildet.

Diploidion das Untergewand, dessen Ueberschlag von den Schultern über die Brust herab, unübergürtet, frei hängt oder mit dem unteren Saume um einen darunter liegenden Gürtel gerollt oder theilweise unter ihn gestopft ist. Zone, ein gürtendes Gewandstück, das unter dem Ueberschlagsaume sichtbar werdend, bauschige Falten um Hüften und Leib bildet.

Himation das Uebergewand, das um den Leib angezogen ist und zugleich in freierem Ueberwurf den Oberkörper und die Arme nur theilweise deckt oder überhängt.

Ampechone Ueberwurf, der nach Art eines grossen Halstuches von hinten um die Arme herum geschlagen ist. Ampechonion kleinerer Ueberwurf derselben Art.

Chlamys bogenförmig geschnittenes Tuch, das über den bekleideten oder blossen Körper einen kurzen Behang bildet, bald an beiden Schultern mit Spangen zusammengesteckt (gefibelt), von welchen dann ein kürzerer oder längerer Vorhang auf die Brust oder über sie hinabfällt, bald, am Hals gehalten, blos um den Rücken einen Kragen bildend, bald, an einer Schulter gefibelt, über oder unter den andern Arm geschlagen. Auch sieht man die Chlamys oft unbefestigt um den einen Arm gerollt, in der andern Achsel mit kurzem zusammengebauschtem Ende liegen, oder, vom Rücken umgeworfen, mit offenen, flügelartigen Enden um die Ellbogen herum und herunter hängen.

VERZEICHNISS DER IN ATHEN BEFINDLICHEN ANTIKEN [1]).

ERSTE ABTHEILUNG:

SCULPTUREN.

I. SCULPTUREN ALTERTHÜMLICHEN STYLS.

A. Männliche Statuen alten Styls.

1) Steife Apollonstatue, naturgross (Kniee und Unterbeine fehlen, auch die Nasenspitze; sonst wohl erhalten), gerad stehend, nackt, die Beine zusammengeschlossen, das linke etwas vor; die Arme an den Seiten herab und die geschlossenen Hände anliegend; Brust breit, Hüften schmal, Gesicht unbärtig, Nase hervorgebogen; die sonst nicht fleischigen Wangen unter den Augen und am starklippigen Munde gedrungen gewölbt; so auch die kurzen, aber hohen Augen herausgewölbt, was dem Ausdruck etwas karikirt Lebhaftes gibt; auf Stirn und Schläfen schneckenförmige Locken bis an die Ohren; um den Kopf ein breites Band; die Haare gehen in gefurchten Massen nach dem Hinterkopf und unter Band und Ohren herab um den Nacken in aneinander geschlossenen Zöpfen auf den Rücken.
Von der Insel Thera (Santorin). S. Kunstbl. 1836, Nr. 18. (T.)
S. d. Abbildung Taf. IV, Fig. 8.

2) Aehnliche, aber unausgearbeitete Figur, von einer der Cykladen. (S. Kunstbl. 1836, Nr. 12. S. 46, Columne 1 unten. S. 65, Col. 2.) (T.)

B. Weibliche Statuen alten Styls.

3) Thronende Pallas von Par. Marm. in ganzer Grösse (Kopf und Unterarme fehlen, Oberfläche beschädigt), ruhig sitzend, mit nahe an einander eingezogenen Beinen, das linke (dessen Fuss

---

[1]) Diejenigen Sculpturen, welche an den Architektur-Monumenten Athens noch befindlich, oder, zu ihnen gehörig, bei ihnen gefunden sind, werden in dem nachstehenden Verzeichnisse nicht aufgeführt, sondern der folgenden Lieferung vorbehalten.

fehlt) etwas vor, der Oberleib in natürlicher Haltung aufgerichtet (die fehlenden Unterarme gingen wohl an der abgebrochenen Stuhllehne vor). Langer, wollener Chiton, der auch geknöpfte Aermel um den Oberarm bildet, über Leib und Schos in engen linden Falten herabfliesst und zwischen den Beinen jenen vertikalen Streif übereinander geknifener Falten bildet, der im alten Gewand-styl, besonders bei Pallas, gewöhnlich ist. Die Aegis hängt um den Hals, die Schultern, über die Brust herunter; die Bogenlinie ihres Saumes und Randes leichtgebrochen durch Absetzung in kleine flache Bögen, welche (wie die Löcher dabei verrathen) noch besonders (vielleicht mit Metall) verziert waren. Auf der Mitte der Aegis, als Emblem, ein ziemlich kreisrundes Schild (worauf wohl ursprünglich das Gorgohaupt gemalt war; wie wahrscheinlich auch die Schuppen der jetzt glatten Aegis ursprünglich mit Farbe gegeben waren). Schwere Locken oder Zöpfe ge-hen über den Nacken auf den Rücken und hängen, scheint es, auch vorn herab, mehrtheilig, auf die Brust. Guter, ächter alter Styl.

Angeblich unter der Akropolis, am Ausgang der Aglauros-Grotte gefunden. (Zugang zu den Propyläen). S. die Abbild. T. I, F. 1.

4) Untere Hälfte einer thronenden Göttin oder Priesterin von Par. M., in kleiner Naturgr. Kopf, Leib und Arme fehlen; dagegen ist die Figur vom Schos an abwärts, mit Einschluss der linken Hand auf dem linken Knie, ganz erhalten, sammt Fässen und Schemel, wie auch vom Throne die Füsse und der grösste Theil der Seiten. Die Thronfüsse sind in der Voderansicht breiten, flachen, unten zierlich ausgeschnittenen Latten ähnlich, die über den Sitzboden hinauf-gehen bis an den Querstab, der die Armlehne macht. Die Sitzwangen aber an beiden Seiten vom Seitenleisten des Stuhlbodens hinauf an den Armleisten sind innerhalb dieser sie umgränzen-den Stäbe herausgebaucht und nach oben flach verjüngt. Die Füsse der Figur, ruhig und gleich-mässig eingezogen, mit den Fersen nahe bei einander, mit Sandalen an den Sohlen, ruhen auf einem hohen Schemel, von dessen sich herabrundender Vorderwand schmale Fussvorsprünge auf den Sockel hervorlaufen. Das Gewand, ein langer Chiton, dessen schmale Falten von oben nach unten wollenartig gewellt sich herabziehen, ist, ziemlich anliegend um die Beine, zwischen ihnen durch den Vertikalstreif übereinander geplätteter Falten etwas verkürzt und somit auch sein un-terster Saum zierlich um die Füsse gefältelt. Auf gleiche Weise ist ein Ueberwurf von ähnlichem Stoffe, der über die Kniee herabgeht, in der Mitte auf dem Leibe am kürzesten und höchsten gefaltet. Der Styl ist hieratisch, mehr ausführend als bei der vorgenannten Statue, aber nicht so tüchtig und imposant.

Lag am Fundorte, bei der Nordseite des Er. — Schwache Abbildung in Ἀρχ. Ἐφ. 1839. Jun. und Jul. T. II. Nr. 253.

5) Tors und Beine einer stehenden, hieratisch gewandeten Göttin unter Lebensgr. Kopf, Unterarme und Unterbeine fehlen. Die Stellung war gerade und ruhig, das rechte Bein weiter vor als das linke gesetzt, die Arme herabgelassen (doch ist der linke Oberarm etwas von der Seite entfernt und kann der fehlende Ellbogen und Unterarm sich nach aussen gebogen haben). Gewandung sehr ähnlich jener der vorgenannten sitzenden Statue. Der wollene Chiton, der ebenfalls einen nur bis auf die Schenkel herabhängenden, in seiner Mitte verkürzten Ueberschlag

hat, zeigt an diesem, und wo er darunter hinab Schenkel und Beine verhüllt, dieselben leichten parallelabwärtsfliessenden Faltenwellen. Auch hat der untere Chiton in der Mitte der Beine den lattenartigen Streif auf einander geplätteter Falten, der unter dem verkürzten Saumtheil des Ueberschlags herauskommt. Schultern, Arme und Seiten sind überhangen von einer linnenen Ampechone, deren vertikale Säume, beiderseits, in Wellen umgelegt (geglockt) herabfallen. Der Hals ist bloss. Von seinem Rande nur bis auf die Brust hängt, so weit es nicht die Ampechoneseiten decken, frei ein kurzes Linnentuch in cylindrischen Falten auf dem Chitonüberschlag. Auf die Ampechone der Schultern fliessen beiderseits nach den Achseln hin und über sie herab drei Lockenzöpfe. Die Arbeit sorgfältig und regelmässig ohne Härte. (M.)

C. Fragmente alten Styls.

6) Kleiner Kopf eines bärtigen Kriegers mit anschliessendem Helm; sehr nahe verwandt den aeginetischen. — Beim Parthenon gefunden. (P.)
7) Brust einer Göttin, sehr alterthümlich. (P.)
8) Bruststück (ohne Kopf) einer weiblichen Statue in anliegender Gewandung, vier Zöpfe auf jeder Schulter. (G.)
9) Brust und Seiten (ohne Kopf) einer weibl. Statuette. Der Hals war bloss, der Chiton unter der Brust umgürtet, oder abgesetzt. Die Ampechone hängt beiderseits über Schultern und Arme vertikal herab in ähnlicher Gewandanlage, wie bei Nr. 5. (Z. h. E.)

D. Hieratische Reliefs.

10) Gewandeter weibl. Oberkörper mit Kopf (Pallas?), im Gewand unter den Hüften abgebrochen, Hals erhoben, en face; Kopf und Gesicht bis auf den Umriss zerstört. Vom Oberkopf an den Seiten herab auf die Schultern und bis in die Achseln ein vorne in spitze Falten ausgehender Schleier; wofern es nicht oben breite, unten in spitze Zöpfe getheilte Haarmassen waren. Ein glatter Kragen, vorn rund zugeschnitten, einer grossen Aegis ähnlich, bedeckt anliegend die linke Schulter sammt Arm und die ganze Brust; an der rechten Seite liegt auf ihm und unter dem rechten Arm eine steil herabhängende Masse der Ampechone. Der auf sie gelegte oder in ihr sich abbildende rechte Arm liegt an dem Leib, wo die Hand zwischen zwei herabhängende Schleifenenden des Gürtelbandes gelegt ist, welches das Gewand unterhalb des Brustkragens über den Hüften zusammenzieht. Aus dem Gürtel geht das Gewand, gebauscht, in abwärts geschweiften Bogenfalten hervor. (Z. b. P.)
11) Hohe Marmortafel mit einer wagenlenkenden Göttin in flachem, zartbestimmtem Relief, trefflichem altem Styl, sorgfältig zierlicher Ausführung. Vom Wagen ist das grosse, wohlgeformte Rad grösstentheils und darüber die flache Wagenbrüstung mit dem nach hinten ringförmig ausgeschweiften Geländer erhalten. Die im Profil von links nach rechts [1]) gesehene Göttin, sehr

---

[1]) Es sei hier für alle Beschreibungen dieses Verzeichnisses bemerkt, dass, wo links und rechts nicht von Gliedern einer Figur selbst, sondern schlechthin gesetzt ist, immer die Seiten, die für den Beschauer links und rechts sind, verstanden werden.

gross im Verhältniss zum Wagen, mit dem linken Fuss auf ihn getreten, das rechte Bein zurückgestreckt auf der Erde hinter dem Wagen, neigt den Körper vor, wie auch den Hals bei aufrecht
gehaltenem Kopf, und streckt beide Arme, leicht vorgebogen, zügelhaltend über dem Geländer
des Wagens hinaus. Sie ist eine hohe, jungfräulich gracile Gestalt, reich und fein gewandet, das
Motiv des Oberkörpers meisterlich ausgedrückt, auch das der Beine, obwohl der untere Theil
der Figur abgestossen ist, durch den Zug der Gewandfalten deutlich genug ausgesprochen. Die
Linien des zartkräftigen Halses, des nur im Umriss erhaltenen, gut proportionirten Kopfes und
Gesichtes, die Haltung der länglichten Arme und der noch in der Beschädigung ihre feine Ausführung verrathenden Hände — alles mit organischem Gefühl und Sicherheit gezeichnet. Das
Haar in conventioneller Coeffüre und das Gewand in den regelmässigen und gekreppten Falten
zeigt den hieratischen Styl; aber in einer Anlage, bei welcher sich die Gestalt und Bewegung
zwanglos und vortheilhaft entwickelt. Das Haar ist, wo es den Nacken berührt, emporgewunden
in einer steilen Linie, dann wieder abwärts umgebogen und endet in einem breit herausge-
schweiften Haarbeutel. Vom Chiton wird nur der Aermel um den rechten Oberarm (denn die
Unterarme sind bloss) und ein Streif an der zurückweichenden Seite unter diesem Arme gesehen.
Er deutet hier wieder in seinen ganz zartwelligen Falten Wollen- oder Baumwollenstoff an.
Nicht so gewellt sind die Falten am untern Theil des Gewandes, welcher vom Oberschenkel des
linken zur Wagenbesteigung in's Knie gebogenen Beines herabfallend, zwischen der Wade des
letzteren und dem Knie des rechten zurückgestreckten Beines eine leicht hängende Masse bildet,
deren Gefält vom vertikalen Fall nach beiden Seiten so, wie die Beine es bestimmen, abgezogen
wird. Die Ampechone, die in ihren parallel geordneten, aber lind gezogenen Faltenlagen den
Eindruck von Linnenstoff gibt, hängt, um den Rücken umgenommen, vom Nacken etwas ab-
stehend, über die Schultern um die innern Seiten der Oberarme herunter mit Vertikalfalten, geglockten Säumen und Kügelchen an den Endzipfeln, die vom linken Arm hängende Masse steil-
recht bei und vor dem Knie bis auf den Wagenboden; kürzer die vom rechten Oberarm herabhängende, und in schrägerem Falle, indem bei ihr die Bewegung ein leichtes Zurückweichen
bedingt, entsprechend dem Zurückweichen der Falten des Untergewandes und des Rückensau-
mes vom Ampechonion, da, wo sie das Zurückstehen des rechten Beines und Vorneigen des
Körpers zieht. (Zugang zu den Propyläen.) S. d. Abbild. T. II. F. 4.

12) Fragment tanzender Göttinnen (Horen, Chariten), war schön in älterem Styl gearbeitet;
es sind aber davon nur zwei gehälftete Oberkörper ohne die Köpfe erhalten. Links die erste
Figur war ziemlich en face gesehen, bekleidet mit einem Chiton, der den Hals bloss lässt, glatt
über die Brust geht, darunter sich etwas bauscht. Eine losere Gewandmasse fällt faltig von der
linken Schulter über Achsel und Brustseite herunter und umgibt noch den linken, bequem abwärts gebogenen Arm bis an den Ellbogen mit umgelegten Falten. Dieser herabgelassene Arm
ist fast bis zur Handwurzel erhalten. Sonst ist nur noch über dem linken Schlüsselbein an der
Halslinie heraus eine kleine Haarmasse zu bemerken. Von der zweiten Figur ist wenig mehr
als der Arm erhalten, der sich nahe dem linken der ersten so herablässt, dass man sieht, die
Hände der Beiden berührten einander. Auch dieser Arm ist entblösst; aber ein an der Schulter

gefibelter Gewandüberschlag hängt in Vertikalfalten an den Ellbogen und unter ihm. Der Hals ist bloss; das Gesicht war, scheint es, etwas gewendet. — Die Motivlinien sowohl, als die Faltenzüge dieses Fragments sind sehr ähnlich jenen eines Reliefs in gutem, altgriechischem Styl, welches sich zu Rom im Vatikan (Museo Chiaramonti Nr. 360) und wiederholt im Palazzo Giustiniani befindet, und offenbar nach einem geschätzten Typus drei mässig bewegte, sich an den Händen haltende Göttinnen vorstellt. (M.)

13) Auch von der dritten Figur zu unserem attischen Relief scheint ein Bruchstück erhalten zu sein. Es stimmt nämlich der untere Theil einer gewandeten weiblichen Figur im Profil von rechts nach links, in demselben sorgfältigen Reliefstyl, vollkommen überein mit dem der dritten Figur auf dem vatikanischen und giustinianischen Relief. Es sind die unter anliegendem Gewand im Schritte nach links hin stehenden Beine, der rechte Fuss vorgesetzt, die Ferse des linken etwas gehoben. Der untere Chitonsaum, eng und etwas wollig gefaltet, geht vom Reihen des rechten Fusses nach seiner Ferse hinab, dann hin auf die Zehen des linken Fusses um seinen Knöchel und schliesst über der Ferse an. Das Himation aber deckt um die Beine den Chiton und zeichnet glatt anliegend das Profil des rechten Beines (welches bis zum grössten Theil des Schenkels hinauf erhalten ist). Vorn erreicht der untere Himationsaum fast den des Chiton, von welchem letzteren, wo er am Reihen des rechten Fusses anliegt, nur ein schmaler Streif unter jenem noch sichtbar wird. An der Seite des Beins aber zieht sich der Himationsaum höher in einer sanft geschwungenen Linie, so dass er vom Chiton darunter zwischen den schreitenden Füssen und über dem linken mehr sichtbar lässt. Der Theil des Himation, der das vorgesetzte Bein umschlingt, ist glatt, hinter dem Beine aber hängt es in Vertikalfalten von der linken Hüfte herab, welche unten einen geglockten Saum bilden. Alle diese Linien und Falten sind genau dieselben, wie bei der dritten Figur des vatikanischen Reliefs. (Vgl. Cavaceppi Raccolta III, 13.) (P.)

14) Anderer Horen- oder Charitentanz in mässigem Relief, aber in leichterem Styl, sehr zierlich und belebt. Zwei Figuren, vollständig gewandet, sind erhalten, die erste von vorn gesehen, welche die Rechte auf die Hüfte stützt, während sie die Linke aus dem Gewand etwas vorbewegt, die zweite von hinten gesehen, welche mit ihrer Linken die Linke der ersten fasst, während sie die Rechte leicht erhebt. (P.)

15) Untere Reste zweier hieratischen Frauengestalten, einander entgegenschreitend, fast lebensgross. (F.)

16) Untertheil einer weibl. sitzenden Figur (11″ hoch) mit Farbenspuren. Von links nach rechts profilirt, sitzt sie auf einem Cubus, dessen Horizontallinie sich Hüfte und Schenkel ihres linken Beines, seiner Vertikallinie Wade und Ferse desselben dicht anschliessen. Das Gewand ist so anliegend, dass gleichartig wiederholte Falten vom Sitz zum Schenkel hinauf und von der Wade zum Schienbein sich ziehen und Knie und Schienbein scharf gezeichnet sind. Auf dem Schenkel und Knie liegt etwas, dessen obere Fläche eben und glatt, die vordere Seitenlinie schräglaufend ist — ein aufgeschlagenes Kästchen? Die geöffnete Oberfläche zeigt ein kleines Loch und ausserdem rothe Farbe, die schräg herablaufende Seitenlinie grüne Farbe oder etwa

4*

Bronzerost; grüne lässt sich auch auf der oberen Grenzlinie des Cubus und mitten auf seiner Seitenwand rothe bemerken. (P.)

E. Idole von Stein in conventionellen Formen.

17) **Kleine thronende Göttin** symmetrisch ihrem aus einer Masse sie umgebenden Lehnstuhle eingeschmiegt, mit Polos auf dem Haupt, Zöpfen auf der Schulter. (V.)

18) Mehrfach: In ihren Zellen thronende **Gäa-Kybele-Figuren** mit Tympanen und Schalen, in gewöhnlicher Art, einzeln, und auch zwei in aneinanderstossenden Giebelhäuschen. (Beim Parthenon. — Z. h. E. — H. P. — V. — Cu.)

19) **Halberhobene Artemis Phosphoros** im ältesten Typus, doch wohl späterer Technik. Der Kopf fehlt, die Figur steif, geradlinigt, hermenartig, die Hände nach beiden Seiten erhebend mit Fackeln. Von Rhamnus. (v. O.)

F. Aelteste Grabstelen, mit Inschriften an den Basen.

20) **Stele des Aristion** mit einer **Kriegerfigur in flachem Relief** altgriechischen Styls, mit Farben; Inschrift in altattischen Buchstaben. Das Ganze von Pentel. M., ein schmaler, hoher Pfeiler von geringer Dicke auf einer breiteren und dickeren Basis. Breite der Basis 2′, des Pfeilers 1′, Höhe und Dicke der Basis unter 1′, Dicke des Pfeilers 4 bis 5″, erhaltene Höhe desselben c. 6′. An der Basis unter ihrem oberen Rande steht der Name des Todten in grossen altattischen Buchstaben:

APISTIOΛOS   Des Aristion Mal.

Den untersten auf der Basis ruhenden Pfeiltheil, der gegen 1′ hoch glatt gelassen ist, trennt ein Band von den Füssen der Relieffigur. In diesem Bande steht der Künstlername in etwas kleinerer Schrift:

EPΛOΛAPISTOKΛEOS   Werk des Aristokles.

Die Figur, c. 5′ hoch, steht, von links nach rechts profilirt, aufrecht, das rechte Bein etwas zurück gegen das linke, die Zehen des rechten Fusses neben und vor der Ferse des linken. Der hintere Contur geht dicht an dem schmalen Rahmenbande des Pfeilers herab, Schulter-, Hintertheil und Wadenlinie in das Band hinein. Vorn geht ganz dicht neben dem Rahmenbande herab die Linie der Lanze, welche nah unter dem Spitzbart gefasst ist von der Hand des linken an den Leib geschlossenen Armes; denn zwischen der Lanze und dem vorderen Contur der Figur ist nur ein schmaler Raum; so wie auch die Füsse mit einander ziemlich die ganze Breite der Bildfläche einnehmen. So in seinen Raum hinein ökonomisirt steht der ehrenfeste Athenäer in Panzer und Schienen an der Lanze sich haltend, den rechten Arm herabgelassen, die Faust am Schenkel, den Kopf vorgeneigt, bärtig, mit Löckchen unter dem Helm, Arme und Füsse bloss, nur dass unten am Panzer ein kurzer, leichter Gewandvorstoss und auch um die Achsel ein ganz kurzer Faltensaum aus dem Panzer hervorkommt. Das Relief ist zartbestimmt, das Gesichtsprofil scharf ohne Härte, der Hals kräftig, die Arme muskulös, der Leib schmal gegen die starke Brust, kurz gegen die Beine, sehr stark die Schenkel, die Flächen gefühlt, Gelenke und Extremitäten streng und fein bis zur Anmuth. Von seinem attischen Helm ist die anliegende Kappe (von dünner Bronze zu denken) und hinten der untere Anfang des Kammes erhalten; der Helmaufsatz fehlt. Unter der Kappe herab in dem Nacken und an Stirn und Schlaf liegen die regelmässigen Lockenschichten; an die Lippen geht ein feiner Schnurrbart in den breiteren Wangenbart, der vom Schlaf am Ohr herab um den Kiefer hervor sich am Kinn abspitzt. Der Panzer liegt unter dem Halse um und hat auf der Schulter ein breites Blatt aufliegen, woran ein schmaleres quer auf die Brust reicht; unter der Brust zieren ihn Horizontalbänder, vom untersten hängen tafelförmig die Fittigplatten, ansitzend auf Leib und Hüften. Der Panzer ist als dünnes Metall behandelt; wie auch an den Schienen die natürlichen Sehnen und Muskeln ausgedrückt sind. Der Gewandvorstoss an Schos und Schenkel und am Oberarme macht den Eindruck sehr feinen Stoffes. Im Reliefgrunde sitzt etwas rothe Farbe; die Rüstung scheint blau gewesen zu sein; der Panzerrand an der Achsel hat Karmosinroth, und von dieser Farbe scheint auch ein Zierrath auf dem Schulterblatte, ein Mäander am Bande des Panzers, die Verzierung des unteren Bandes und der Fittigplatten gewesen zu sein. Am Nackten ist keine Farbe zu bemerken. Am Gewandvorstosse, wo er am Schose sich auf die Schenkel theilt, sitzt ein kurzer, schmaler Streif voll kleiner Bohrlöcher. Hier war also wohl etwas aufgenietet. Da hinter diesem Streif die geschlossene Rechte hängt und der herabgelegte Daumen demselben ziemlich parallel ist: möchte das Aufgenagelte etwas von dieser Hand Gehaltenes vorgestellt haben.

Gefunden bei Velanideza im attischen Küstenstrich in den Gräbern eines Gaues, in der Gegend des alten Phegus. Ἀρχ.Ἐφ. 1838. Aug. u. Sept. nach Nr.80. Siehe das Titelblatt. (T.)

20[b]) Stele des Lyseas von gleicher Form, Pentel. M., ohne Relief, indem die Figur wahrscheinlich nur gemalt gewesen (man will Farbenspuren bemerkt haben), mit metrischer Inschrift an der Basis, in grossen altattischen Buchstaben:

LYϹEAIΕΝ⊕ΑΔΕϹΕ   Lyseas Mal hat hier sein Vater Semon errichtet.
ΜΑΠΑΤΕΡϹΕΜΟΝΕ
ΠΕ⊕ΕΚΕΝ

50 Schritt vom vorigen, in derselben Gräberstätte gefunden. Ἀρχ.Ἐφ. 38. Okt. Nov. Nr. 103. (T.)

20[c]) Wahrscheinlich Basis einer eben solchen Stele war der Stein mit bustrophischer Inschrift in Versen, wovon noch übrig:

ΑΡΧΕΝΕΟϹ:ΤΟΔΕϹ......   Von Archeneos wurde dies Mal....
ΟΒϹΥΛΜΞ ϹΞΤϹΞ: Nahe am Wege erhöht des (?) guten und....
ΔΟΙΑΛΑ⊕ΟΚΑΙ   oder: des — Agathokles?
                   — Agathokleides?

(Vgl. Corp Inscr. 22.) Am Eck eines Hauses zu Athen, nach Pittakis seit unvordenklicher Zeit da eingemauert (Ἀρχ. Ἐφ. 38. Okt. Nov. Nr. 101), nach Fourmont vom Lykabettos verschleppt.

20ᵈ) Basis einer Stele gleicher Art, dritthalb Fuss lang; in der oberen Fläche noch die einge-
tiefte Spur des Pfeilers. Die Inschrift daran, in altattischer Schrift, war ein elegischer Vers, und
ist verstümmelt:

```
. . Ψ                    ∨ ᴇᏌΕ        — — — — gesetzt die gestorbne,
ΕⴲΑΝΟΣΑΝ:Ӏ..... ΟΑΙΔΟΙΕΝΛΕΣΑΓ          — würdige, sie, ferne vom heimischen Land.
ΟΓΑΤΡΟΙΕΣ:ΕΝΔΟΙΟΣΕΓΟΙΕΣΕΝ             Endöos hat's gearbeitet.
```

Gefunden in Athen in einer Treppe. Kunstbl. 1835. Nr. 31.   (T.)

Der grössere Theil dieser in Athen gesammelten alterthümlichen Werke, besonders die thronende
Pallas (3), das Relief mit der Wagenlenkerin (11) und die Stele des Aristion (20), sind von einem
für die Geschichte der alten Kunst nicht unbedeutenden Werthe. Sie geben uns zuerst vom Styl jener
älteren attischen Bildnerschule, die vor Phidias und noch neben ihm blühte, eine authentische und
unmittelbare Anschauung. Denn nur eine mittelbare konnten bis dahin Werke verwandten Styls,
welche nicht aus Attika herrührten, oder hier zwar gefunden, aber nicht so charakteristische gewähren. Die zu Rhamnus gefundene Gewandfigur, gezeichnet in den Unedited Antiquities of Attica
(Ch. 7, pl. 2) hat Aehnlichkeit mit mehreren sonsther bekannten Artemisfiguren. Das aus Stuart bekannte athenische Relief, Dionysos und Methe vorstellend, bedient sich nur der altherkömmlichen
Darstellungsart in einer fühlbar leichteren Manier aus viel späterer Epoche. Und von den beiden
Musenstatuen der venezianischen Sammlung, welche Thiersch für die attische Schule in Anspruch
genommen hat, ist weder erwiesen, dass sie aus Athen stammen, noch gibt ihr etwas trockner und
schwerer Styl den sicheren Eindruck einer bestimmten Kunstepoche. Dagegen geben die vorgenannten, aus attischem Boden gezogenen Werke zugleich durch ihre Haltung selbst zu erkennen, dass sie
nicht etwa Wiederholungen alter Typen, sondern ursprüngliche Erzeugnisse eines in dieser Form
befriedigten Kunstgeistes sind. Dabei weist für die Stele des Aristion auch ihre Inschrift in gewisse
Zeitgrenzen, und die Verwandtschaft ihrer Zeichnung und Reliefbehandlung mit jener der schöneren
Selinuntischen Metopen ist nun eben so interessant, als ihr Verhältniss zu den Aeginetischen Giebelfiguren.

Die Bildwerke dieser Periode sind noch nicht mit hinreichender Unterscheidung charakterisirt.
Man hat solche nicht selten unter dem Namen archaischer oder hieratischer mit ganz verschiedenen
zusammengeworfen, welche von handwerksmässig roher oder von conventionell einfacher Form sind.
Man liess sich zu sehr durch die negative Eigenschaft bestimmen, die sie mit den letzteren gemein
haben, dass sie nämlich nicht die weichere Rundung und flüssige Abschliessung der später verbreiteten
Kunstübung haben. Aber die Prädikate der Steifheit und Starrheit und die Auffassung ihrer Schule,
auf die schon die römischen Aesthetiker sich beschränkten, als einer erst allmählig aus harten und
herben Formen sich herausarbeitenden, sind nicht oder nur einseitig bezeichnend. Die attischen
Künstler jüngerer Schulen urtheilten anders. Eine in dieser älteren Periode, noch vor den Siegen

über Xerxes, errichtete Bronzestatue des Hermes, an einer Pforte des Marktes von Athen, blieb bis in späte Zeiten ein Studium der dortigen Erzgiesser und war schwarz von den häufig an ihr genommenen Formen [1]). In der That ist es die erste Reife eines schon plastischwarmen Styls, eines Styls, der, sicher in Auffassung und Technik, mit sich einstimmige sittliche Gestalten durchbildet, was man oft unter dem Namen hieratischer Darstellung nur von Seiten einer daran empfundenen Befangenheit betrachtet hat. Allerdings findet hier Befangenheit oder Beschränkung im Vergleich mit den späteren Charakteren einer edeln Selbstständigkeit oder unmittelbaren Anmuth der Gestalten Statt. Aber man darf nicht übersehen, dass es eine innere, der Phantasie selbst eigene, dem Künstler natürliche, darum ihm, wie dem Beschauer behagliche Befangenheit, eine innerlich heitere Beschränkung war. Und es ist Missverstand des wahrsten Geistes dieser Werke, wenn man ihre Form von einer äusserlichen Beschränkung, von einem durch Priestersatzung gebotenen Kanon herleitet, und sie in diesem Sinne hieratische nennt. Diese Annahme ist eben so willkührlich, als die Herleitung des vermeintlichen Kanons aus Aegypten.

Die Freunde der letzteren Hypothese werden vielleicht in der Apollonfigur von Thera (1. — Taf. IV. F. 8) wegen ihrer geschlossenen Stellung und des Contrastes von Brust und Hüften einen neuen Beweis für den ägyptischen Charakter der ältesten griechischen Kunstwerke sehen. In Müller's Tagebuch steht bei der kurzen Beschreibung derselben die Bemerkung: „sieht mehr indisch, als ägyptisch aus." Damit ist wohl nur gemeint, dass, wer sich mit einer allgemeinen Aehnlichkeit begnügt, den Typus ebensowohl aus Indien, als von Aegypten herleiten könnte; beides mit gleich wenig Sicherheit. Stets war Müller der Einbildung von einer heiligen ägyptischen Wiege der griechischen Plastik abhold, und stützte sich nicht, wie man ihm vorgeworfen hat, auf die Meinung einer hermetischen Abgeschlossenheit des alten Griechenlands, sondern auf historische Kritik und die vernünftige Voraussetzung, dass ein Volk, welches eine so beispiellos hohe und vollendete Selbstständigkeit der plastischen Phantasie entwickelt hat, auch von Anfang eine zu originale Richtung müsse gehabt haben, um den Kanon einer fremden Religion und Kunstgewöhnung sich aufheften und, wie Thiersch will, über ein Jahrtausend lang bannen zu lassen. Eine so seltsame Annahme würde starke Beweise und genaue Vergleichungen erfordern. Noch haben wir beide zu erwarten. In der Kunst hat man es ja mit messbaren Figuren zu thun. Warum hat man noch nicht das Netz des ägyptischen Kanons, welches an dortigen Monumenten noch erhalten ist, an denjenigen griechischen Figuren, die man für ägytisch erklären will, nachgewiesen? Warum nicht nachgemessen, ob Gesichtswinkel, Stellung der Ohren, Form des Kinns, Gliederproportionen wirklich übereinstimmen? Sollten wir eine Behauptung von solchem Umfang auf die einzige Versicherung hin annehmen, dass das Pallasprofil der athenischen Münzen dem Neith-Gesichte eines Dresdner Mumienkastens und ägyptischen Köpfen des britischen Museums gleich sei? Mann muss das Genauere wünschen. Welche Neith hat denn solche Haarlocken oder Flechten, wie jene athenische Typen, welche einen Helm und Oelkranz, welche das Ohr ebenso gestellt, das Kinn ebenso ausgeladen? Und wie ist es zu erklären, dass wir an keiner einzigen erweislich altgriechischen Figur die bei ägyptischen so häufige bandartige Augen-Umrahmung, oder ägyp-

---

[1]) Philochor. b. Harpokr. Hesych. S. 48. 49. Lukian. Zeus Traged. 33.

tische Haarbedeckung und Gewande oder ein ägyptisches Attribut finden? Thiersch bezeichnet als ein solches die Sphinx, welche auf dem Helme der Parthenos von Phidias das Geständniss enthalten habe, dass Aegypten die Heimat der Göttin sei. Mit demselben Rechte könnte man die Greifen an demselben Helme für Beweise nehmen, dass die Göttin von den Arimaspen herstamme. Wenn schon die Griechen die in Aegypten gewöhnlichen Combinationen von Menschen- und Löwengestalt Sphinxe nannten, weil die Sphinx ihrer eigenen Poesie und Plastik im Allgemeinen dieselbe Combination war, so haben sie doch der Sphinx ihrer Mythologie niemals eine andere Heimat als das böotische Theben angewiesen und Kadmos, den Stifter dieser Stadt, stets einen Phönizier, nicht Aegypter genannt bis in die Zeiten der alexandrinischen Historie. Auch ist auf allen alten Werken ihre Sphinx wesentlich anders gebildet als die ägyptischen sind, und während die Letzteren Männersphinxe, weibliche hier nicht üblich waren, ist die griechische im Dichter- und Kunstbilde stets nur halb Jungfrau, halb Löwe. Die Dichter vor Phidias und seinen Zeitgenossen nennen wohl Libyen am Tritonsee, aber nie Aegypten den Ursprung oder Sitz der Pallas. Weder konnte also Phidias anders als durch einen beispiellosen Einfall ihr diese Heimat geben wollen, noch dieselbe, wenn er es wollte, durch eine griechische Sphinx als Helmzierde bezeichnen.

Es verhält sich nicht anders mit der Behauptung, dass Dädalos, der Patron alter Kunstschulen Griechenlands, ein Zögling der Aegypter gewesen. Die alte Sage und Dichtung lässt ihn von Athen nach Kreta und Sizilien kommen, nicht nach Aegypten. Zu Diodor's Zeit, im letzten Jahrhundert vor Christus, behaupteten die ägyptischen Priester, Dädalos sei in ihrer Schule gewesen; wie sie denn jetzt auch die Ankunft des Orpheus, des Musäos, des Melampus, poetischer Heroen, die niemals existirt haben, in ihren Annalen verzeichnet hatten. Dem Herodot sagten sie davon noch nichts, obgleich sie ihm damit die Mühe, die er sich gab, Hellenisches aus Aegypten abzuleiten, bedeutend hätten erleichtern können und er eben hierüber mit ihnen sich unterhielt. „Gar vieles — sagt Diodor selbst (1, 29) — behaupten die Aegypter mehr aus Ehrgeiz, als nach der Wahrheit." Dazu gehörte denn auch, dass die alten Samischen Künstler Telekles und Theodoros das Holzbild des Apollon zu Samos nach ägyptischer Methode gearbeitet hätten (1, 98). Telekles habe zu Samos die eine Vertikalhälfte, die andere Theodoros zu Ephesos gemacht, und doch hätten sie auf's genauste zusammengepasst. „Diese Methode — setzten die Aegypter sehr naiv hinzu — ist ja bei den Hellenen durchaus nicht gewöhnlich, ganz in der Ordnung aber bei uns. Denn bei uns werden die Verhältnisse der Bilder nicht nach freiem Augenmasse, wie bei den Hellenen, sondern nach einer regelmässigen Eintheilung für die Proportionen der kleinsten zu den grössten Theilen bestimmt, so dass die Künstler nur die Grösse ausmachen dürfen, um, auch getrennt, ganz zusammenpassend zu arbeiten." Auch von dieser Anekdote erfuhr Herodot noch nichts, weder in Aegypten, noch in Samos, obgleich er von der Samischen Kunst und von eben dieser Künstlerfamilie Mehreres erzählt. Es ist übrigens gleichgültig, ob man die Geschichte, die uns über ein halb Jahrtausend nach der Zeit, in der sie angeblich sich zugetragen, zuerst erzählt wird, glaube oder nicht. Wahr ist, dass zu Diodor's Zeit schon in's dritte Jahrhundert griechische Gelehrsamkeit in Aegypten ansässig war, die Aegypter also die Namen griechischer Künstler nicht gerade nöthig hatten, in ihren eigenen Chroniken nachzuschlagen. Indessen ist auch wahr, dass zur Zeit jener Künstler Samos in freundschaftlichem Verhältniss zu Aegypten gestanden.

Die Möglichkeit, dass sie das ägyptische Figuren-Schema kennen lernten und einmal anwandten, kann nicht geleugnet werden, so lächerlich auch jedem Künstler das Halbirungs-Verfahren erscheinen wird, dem sich kaum ein anderer Zweck, als der unterlegen lässt, dass es der ägyptischen Lehrerschaft zum künftigen Beweise dienen solle. Aber immerhin die Anekdote angenommen, bleibt sie ein einzelner Fall, aus dem doch nicht folgen kann, dass über ganz Griechenland lange Zeit ein Figurenkanon geherrscht habe.

Aber — sagt man — noch Pausanias sah ägyptische Statuen in Griechenland. Noch Pausanias, der unter den Antoninen lebte! Wäre es nicht schicklicher, zu sagen, erst Pausanias? Damals waren auch Tempel ägyptischer Gottheiten, der Isis und des in Aegypten selbst modernen Serapis, durch ganz Griechenland zerstreut, wovon aus der Zeit der griechischen Freiheit nicht eine Spur nachweisbar ist. Doch, werfen wir einen Blick auf die aus Pausanias angeführten Beispiele. I, 42 sagt er von zwei Apollostatuen aus Ebenholz, „sie gleichen zumeist den ägyptischen Bildern." Sie konnten Aehnlichkeit mit solchen haben, ohne wirklich und förmlich nach ägyptischem Typus gearbeitet zu sein. Dass sie daher stammen, sagt er nicht. Es war aber ein von Hadrian erbauter Tempel, worin sie standen. Dass unter diesem Kaiser Nachahmung ägyptischer Kunstformen nicht selten war, ist bekannt. — IV, 32 erwähnt Pausanias in einem Gymnasion zu Messene Bilder des Hermes, des Herakles und des Theseus als Werke ägyptischer Männer. Sollen dies etwa altägyptische Werke sein? da doch die alten Aegypter keine Heroen und — wofern Herakles auch Uebersetzung eines ägyptischen Gottes wäre — gewiss keinen Theseus verehrten. Es ist eine junge Stadt, das erst von Epaminondas gegründete Messene, wo Pausanias diese Bilder sah. Dass er selbst sie für neuere Werke erkannte, sagt sein Zusatz. „Diese — sagt er — (den Hermes, Herakles und Theseus) in Gymnasien und Palästren zu verehren, ist bei allen Hellenen und bereits auch bei vielen Barbaren Sitte." Hier ist also nicht von Aegyptischem, das auf die Griechen übergegangen, sondern von Hellenischem, das die Aegypter angenommen, die Rede. Nach Herodot hatten die Aegypter keine gymnastischen Festspiele. Von den hellenischen waren sie, wie überhaupt alle Ungriechen, in der freien Zeit Griechenlands ausgeschlossen. Selbst der erste Alexander von Mazedonien, obgleich von hellenischer Abkunft, und sehr verdient um die Griechen, wurde von den Schranken zu Olympia, als Barbarenfürst, abgewiesen. Bei Pausanias aber finden wir Aegypter, ohne Zweifel in Aegypten ansässige Griechen oder gräzisirte Aegypter der Kaiserzeit, unter den olympischen Siegern. Kein Wunder also, dass sie damals auch griechische Gymnasialbilder fertigten. — II, 19 soll, nach Thiersch, Pausanias von einer ganzen Classe ägyptischer Holzbilder in Griechenland reden. Er sagt da wörtlich: „Das ansehnlichste Heiligthum in der Stadt Argos ist das des Apollon Lykios. Das Bild darin war zu meiner Zeit ein Werk des Athenärs Attalos, ursprünglich aber war sowohl der Tempel von Danaos gestiftet, als auch das Schnitzbild; denn Schnitzbilder waren nach meiner Ueberzeugung damals alle Bilder, zumal die ägyptischen." Offenbar spricht Pausanias von gar keiner bestimmten Classe ägyptischer Bilder, sondern schliesst blos, dass das nicht mehr vorhandene ursprüngliche Bild dieses Tempels ein Holzbild gewesen. Denn als Stifter dieses Tempels nenne die Legende den Danaos; in der alten Zeit des Danaos aber habe es noch keine Steinbilder, nur hölzerne gegeben, wie überall, so namentlich bei den Aegyptern (von welchen die Fabel den Danaos nach Argos kommen liess). Es ist ein einziges ägyptisches Bild, auf das seine Worte gehen, aber auch dies kein gesehenes, sondern nur in der Legende existirendes, und seine Beschaffenheit kennt Pausanias nicht aus der Legende, sondern bestimmt sie blos nach seiner allgemeinen Ueberzeugung, dass die ältesten Bilder nur aus Holz gewesen. Wie gläubig man nun die phantastische Sage von Danaos für eine Geschichte nehmen, und wie früh man ihn von Aegypten nach Argos kommen und sein Apollobild mitbringen lasse, so werden die gelehrten Kenner des Aegyptischen, im Blick auf die Stein-Colosse der Könige aus uralten Dynastien, dem Pausanias niemals zugestehen, dass Aegypten damals blos in Holz geschnitzt habe, und so werden die Aegyptophilen selbst dahin mit uns übereinstimmen, dass wir an dieser Stelle keine Tradition oder Kenntniss bestimmter ägyptischer Werke, sondern nur eine Meinung vor uns haben. Dies fabelhafte Bild ist aber das einzige altägyptische in Griechenland, von welchem Pausanias redet. Denn das in der jonischen Stadt Erythrä, welches er allein ausser diesem noch anführt, war keine Statue, obwohl von mehreren Archäologen gegen seine Worte dafür gehalten. Er sagt von dem Bilde im dortigen Herakles-Tempel (VII, 5), „es gleicht weder den äginetischen, noch den ältesten attischen, sondern wenn irgend eines, so ist es genau ägyptisch; denn es ist ein Holzfloss.” Er fügt nicht bei, wie jene Archäologen hinzugedacht haben, dass eine Statue auf dem Holzfloss gestanden und diese so streng ägyptischen Charakters gewesen; sondern dass der Gott — nach der Legende, der wirkliche Gott Herakles — auf diesem Floss aus Tyrus in Phönizien ausgefahren, das Floss aber angegangen sei an ein ionisches Vorgebirg. Von da hätten Chier sowohl, als Erythräer an sich zu ziehen vergeblich sich bemüht, bis ein Traumseher die thrakischen Weiber zu Erythrä veranlasste, aus ihren Haaren ein Seil zu machen, mit welchem es ihnen gelang, das Floss nach Erythrä zu ziehen. Wiederholt spricht er nur vom Floss, nirgends von einer Statue. Das Floss selbst nennt er das Bild, mit dem Ausdruck ἄγαλμα, der bekanntlich jedes heilige und geweihte Symbol oder Geräth, gleichgültig von welcher Form, eben so gewöhnlich bezeichnet, als er von Statuen gebraucht wird. Was kann nun deutlicher sein, als dass Pausanias dieses göttlichverehrte Symbol darum im Gegensatze mit allen ihm bekannten griechischen Götterbildern ein eigentlich ägyptisches nennt, weil er sonst nirgends in Griechenland Cultusbilder in Flossform, wohl aber bei den Aegyptern die heilige Baris kannte, deren Verehrung in Festprozessionen auch uns aus Beschreibungen und in Abbildungen altägyptischer Monumente bezeugt und bekannt ist. Es würde nun für die Anfänge griechischer Plastik wenig in sich schliessen, wenn wir diesem Schlusse des Pausanias nachgeben und noch ausserdem frei stellen wollten, sämmtliche in griechischen Tempeln nachweisbare Holzflösse für ägyptische Kunstwerke oder Nachbilder ihres Kanons zu erklären. Gleichwohl liegt es vor, dass die Erklärung des Pausanias mit der Tradition des Tempels im Widerspruch war. Ihr zufolge war ja das Floss und seine Gottheit von dem Phönizischen Tyrus hergekommen, Dienst und Symbol also nicht ägyptisch, sondern des Tyrischen Melkarth.

Wenn der verdienstvolle Champollion vieleckige Pfeiler ägyptischer Hypogäen ohne runde Grundform, ohne Hals und Abakus, urdorische nannte, so wird man doch zugeben müssen, dass sie jedem simpeln Pfeiler eben so nahe stehen, als dem Organismus der dorischen Säule. Und wenn derselbe, im Angesicht sehr alter ägyptischer Steingemälde, ihrer klaren Lebhaftigkeit, ihrer ungezwungen sonderbaren schematischen Composition, ihrer in sich consequenten Zeichnung und des feinen Steinschnittes, ausruft, sie seien den schönsten griechischen Vasenbildern ähnlich, und sie als Vorstufen der griechischen Kunstschönheit betrachtet, so enthält dies einen Widerspruch. Denn die ältesten griechischen Vasenbilder, die, wenn wir für die ägyptischen Werke die Chronologie dieses Gelehrten zu Grund legen, im zweiten Jahrtausend nach den letzteren erst entstanden sind, müssten, wären sie Töchter der letzteren, viel eleganter zugleich und conventioneller, kalligraphisch nüchterner, und in einer gewandten Karikatur feiner sein, als wir sie finden. Sie sind, während die Schrift ihre Periode ziemlich genau bestimmt [1]), Anfangs plumper und derber und schlichter, als jene vermeintlichen Vorbilder. Sie sind theils natürlicher drastisch, theils conventionell in einer andern Weise. Erst aus dieser, die sich nicht von dem urlängst schon abgeschlossenen und in seinen Einseitigkeiten so saubern und geschickten ägyptischen Styl ableiten lässt, sehen wir die griechische Zeichnung auf eigenen Wegen zu einer strenger schematischen und gezierteren Gehabung übergehen, die auf das blose Gefühl bisweilen einen Eindruck macht, der dem der ägyptischen Zeichnung verwandt ist. Dieser Uebergang aber erklärt sich so hinreichend aus dem naturgemässen Fortschritt und Allem, was wir sonst von der gleichzeitigen Bildung und Sitte der Griechen wissen, dass dafür bei so eigenthümlichen, den ägyptischen widersprechenden Darstellungen und Motiven eine Abhängigkeit von ägyptischen Einflüssen anzunehmen unnöthig und so lange unhistorisch ist, bis spezielle Kennzeichen davon aufgewiesen sind. Mir scheint das Wahre, dass die Griechenstämme in ihrer Sittengeschichte und Phantasie eine in allgemeinen Gesetzen begründete Epoche auch einmal durchgemacht haben, welche die Aegypter viel früher mit einem viel grösseren Apparat und in viel stärkerer Spannung erreicht hatten. In derselben sind die Aegypter erstarrt, und bei der Entäusserung ihres ganzen geistigen Lebens in Schema und Zeremonie stehen sie freilich als das ältestbekannte und ausgeprägteste Beispiel aller Sittenförmlichkeit, gleichsam als die Väter der Zeremonie da. Darum sind sie noch nicht die wirklichen Väter jeder jüngeren, innerlich verwandten, durch andere Nationalität bedingten, in andere Model geprägten Sitten; wenn schon öfter in der Geschichte, wo ein Volk die Stufe berührt, auf welcher ein anderes beschlossen hat, auch äussere Berührung mit dem Letzteren und Annahme seiner Mittel statt findet. In der ältesterreichbaren Griechengeschichte sind wohl deutliche Spuren syrophönizischer Einflüsse, keine ägyptischer entdeckbar. In der Periode aber der Zeremonialbildung und strengen Feierlichkeit, in welcher die Griechen sich nicht erschöpft, sie auch nicht schlechthin einmal, sondern mit Unterbrechungen wiederholt durchgemacht haben, finden wir die griechische Phantasie schon in einer so von der ägyptischen verschiedenen Götterwelt, Staatenbildung und Lebensökonomie bewegt, dass der Verkehr mit Aegypten, selbst wenn er weit ausgedehnter gewesen wäre, als sich zeigen lässt, keine primäre, keine durchgreifende Bedeutung mehr für ihre Sitten- und Kunstgestaltung gewinnen konnte.

Treffen wir bei den Griechen Idole an, wie solche der attischen Sammlung oben (E, 17—19) verzeichnet sind, wie sie bis in die späteste Zeit im Gebrauch waren, ohne Zweifel aber in sehr alter schon vorkamen, besonders schematisch mit ihrer Basis oder mit Thron, Zelle und Gewand zusammengeschlossene Gestalten, so haben wir eine Phantasie vor uns, der die Wesenheit ihrer Götter mit einer

---

[1]) S. Kramer: Ueber Styl u. Herkunft der griech. Thongefässe.

festen Gesetzmässigkeit, schweren Ruhe und einer durch das Attribut bezeichneten Wirksamkeit für einen eingebildeten Zusammenhang sich stetig verschmilzt. Innerlich im Moment der Phantasie und äusserlich in der geschlossenen Figur sind die architektonisch plastischen Götterdarstellungen der Aegypter verwandt, ohne dass der wirkliche Ursprung und die Vorstellungen zusammenfielen. Es finden sich ähnliche Charaktere der Götter-Auffassung und Gestaltung durch ganz Vorderasien verbreitet, wofür nicht sofort eine Vererbung von Volk zu Volk anzunehmen ist. Es behält der Polytheismus, wo und so lang er besteht, immer eine Seite, die ihn diesem Anschauungsmoment verbindet. Daher kommt er überall leicht zu solcher Darstellung und gern zu ihrer Wiederholung neben anderen gehaltreicher und freier entwickelten.

Die unleugbare Wiederholung von Idolfiguren solcher Art noch in jeder späteren Epoche des Alterthums, könnte allein schon darauf aufmerksam machen, dass auch bei ihrer ersten Hervorbringung der eigentliche Grund ihrer mehr schematisch als organisch geschlossenen Form nicht, wie Viele geurtheilt haben, blos in der unbeholfenen Technik gelegen habe. Dann hätten mit dem Fortschritt der letzteren solche Formen ganz wegfallen müssen. Für die unbeholfenste Technik ist die Ausführung eines gespreizten oder gewaltsamen Motivs, wenn die Phantasie es fordert, nicht eben schwieriger, als ein zusammengedrängtes, weil auch mit dem rohesten Ausdruck der Bewegung der Sinn so lange begnügt ist, als er keinen besseren vermag, und sobald sein Ideal ihn nicht dabei ruhen lässt, damit auch schon ein besseres Können beginnt. Es ist vielmehr die überwiegende Richtung der Phantasie auf die Charaktere der Stetigkeit und Beharrlichkeit, auf eine Gegenständlichkeit des Ideals, in welcher es nicht als ein momentanes, sondern ein für allemal gegebenes erscheinen soll, woraus ursprünglich solche unbewegte, die Glieder nicht entwickelnde Gestalten hervorgehen. Wie diese Richtung in den Begründungsepochen der Cultur vorherrscht, so in diesem auch solche Idealtypen. Und weil dieselbe Richtung immer wieder neben und unter andern sich geltend macht, so lange das Bedürfniss der Selbstverständigung mittelst körperlicher Gestalten andauert, so werden solche alte Typen wieder aufgenommen, auch da, wo sie kein Priesterkanon zu Normen gemacht hat. Für die Griechen ist von einem solchen durchaus nichts überliefert, und das Vorherrschen momentlosruhiger Gestalten in ihrer ältesten Sculptur, hat keinen andern Grund als in ihrer epischen Dichtung das Vorherrschen stehender Eigenschaftsworte und gebundener Prädikate über diejenigen, welche den Gegenstand nach dem besondern Moment seines Thuns oder Leidens bezeichnen. Es sind Kategorieen und Formen einer Zeit und Phantasie, welche Dinge und Ideale vornehmlich als substanzielle, als an sich bestimmte und in sich beharrliche auffasst und ausdrückt.

Beide einseitige Erklärungen für Gebrauch und Dauer compakter Figuren, die aus einem Kanon, und die andere aus dem nur allmählingen Fortschritte der Technik zum gegliederten und belebten Ausdruck, sind durch Beispiele widerlegbar. Alte Schriftsteller sagen zwar selbst, die ältesten Holz- und Steinbilder hätten gekniffene Augen, zusammengeschlossene Beine, an die Hüften geleimte Arme gehabt, und schreiben dem ersten Künstler der Sage, dem Dädalos, die Lösung dieser Geschlossenheit als ersten Fortschritt der Plastik zu. Aber dies ist nur die dem Gelehrten stets nahe liegende Synthese vom Einfachen zum Entwickelteren. So gewiss es alte Bilder der beschriebenen Art gab, so sicher auch andere mit geöffneten und bewegten Gliedern, gemäss eben so altem Phantasiebedürfnisse.

Die drei Augen des alten Zeus Triopas zu Argos werden schwerlich gekniffen gewesen sein. Das älteste Palladion, das in Troja vom Himmel gefallen, hatte, wie es Apollodor beschreibt, obzwar geschlossene Füsse, doch mit der einen Hand die Lanze in der Mitte gefasst, in der andern hielt es die Spindel; und die häufigsten Nachbildungen dieser so alten Idole der streitbaren Schutzgöttin zeigen sie speerzückend und schildhebend. Das Apollonbild der Achäer zu Amyklä hatte Doppel-Ohren und Doppel-Arme, also keine angeschlossenen, sondern allseits gestreckte (Liban. p.340). Andere frühe Beispiele monströser Bildung zeigen eine von jener schweren Ruhe oder schlichten Straffheit gleich entfernte verschiedene Auffassung.

Indessen kann man bemerken, dass die griechischen Kunstgelehrten zwei der ruhigsten und dem Motiv nach schlichtesten Statuenformen unterschieden und den zwei Schulen zugetheilt haben, welche die Sage die ältesten nannte. Der altäginetischen Schule schrieben sie die stramm mit zusammengezogenen Füssen stehenden, die gleich alterthümlichen, aber etwas in den Schritt gestellten der altattischen Schule zu. Die letzteren waren es dann, weil dasselbe Motiv bei ägyptischen Statuen gewöhnlich ist, welche von Einigen für Nachbilder ägyptischer erklärt wurden. Dieses aber geschah erst in der alexandrinischen Zeit, in welcher überhaupt von einigen Gelehrten Aegypten zum Mittelpunkt der Urgeschichte auch für Griechenland im Widerspruch mit der alten Ueberlieferung der Griechen erklärt wurde.

Hesych hat die Erklärung bewahrt: „Aeginetische Werke: Figuren mit beisammenstehenden Füssen." Und gewiss waren von solcher Form die alten Holz- und Steinfiguren, welche Pausanias als „Werke äginetischer Arbeit, oder „der bei den Hellenen äginetischgenannten Weise" bezeichnet und von den attischen unterscheidet; wobei vielleicht auch das nicht zufällig ist, dass sie alle von schwarzem Holze oder schwarzem Steine sind[1]). Zwei davon sind Artemisfiguren mit sehr alten Beinamen, und wenn sie nach Art der lydophrygischen und der in Vasenzeichnungen und Reliefs (vgl. oben Nr.19) öfter vorkommenden altgriechischen Artemis-Idole zu denken sind, so hatten sie die in eine Masse zusammengeschlossenen Beine. Das dritte Beispiel ist eine Apollonfigur, welche Pausanias nur als „ähnlich den äginetischen" neben jenen zwei oben angeführten, welche „ägyptischen ähnlich" seien, erwähnt. Nicht undeutlich bezeichnet er hiermit diese Apollofiguren, die ja in dem von Hadrian gebauten Tempel standen, alle drei als Nachahmungen. Darum sind auch die zwei andern, mit Ausnahme jenes Flosses zu Erythrä, die einzigen, welchen er ägyptisirende Form zuerkennt. Da man für diese demnach das ägyptische Motiv, dass der eine Fuss etwas vorgeschoben war, für jenen dritten Apoll aber auch eine absichtlich alterthümliche Schematisirung voraussetzen muss, so werden es wohl eben die gleichmässig zusammengeschlossenen Beine gewesen sein, wegen welcher er ihn den äginetischen ähnlich nennt. Das vierte Beispiel ist wieder ein Apollon von Holz, in nackter Gestalt, und zwar die einzige Statue, welche Pausanias in Aegina, wo er doch mehrere andere anführt, durch den Beisatz auszeichnet, dass sie von der einheimischen Form sei. Auch dies spricht dafür, dass er unter der letzteren das alterthümliche, darum in Aegina selbst nicht mehrfach mehr erhaltene Schema jenes geschlossenen Standes versteht.

---

[1]) Paus. 1, 42, 5. II, 30, 1. VII, 5, 3. VIII, 53 E. X, 36, 3.

Neben dieser altäginetischen Kunstweise erwähnt nun Pausanias unterscheidend die attische. Dass diese keine andere, als die sonst auch dädalisch genannte war, ergibt sich schon daraus, dass in Athen seit der frühsten Zeit die Dädalidenzunft bestand und Dädalos selbst in der älteren Sage stets ein eingeborener Athener heisst. Da nun dem Dädalos einerseits höchst alterthümliche Götter- und Heroenfiguren an verschiedenen Orten beigelegt, andererseits, eben weil er Patron fortblühender Kunstschulen war, Belebung und Bewegung der Statuen zugeschrieben waren, so vereinigten dies die Kunstgelehrten so, dass sie ihm und seiner Schule die einfachste Schrittstellung als erstes Bewegungsmotiv zutheilten. Darum blieb nun als Eigenthümliches für die altäginetische Schule nur der gleichgeschlossene steife Stand übrig. Beispiele dafür gab es ohne Zweifel an ächten altäginetischen Werken; aber wenn auch an andern derselben Schule die Schrittstellung sich fand, konnten die Gelehrten dies unschwer als Ausnahme dem Einflusse der attischen Schule zuschreiben. Eben so leicht galten altattische Werke mit jener äginetischgenannten Standform für Ausnahmen, bei welchen Dädalos seine Erfindung nicht angewendet habe. Solche Ausnahmen mussten sie statuiren; denn die Tradition schrieb z. B. in Delos das kleine Schnitzbild der Aphrodite dem Dädalos zu, welches gleichwohl unterhalb nur in Pfeilerform ausging (Paus. IX, 40, 2). Dass dessenungeachtet eine gangbare Annahme über die alten Kunstschulen der äginetischen jene einfachste Form, die etwas bewegtere der dädalischattischen beimass, sieht man vornehmlich aus einer Stelle des Pausanias. Er spricht da (V, 25 E.) von dem äginetischen Meister Onatas, welcher schon ausgezeichnet und Zeitgenosse des Phidias war. Dieser, sagt er, „steht gegen keinen der Meister zurück, die von Dädalos und der attischen Schule herkamen." Wegen jener Annahme, dass die einfachste Statuenform die äginetische, eine gelöstere schon die dädalischattische sei, findet Pausanias die Erinnerung zweckmässig, dieses jüngeren äginetischen Meisters Weise sei nicht in solchem Rückstande gegen die attische, er könne sich messen mit jedem attischen Dädaliden, d. h. mit der gesammten älteren Schule Athens bis gegen die Zeit des Phidias.

Wenn nun in den Zeiten der alexandrinischen und neu-ägyptischen Gelehrsamkeit die ägyptischen Priester behaupteten, die Haltung der von Dädalos in Griechenland gefertigten Statuen sei die ihrer eigenen alten Bildsäulen (Diodor I, 97): so war eben das Motiv der gesonderten Füsse bei einer sonst schlichtgestreckten Haltung und breitflächigen Behandlung der Stützpunkt der Vergleichung. Ihr Anspruch, den sie andererseits durch die Artigkeit unterstützten, dass sie dem von Athen gekommenen Dädalos ausgezeichnete Bauwerke und Bilder in Aegypten zugestanden, wofür er noch auf einer Nil-Insel göttlicher Ehre geniesse — ihr Anspruch nahm seinen Anlass in der Aehnlichkeit. Die Berufung auf jene geschlossene Stellung im Halbschritt tritt ausdrücklich hervor bei der gleichartigen Behauptung, dass nach ägyptischem Maassstab auch die nach-dädalischen samischen Künstler, jener Telekles und Theodoros noch gearbeitet hätten. Hier wird nämlich ausser dem Beweise, den die angebliche Zusammensetzung ihres hölzernen Apollonbildes liefert, seine wesentliche Aehnlichkeit mit ägyptischen hervorgehoben, sofern es „die Arme am Leibe herabgestreckt, die Beine aber in den Schritt gestellt habe" (Diod. I, 98). Gleichwohl nennt noch Pausanias, der sich in der Kunstgeschichte unterrichtet zeigt, die dädalischattischen Statuen nirgends ägyptisirende, nur jene hadrianischen bezeichnet er so, und genau ägyptisch ist ihm nur das Erythräische Floss.

So würde er denn auch unsere Apollonstatue aus Thera (Nr. 1, Taf. IV, Fig. 8) dädalisch oder „von der alten attischen Weise" genannt haben. Hiermit liesse sich die auffallende Wiederkehr attischer Gau-Benennungen auf der Insel Thera in Verbindung bringen (Boeckh Schrift. der Berlin. Akad. 1836 S. 81 ff). Indessen erscheint dieser Statuen-Typus auf den griechischen Inseln nicht minder, als im Innern früh verbreitet. Wie so eben angeführt, wird das alte Schnitzbild des samischen Apollon ganz gleichartig beschrieben. Ganz gleichartig ist auch der kleine bronzene Lychnuch. (s. oben S. 15, Anm. 10), der, wenn man unter dem Polykrates der Weih-Inschrift den berühmten Machthaber oder dessen Vater versteht, ebenfalls aus der Samischen Schule stammt. Kleine Bronzen desselben Charakters und Motivs finden sich noch mehrfach in verschiedenen Sammlungen. Eben so angelegt ist der bekannte unvollendete Apollon-Coloss von Stein, der auf Naxos liegt, der einst aufrechte, jetzt zertrümmerte Coloss auf Delos, und die kleine unvollendete Statue von Delos. Ausserdem beschreibt Pausanias in Arkadien, in Phigalia, das Steinbild des Arrhachion, der im Olympiasiege der 54. Olympiade verschieden war, sehr übereinstimmend (8, 40): „Es ist überhaupt von altem Styl, namentlich im Motiv, die Füsse wenig voneinandergerückt, die Arme an den Seiten herabgelassen an die Hinterbacken." Hier haben wir denn eine Zeitbestimmung für den Typus, die fünfziger Olympiaden. Da Polykrates im Anfang der Sechziger, übrigens die Samische Schule schon von den dreissiger Olympiaden an blühte, so weist der Lychnuch, und das samische Holzbild in dieselbe Periode. Wenn aus dieser — zwischen den dreissiger und sechziger Olympiaden — auch die auf Naxos und Delos noch übrigen Colosse sein sollten, so würden sie jenen Künstlern von Chios und von Naxos oder jenen Schülern kretischer Künstler angehören, deren Thätigkeit in eben dieser Periode auf den genannten Inseln überliefert ist. Die Möglichkeit eines damaligen Einflusses von Aegypten auf die Bildnerei der Jonier ist nicht zu leugnen, da in dieser Periode der Verkehr der Jonier, besonders der Samier mit Aegypten sich entwickelte und steigerte. Wäre aber also dem Weg gewesen, auf dem Statuen dieses Charakters den Griechen zukamen, so würde die alte Ueberlieferung sie nicht dädalisch und attische, und als die ältesten Kunstschulen nicht die athenische und äginetische und die von Athen abgeleitete kretische genannt haben. Diese Figurenbildung würde die samische genannt worden sein, gleichwie wir die Verbreitung des Erzgusses im Anfang derselben Periode wirklich und einstimmig den Samiern zuerkannt finden. Ausserdem hatte in dieser Zeit die griechische Phantasie in Dichtung und Sitte bereits eine solche Bestimmtheit erreicht, eigenthümliche nationale Bildung schon so viele Wurzeln geschlagen, dass eine gebieterische Macht fremder Regel oder sklavische Nachahmung fremder Form in ihr nicht mehr denkbar ist. Wofern da oder dort ihre Plastik etwas von der ägyptischen annahm, kann es nur mittelst freier Aneignung insoweit geschehen sein, als das Angenommene gewissen Zwecken des eigenen Sitttencharakters und der eigenen Phantasiebestimmung entgegenkam. Daher finden wir auch weder an den genannten Beispielen im Haarschmuck ägyptisches Costüm, noch in den Händen bei ihnen oder sonst überlieferten ägyptische Attribute.

Gerade in den Attributen zeigt vielmehr die griechische Bildnerei derselben Periode und schon der ältestbekannten Werke ihre eigenthümliche, von der ägyptischen Weise verschiedene, ächt plastische Richtung im Zusammenhang mit ihrer Poesie. Die einfacheren Attribute, die vorkommen, sind immer nur natürlicher, nicht wie bei den Aegyptern auch zur willkührlichen Zeichenfigur schematisirter

Schmuck. Es sind Blumen, oder Früchte, oder das Füllhorn. Wohl kommen auch einige den Gottheiten zugetheilte Thiere vor, aber nicht nach ägyptischer Typik mit den Göttergestalten selbst combinirte, noch mit speziellem Zeichen-Schmuck der Götter ausgestattete Thiere. Die phantastischen Combinationen der Poesie und Plastik, wie Sirenen, Sphinxe, Pegasen, sind weder bestimmten Gottheiten systematisch zugeeignet, noch vertreten sie dieselben. Im Uebrigen sind es eigentliche Zweckgeräthe von an sich verständlichem Sinn, wie Spindeln, wie Waffen, die, wo nicht menschliche, doch concrete sind, wie der Blitz, oder Gefässe und Festgeräth aus der Wirklichkeit, was zu Attributen heiliger Bilder verwandt wird. Ganz eigenthümlich aber den Griechen, und die wichtigsten Attribute, sind jene zu Gottheiten selbst von der Volkspoesie erhobenen, rein anthropomorphischen Wesen, in welchen sie die Begriffe der schöpferischen Bewegung der Götter, der göttlichen Ordnung, Beseeligung und Begeisterung vorgestellt haben, wie in der Themis und Nemesis, der Nike und Elpis, den Gruppen der Mören, der Horen und Chariten und der Musen. Bei den Aegyptern, die einzige Figur der mit der Feder geschmückten Sme (der Wahrheit) ausgenommen, ist nichts der Art bekannt. Bei den Griechen aber sind es die ältesten Künstler-Namen der äginetischen, der attischen und der ionischen Schule, so wie gegen Ende der oben bezeichneten Periode verschiedene Schüler der kretischen Dädaliden, welchen wir bereits die Bildung gerade solcher Idealfiguren in Holz mit Vergoldung, auch mit Elfenbeinschmuck, zugeschrieben finden. Diese eben so klar sittlichen als plastischen Gottheiten waren theils in eigenen Tempeln aufgestellt, wie die Nemesis-Göttinnen zu Smyrna, theils thronten sie, als peripherische Wesen, um die Gottheit des Tempels her, wie im Hera-Heiligthum zu Olympia Themis und die Horen, theils waren sie attributiv über den Bildsäulen angebracht, wie über jenen der Nemesis die Gruppe vergoldeter Chariten, oder sie befanden sich auf ihrer Hand. So hielt zu Delos das Schnitzbild des Apollon (aus den fünfziger Olympiaden, und Nachbild eines älteren) drei Chariten auf der Hand, eine mit der Lyra, die andere mit Flöten, die mittlere eine Syrinx am Munde. Auch erscheinen solche Idealwesen bereits in den Anfängen der Plastik in der Mitte mythischer Darstellungen an Weihgeschenken, oder als sinnbildliche Stützen und Schmuckfiguren an Tempel-Geräthen; wie in ersterer Eigenschaft am Larnax des Kypselos, einem der ältesten Beispiele figurenreicher Technik in eingelegter Arbeit, in der letzteren am Thron und am Altar zu Amyklä, die zu den ältestbekannten Werken des Erzgusses gehören.

Waren auch ohne Zweifel dergleichen ideale Gestalten in und an solchen ältesten Kunstwerken noch ohne höheres Leben gebildet, so lag doch in ihrer Idee selbst, da sie als menschliche Verkörperungen der Würde und des Genusses, der Harmonie und Anmuth ursprünglich gedacht waren, die Intention zur beseeltesten Plastik. Und da ihnen schon die Poesie plastische Motive, Motive des thätigen Einschrittes, oder eines freundlichen Begrüssens und erfreuenden Heranschwebens, auch die Gruppen-Verbindung im Reigen und musikalische Bewegung ihnen schon gegeben hatte, so konnte eine Durchbildung ihres Ideals nicht ausbleiben, sobald und in dem Maasse, als das Volksleben und die wirkliche Sitte sich zu Formen eines edeln Anstandes entwickelten. Die erste Hauptform dieser Entwickelung und mit ihr die erste plastischerbestimmte Stylart kam bei den Griechen von den sechziger bis gegen die achtzigste Olympiade zu Stand und Haltung; und erst in dieser zweiten Periode ihrer Kunstthätigkeit finden wir Künstler-Namen, mit welchen sich deutlichere Begriffe, Kunstcharaktere, mit deren anschaulicher Vollendung sich Einsichten in die inneren Motive genügend verbinden lassen.

Wir stehen hier an einem Punkt der Betrachtung, wo Mehreres angeknüpft werden kann, was durch Stücke des oben gegebenen Verzeichnisses vorgestellt oder berührt wird. Zu unserer letzten Bemerkung über jene Idealfiguren, in welchen der plastische Sinn der Griechen sich zuerst eigenthümlich bewegte, lässt sich der in Bruchstücken erhaltene typische Horen- oder Chariten-Tanz von der Akropolis (Nr. 12. 13) heranbringen. Die sitzende Athene-Statue (Nr. 3. Taf. I, Fig. 1), unter allen vorhandenen eine der alterthümlichsten, fordert auf zur Vergleichung mit Ueberlieferungen von solchen Werken aus der ersten Kunstperiode oder dem Anfang der zweiten. Auf der Akropolis befand sich eine sitzende Athene von Endöos, dem ältesten historischen Künstlernamen der attischen Schule. Kann die erhaltene eben diese sein? Endöos nennt als Künstler auch die in Athen gefundene Basis eines Grabmonuments (Nr. 20ᵈ). Kann es derselbe Endöos sein? Eine kurze Beleuchtung dieser Fragen wird uns auf die Stylcharaktere der zweiten Periode, insbesondre die attischen Künstler derselben führen.

So interessant es ist, den Dädaliden-Namen Endöos durch eine akattische Inschrift bestätigt zu sehen: so wird doch die Zeitbestimmung für denselben auch durch die letztere nicht in engere Gränzen gebracht, als die Notizen geben, die wir sonst über ihn haben. Die Inschrift würde vielleicht erlauben, das nicht mehr vorhandene Werk, welches sie anzeigt, in die fünfziger Olympiaden zu setzen; es ward aber auch in den siebziger noch in solchen Zügen geschrieben. In ähnlicher Unbestimmtheit lassen uns des Pausanias Angaben über Endöos. Er erwähnt von ihm Horen und Chariten im Athene-Heiligthum zu Erythrä, die wohl von Holz waren gleich jenen Horen von Smilis, dem ältesten Namen der äginetischen Schule, welche im Heräon zu Olympia thronten. Von Holz wenigstens war auch das Athenebild desselben Tempels zu Erythrä, welches Pausanias wegen Uebereinstimmung der Technik mit jener der Horen und Chariten dem Endöos zuerkennt [1]). Dieses Tempelbild, colossal, thronend, den Polos auf dem Haupt, in jeder Hand eine Spindel, scheint — wie besonders der letztere Umstand schliessen lässt — von ziemlich schematischer Form gewesen zu sein. Ferner nennt Pausanias Endöos den Meister einer Athene-Statue von Elfenbein in Tegea. Endlich führt er auf der Akropolis zu Athen jenes sitzende Bild derselben Göttin an, welches, die Inschrift nach, Kallias geweiht, Endöos gearbeitet hatte. Hier bezeichnet er den Endöos als geborenen Athener und Schüler des Dädalos, dem er auch nach Kreta gefolgt sei. Hierin liegt, dass Endöos ein Name sowohl kretischer als attischer Dädaliden war, sodann dass dies Athenebild der Akropolis sehr alterthümlich aussah. Wie hätte sonst Pausanias unter seinem Meister den unmittelbaren Schüler des mythischen Dädalos verstanden? Unsere Gelehrten setzen voraus, die Ueberlieferung habe den Endöos ohne Rücksicht auf die Zeit nur des alterthümlichen Styls wegen Schüler des Dädalos genannt, verstehen unter dem Kallias, der sein Werk weihte, den ersten geschichtlich bekannten Athener dieser Familie, und setzen hiernach den Endöos in die

---

[1]) Die Worte „von weissem Stein" (Paus. 7, 5, 4.), welche Sillig und Andere auf die Chariten- und Horen-Statuen des Endöos beziehen, gehören nach der Wortstellung wohl eher zu dem Hypäthros, worin dieselben aufgestellt waren. — S. auch Paus. 8, 46. 1, 26, 5.

fünfziger Olympiaden. Freilich konnte Kallias auch ein älteres Werk erwerben und weihen, oder der Kallias der Inschrift ein älterer sein. Sonst enthält es nichts Widersinniges, einem Künstler der fünfziger Olympiaden ein Werk so einfachen Styls, wie dem Pausanias jenes Sitzbild erschienen sein muss, und wie auch das Erythräische, der Beschreibung nach, wohl gewesen, samt jenem Tegeatischen von Elfenbein beizulegen. Denn bereits zur selben Zeit arbeiteten andere Künstler derselben Schule, Dädaliden aus Kreta, gleichfalls in Elfenbein. Und dass August die Tegeatische Statue nach Rom auf sein Forum versetzte, spricht nicht etwa für eine bedeutende Kunstschönheit oder spätere Entstehungszeit derselben, da des Augustus Vorliebe gerade für alterthümliche Werke auch sonst nachweisbar ist.

Es ist also, dass die genannten Werke alle ein und derselbe Endöos, und dieser auch das attische Grabmonument gearbeitet habe, eine Möglichkeit. Auf einen älteren Endöos aber und auf Mehrheit der Künstler dieses Namens weist die Tradition, die ihn dem Dädalos nach Kreta folgen lässt, da der in Dädalos Zeit gesetzte Meister nicht derselbe mit dem in Elfenbein arbeitenden sein kann. Und mehrere des Namens angenommen, könnte der Letztere auch jünger als der erste geschichtlich bekannte Kallias, und von diesem jüngern auch das Grabmonument sein, dessen Inschrift nicht nothwendig älter als die siebziger Olympiaden sein muss.

Das auf der Akropolis noch vorhandene sitzende Steinbild der Athene, zuerst bekannt geworden durch eine Skizze von Gell, wegen seines altfeierlichen Styls mit Recht von Gerhard hervorgehoben, könnte schwerlich von einem dem ersten Kallias gleichzeitigen Endöos herrühren. Ueber seinen Meister oder den seines Typus belehrt uns weder eine Inschrift, da die Basis zerstört ist, noch sonst eine sichere Spur[1]). Der Styl ist von einer fühlbaren Aechtheit, die den Gedanken an Nachahmung entfernt, in einem Grade, wie man es kaum von einer andern der in Sammlungen erhaltenen, alterthümlichsten Statuen der Pallas behaupten kann. Die Athene aus dem äginetischen Giebel erscheint weniger schlicht, und weniger grossgliedrig, auch in der Gewandung gezierter motivirt. Nur die Pallasfigur von den ältesten der selinuntischen Metopen ist von einer viel schlichteren, schwerer und trockener proportionirten Zeichnung. Für diese letztere kann man aber auch ein sehr hohes Alter annehmen, da Selinus bereits in der 38. Olympiade gegründet und die Sculptur dieser Metopen, so wie die Architektur ihres Tempels die älteste der selinuntischen ist. Die äginetischen Figuren dagegen setzt man nach dem Styl ihres Tempels und nach Vergleichung ihrer eigenen Beschaffenheit mit anderen Werken, z. B. dem uns noch anschaulichen Apollon des Kanachos, mit Wahrscheinlichkeit in die siebziger Olympiaden. Kann man nun geneigt sein, die äginetische Pallas, die in der Gewandanlage und Ausführung mehr Aufwand zeigt, als unsere attische, für jünger zu achten, so ist doch zu bemerken, dass die attische im Lebensausdruck keine geringere, eher eine grössere Wärme, im Anschluss

---

[1]) Die *Eqp. Ἀρχ.* 1839 Nov. Dez. gibt Nr. 331 ein auf der Akropolis gefundenes Bruchstück von einer Base mit Weihinschrift in altattischen Zügen:

... ANATE
ΓΑΛΑΔΙ (sic?)
ΚΑΛ

Wollte man dies auch — unsicher genug — ergänzen: „Geweiht der Pallas von Kallias": so bliebe doch noch ganz zweifelhaft, ob dies Bruchstück von Pentelischem Marmor mit unserem Athenebilde von Parischem in Verbindung zu bringen sei.

des Gewandes eine gewisse Zartheit, in der Gesammthaltung einen wohlempfundenen plastischen Fluss hat, Eigenschaften, die wir für Werke der sechziger Olympiaden weder nachweisen, noch mit Wahrscheinlichkeit voraussetzen können. Das Sitzbild der Athene von Endöos war nach Athenagoras von Oelbaumholz. Da aber Athenagoras in seinen Angaben über Kunstwerke höchst unzuverlässig ist, da Pausanias, der bei Schnitzbildern, für die er ein besonderes Interesse hat, meist das Material ausdrücklich bezeichnet, bei diesem nichts davon sagt, ferner da er es im Freien sah, und sich auch die Inschrift daran erhalten hatte, ist viel eher zu glauben, dass es von Stein gewesen. Das Material also nicht, wohl aber der Styl macht unwahrscheinlich, dass die erhaltene Statue das Werk des Endöos oder ein Nachbild desselben sei. Denn, wie gesagt, lässt des Pausanias Meinung über die Zeit des Endöos, und die schematische Haltung der erythräischen Pallas von Endöos für seine Arbeiten einen einfacheren, minderbelebten Charakter voraussetzen. Noch weniger kann ich annehmen, dass unsere sitzende Statue den Typus der Pallas Polias, nämlich des alten Bildes derselben im alten Burgtempel, wiedergebe. Dieses tritt durch die Legende, dass es vom Himmel gefallen, in eine Kategorie mit den ältesten, einfachsten Palladien. Das unsere zeigt in seiner organischen Schwere, in der Behandlung des Chitongefältes am Leib und Bein und den Oberärmeln wesentlich die Darstellungsart und Empfindung, die in der zweiten Periode der griechischen Plastik sich ausgeprägt hat. Aehnlich verhält sich's mit jenen Relief-Figuren der Chariten oder Horen. Auch ihre Form ist schon bei einer naiven Schwere und gemessenzierlichen Gewandung warm und plastisch entwickelt. Die Zeit aber dieses Styls, welchen man, wie ich schon im Eingang bemerkte, unter dem Namen des hieratischen oder archaischen nicht immer genugsam vom älteren, einfachgeschlossenen oder auch rohdrastischen unterschieden hat, ist wohl bestimmbar. Die Charaktere desselben stellen uns die äginetischen Giebelstatuen, und von den selinuntischen Metopenfiguren die sorgfältiggebildeten des mittleren Tempels der Unterstadt vor Augen. Auf eben dieselben Charaktere deutet hin, was uns von Künstlern der siebziger Olympiaden, von ihrer Zeichnung und einzelnen ihrer Werke überliefert ist. Unter den obenverzeichneten attischen Werken von übereinstimmender Form wird die Stelenfigur des Aristokles durch ihre Inschrift in dieselbe Periode gewiesen. Und die Grundzüge dieses in noch anderen zahlreichen wenn auch grossentheils nachgeahmten Darstellungen bemerklichen Styls, entsprechen ganz der sittlichen Form und Haltung des griechischen Lebens in der bezeichneten Zeit.

Eine Ableitung dieser Stylart aus ihren Grundlagen, Verfolgung ihrer Manichfaltigkeit und ihres Verlaufs würde mich hier zu weit führen. Ihr Inneres und Gemeinsames ist die Form einer beziehungsweisen Freiheit, wie die damalige des hellenischen Lebens war. Beziehungsweise nenne ich sie, weil sie sich nicht ausspricht als rein persönliche Selbständigkeit und Selbstbeseelung der Gestalt, sondern als eine Berechtigung derselben, sich darzustellen durch die ihr aufgeprägte und eingeprägte Beziehung auf Entgegenstehende oder Gleichstehende. Die Beziehung auf Entgegenstehende formt sich ab als Tüchtigkeit und Stärke des Körpers, die ihn brauchbar und gültig macht für und gegen Andere durch Zweckmässigkeit und Zweckthätigkeit nach aussen, welche von organischer Schönheit noch verschieden ist. Die Beziehung auf Gleichstehende stellt sich dar als gemessener Anstand, zeremoniöse Haltung, conventionellbestimmte Gewandung und Ausschmückung; denn darin machen sich Gestalten vermöge gemeingültiger Sitte wichtig und wohlgefällig: eine Feierlichkeit oder Zierlichkeit, die von selbsteigener Würde oder seelenvoller Anmuth noch verschieden ist. Jene beziehungsweise Vollkommenheit der Gestalt drückt vorzüglich in den Körperformen als athletische Bildung, in der Haltung und Bewegung als gymnastisches oder kampfthätiges Motiv sich aus; diese vorzüglich in Zeichnung und Ausstattung als gemessene und gemodelte Erscheinung, in Haltung und Bewegung als feierlichverweilendes oder orchestisches Motiv. Es ist aber die Durchdringung und Verschmelzung dieser beiden Auffassungen, worin dieser Styl sein eigentliches Leben hat. Das Thun der Gestalten ist nicht nur für die Leistung, sondern auch für den Ausdruck des Bewusstseins der Leistung gebildet; wodurch das Thatmotiv etwas Festliches erhält; und umgekehrt, das friedliche Ruhen oder schmucke Auftreten der Gestalten ist nicht blos für den Ausdruck der Anständigkeit im Gebaren und Costüm, sondern in demselben für den einer darin quellenden und sich streckenden eigenen Tüchtigkeit und Energie gebildet; wodurch das feierliche Motiv etwas Thatkräftiges erhält. Es sind daher selbst thronende Gestalten dieses Styls meist gestreckter und gleichsam drohender in der Haltung, als die des späteren Styls, die in sich ruhen; es haben selbst die festlichen Frauengestalten oder verbindlichen Idealfiguren einen starken, mächtigen Körperbau; und hinwieder sind die thätigbewegten Figuren verfeierlicht durch die Gemessenheit oder umständliche Gehabung und durch die Erweiterung des Motivs vermittelst manichfaltiger Gewandung und Schmückung. Die Gewandung selbst wird nach eben diesem Prinzip behandelt. Sie theilt sich, bestimmt unterschieden, in anschliessende, die Körperformen genau abbildende und in dazwischen und daneben zum Schmuck hängende Massen, welche letztere gesteift, gefältelt und zierlich gemodelt sind; selbst durch die Waffen bilden sich die Linien und Muskeln des nackten Lebens ab. Also auch hier eine Vereinigung und in der Vereinigung Sonderung der persönlichen Form mit der sittengemässen, oder zweckgemäss auferlegten, der Selbstdarstellung mit der Darstellung für Andere. Im Hervordringen aus und neben dem unorganischen Besatz und Behang wird hier oft die Lebenswärme fühlbarer, als an den flüssigergewandeten Gestalten der späteren Weise; durch die Spannung innerhalb der festen Formen des Costüms oder der Maassgaben des Anstandes die Selbstthätigkeit und das Selbstbehagen energischer, als in den freieren Bildungen der nachmaligen Plastik. Und weil durch alle Aeusserungen und Mittel dieses Styls, dieser combinirte Gegensatz von Selbstbehauptung und gegebener Bedingtheit, von Freiheit und Gebundenheit geht, so hat dieser Styl seine Stärke im Relief, welchem ja die aus der Bindung quellende Bildung und der in Beziehung und Beschränkung erhaltene Hervortritt generisch eigen ist. Es ist ein vortrefflicher Reliefstyl, eine sinnvollsparsame und sehr gefühlvolle Flächenbehandlung, was die genannten selinuntischen Metopen, und unter den oben aufgeführten attischen Werken die auf den Wagen steigende Göttin (Nr. 11), die Chariten (Nr. 13) und die Stelenfigur von Aristokles (Nr. 20) auszeichnet; und von den äginetischen Giebelfiguren kann man wohl sagen, dass ein geheimer Zusammenhang, als gehörten sie einem Reliefgrunde, sich durch sie hinzieht.

Zwei Einseitigkeiten sind es vornehmlich, welche diesem Styl der beziehungsweisen Vollkommenheit nahe lagen, und es ist natürlich, dass er in seiner ersten Hervorbildung und wieder in seiner Ausartung in sie verfiel. Wenn das, worin für diese Auffassung der Selbstwerth der Gestalt lag, zu sehr hervorgehoben wurde, so gab dem Körper der übertriebene Ausdruck von Zweck-Tüchtigkeit eine derbschwere, harte, spröde Bildung, oder die Spannung der Zweck-Thätigkeit ihm gespreizte und eckige Motive. War es der verbindliche Werth, was zu angelegentlich hervorgehoben ward, so führte die scharfe Gemessenheit zu einer gestreckten und abgezirkelten Bildung, die entschieden-zeremonielle Haltung zu gezwungenen und gezierten Motiven. Die Sorgfalt selbst endlich, welche Beides, den Nachdruck der Gestalt und ihre Fügung in's Maass des Anstandes, zu vermitteln strebte, musste leicht in allzugeregelter Zeichnung und zu absichtlicher Modlung zu Tage kommen. Es sind fast nur diese negativen Eigenschaften, nach welchen Kunstkenner des späteren Alterthums die Weise von Künstlern charakterisiren, welche zu Ende der sechziger Olympiaden, in den siebzigern, zum Theil noch den achtzigern geblüht haben. „Zu hart — sagt Quinctilian — sind die Gebilde des Kallon und Hegesias, schon minder spröde die des Kalamis, und noch mehr Weichheit haben Myrons Bildungen." — „Jeder Kenner weiss, — sagt Cicero — dass die Figuren des Kanachos zu spröd sind, um wahr zu erscheinen; die des Kalamis zwar hart, aber doch weicher, als jene des Kanachos; und nicht einmal die des Myron von genugsamer Wahrheit." Näher trifft es schon den Styl selbst, wenn Demetrios diesen älteren Meistern den gemessenen Ausdruck ($\sigma\upsilon\sigma\tauo\lambda\dot\eta$) und die Genauigkeit in der Einschränkung ($\iota\sigma\chi\nu\dot\omega\tau\eta\varsigma$) zuerkennt. So auch, wenn die Gestalten der älteren Kunstübung, eines Hegesias, eines Kritios und Nesiotes, als „gedrungen schlankgezogen und sehnig und hart und in sehr bestimmten Umrissen geführt" bezeichnet. Hiermit ist zugleich die Auffassung der Künstler selbst, ihre Regel, ihr Fleiss bestimmt, während bei den römischen Kritikern jene Zusammenstellung der Künstler nach Härte-Graden nur formal unbestimmt das eine Extrem dieser Darstellungsweise hervorhebt. Von demselben Kalamis aber, welchen die Letzteren noch in diese Härte-Scala stellen, erhalten wir auch die Andeutung des andern Extrems der Wirkung bei dem Verfasser der „Bilder", indem dieser an einer umschleierten weiblichen Gestalt von Kalamis die ungemeine Ausführung, „das zarte und linde Lächeln", „die gefällige Oekonomie der Erscheinung ($\tau\grave{o}$ $\epsilon\dot\upsilon\sigma\tau\alpha\lambda\acute\epsilon\varsigma$), „das zierlich Anständige der Gewand-Umnahme" lobt; womit übereinstimmt, dass Lukian in den Hetären-Gesprächen „das Proportionirte und wohlgefällig Ausgebildete, einen Fuss, wie er der Kithara gemäss ist, die Knöchelfeinheit und Vieles der Art" Eigenschaften derselben Figur nennt. Und mit diesem Kalamis, der ein älterer Zeitgenosse des Phidias war, stellt Dionys von Halikarnass noch einen eher jüngeren Zeitgenossen desselben „wegen Nettigkeit und Anmuth der Arbeit" zusammen, den Kallimachos, der andererseits den Namen des „Kunstverzettlers" hatte, weil zu fleissige Ausführung seine Werke kleinlich werden liess. Das Capitolinische Relief aber, worauf ein Satyr mit Nymphen festlich hinschreitet, dessen Unterschrift „Arbeit des Kallimachos" wenigstens auf ein Vorbild von diesem Künstler hindeutet, hat wirklich die gedrungene und gestreckte Schlankheit der Gestalten, die gesparten Flächen und gemodelten Säume der Gewandung und die zeremoniös zierlichen Motive, die ähnlich jenen der obengenannten Werke, gemeinhin unter dem Namen hieratischer Styl mitbegriffen werden.

Das entsprechende Verhältniss also zwischen den Charakteren jener attischen Werke älteren Styls (Nr. 3—16, und 20) und den überlieferten von Künstlern und Werken, deren Zeit wir wissen, lässt über die Periode dieser Stylart keinen Zweifel. Und beide Mittel der Einsicht in dieselbe werden, zusammengehalten, fasslicher für uns und bestimmter. Mitten unter den Trägern dieses Styls, welche die vorstehenden Anführungen nennen, stehen die Namen der attischen Künstler Hegesias,

Kritios, Nesiotes, von welchen wir sonather die Gewissheit haben, dass sie vor Phidias und noch neben ihm blühten. Zwischen Endöos und ihnen kennen wir nur einen attischen Bildner namentlich, den Antenor. Er hat um das Ende der sechziger Olympiaden die ersten Statuen der Tyrannenmörder Harmodios und Aristogeiton gefertigt. Nachdem diese von Xerxes geraubt waren, lieferte Kritios, Olymp. 75, 4, mit Nesiotes, der sein Giesser gewesen zu sein scheint, die neueren Statuen derselben Männer. Im Jahr 1838 hat man auf der Akropolis, und 1839 ebendaselbst zwischen Propyläen und Parthenon zwei Marmor-Basen von Statuen gefunden; die erstere, welche rund, im Durchmesser etwa 2′ 8″, und hoch 1$\frac{1}{4}$′ ist, bezeichnet durch die Inschrift das Werk, das auf ihr gestanden, als Erstlingsgabe zweier Männer an Athene aus dem attischen Gau Oa, gearbeitet von (Kriti)os und Nesiotes; die andere, vierseitig, über 2 Fuss lang, gegen 2 breit, einen hoch, ist nach wahrscheinlicher Ergänzung der Inschrift das Fussgestell der an diesem Fundorte von Pausanias gesehenen und als Kritios Werk bezeichneten Statue des Hoplitodromen Epicharinos. Sie nennt ebenfalls als Künstler den Kritios und Nesiotes, gleichwie dieselben nebeneinander in der oben angeführten Stelle des Lukian und in anderen genannt werden [1]). Auch die Züge dieser Inschriften lassen die betreffenden Werke dieses Künstler-Paars nicht nach der 86. Olympiade, füglich aber in die siebziger setzen. Uebrigens wird von Pausanias Kritios mehrmals allein und als Meister einer Schule genannt [2]). So steht hinwieder an einer später auf der Akropolis gefundenen Basis in Schriftzügen, die keinem späteren Zeitraum angehören, eher älter erscheinen, der Name Nesiotes allein unter den Weihenden und kann als Fertiger des Weihbildes verstanden und für jenen Kunstgenossen des Kritios genommen werden [3]). Gleichen Styl nun mit diesen Beiden gibt Lukian dem Hegesias, der auch unter der Namensform Hegias als attischer Künstler vorkommt. Plinius macht ihn neben ihnen als Nebenbuhler des Phidias nahmhaft. Schon aber, dass Quinctilian ihn dem Style nach mit dem beträchtlich früheren Kallon von Aegina, Pausanias der Zeit nach mit Ageladas von Argos, einem der Lehrer des Phidias, zusammenstellt, zeigt, dass er gleichfalls nur ein älterer Zeitgenosse des Phidias kann gewesen sein. Nach einer ziemlich sicheren Spur war er vor Ageladas des Phidias Lehrherr. Von diesen drei gleichzeitigen Meistern attischer Schule werden uns denn Athleten-Statuen, Heroen, Götterbilder angeführt, als erhalten jedoch können wir keines ihrer Werke nachweisen, obwohl es wahrscheinlich ist, dass sie an den Metopen des Parthenon noch Antheil gehabt haben. Jetzt aber gibt uns die Stelenfigur des Aristokles zugleich mit einem attischen Künstler-Namen derselben Periode eine beurkundete Anschauung des gleichzeitigen Styls. (S. d. Titelbild d. B.)

---

[1]) Luc. Rhet. Praec. 9. Philops. 18. Plin. XXXIV, 8. s. 19. S. Ross Kritios, Nesiotes e. c. lettre à Mr. le Chevalier Thiersch 1839. Athènes.

[2]) S. Sillig Catal. Artif. v. Critias.

[3]) Dieses Basis-Stück, an 8″ hoch, vorn geradlinigt abgeschnitten, an den etwa 4 Fuss langen Seiten nach hinten gerundet, lag an der Nordseite der inneren Propyläen-Halle. Vorn hat es die Inschrift:

ⱯΚ Ι · Β Ι Ο Ϟ	Alkibios
Ⱥ Ⱨ Ε ⊕ Ε Κ Ε Ⱨ	hat's geweiht (,)
Κ Ι ⊕ Ⱥ Ɍ · Ο Ι Ɒ Ο Ϟ	der Kitharsänger (.)
Ⱨ Ε Ϟ Ι Ο Τ Ε Ϟ	Nesiotes (hat's gearbeitet.)

Diesen Aristokles einen attischen Meister zu nennen, ist Grund genug vorhanden. Nicht nur ist die als sein Werk bezeichnete Stele aus einem attischen Gau gezogen, sondern schon Fourmont hat in dortiger Landschaft (bei Hjeraka) die Basis eines Weihgeschenks mit demselben Künstler-Namen Aristokles in bustrophischer Inschrift gefunden [1]. Die letztere Inschrift scheint ungefähr von gleichem Alter mit den Zügen auf unserer Stele, welche in und selbst vor die siebziger Olympiaden zu setzen nicht kühn sein dürfte. Da nun ausserdem in einer athenischen Schatzmeister-Inschrift aus Ol. 95, 3 (C. J. 150) wieder ein Aristokles vorkommt, der das übrige Gold abgeliefert nach einer Arbeit am Fussgestell des Tempelbildes; der also auch ein bildender Künstler war und der Zeit nach leicht der Enkel jenes älteren sein könnte: so ist das Nächstliegende, bei diesen in Attika wiederkehrenden gleichnamigen Künstlern an eine einheimische Familie zu denken [2]. Und nun, wie sehr stimmt der Styl unseres älteren Aristokles, der sonach nahe an den siebziger Olympiaden oder in ihnen blühte, zu jener Charakteristik der älteren attischen Schule, die Lukian gibt. Was Lukian von den Gestalten des Hegesias, Kritios und Nesiotes sagt, dass sie von gedrungener Schlankheit, sehnig, hart, und in sehr genauen Linien gezogen seien, passt vollkommen auf die Art, wie Aristokles den Hopliten Aristion an seinem Grabespfeiler dargestellt und ausgeführt hat. Zugleich lernt man aber auch jene Charakteristik nicht zu einseitig verstehen. Es ist an dieser in ihrer Gesammtwirkung trockenen Zeichnung

---

[1] Böckh C. J. Nr. 23.   ΜΕΚΕΘΕΣΜΑ / ΑΡΙΣΤΟΚΛΕΣΕΓΟ / ΜΕΚΕΘΕ   . . . . . hat's geweiht. Aristokles hat's gearbeitet.

[2] Vielleicht war aus derselben Künstlerfamilie und dann Sohn des jüngern Aristokles jener Kleötas, Aristokles' Sohn, der die künstliche Einrichtung der Auslauf-Schranken zu Olympia erfunden hatte, und von welchem Pausanias zu Athen auf der Akropolis die Statue eines behelmten Mannes — ohne Zweifel von Erz — erwähnt, deren Nägel von Silber waren. Sie hatte die Inschrift:

Werk des Erfinders bin ich der Auslaufschranken Olymp'ia's,
bin des Kleötas Werk, den Aristokles erzeugt. (Paus. 6, 20, 7. 1, 24, 3.)

Da er Sohn des Aristokles heisst, da er Metallarbeiter und Ciseleur ist, wie jener in der Schatzmeister-Inschrift genannte Aristokles, da seine Statue, die einzige, die wir von ihm kennen, zu Athen stand, endlich die künstliche Mechanik jener Schranken und die Künstelei an den Nägeln der Statue wohl an spätere Zeit zu denken erlaubt, so darf man in diesem Kleötas den Sohn jenes Aristokles, der zu Athen in den 95. Olympiade blühte, vermuthen. Sillig hält ihn für den Vater des Künstler-Paares Kanachos und Aristokles von Sikyon. Allein wenn Pausanias (5, 24) eine Gruppe von Zeus und Ganymedes zu Olympia Werk des Aristokles, des Sohnes und Schülers von Kleötas nennt, so ist keineswegs gewiss, dass er damit den Sikyonier Aristokles meine. Den Letzteren nennt er 6, 9, wo er ihn unterscheidend bezeichnen will, ausdrücklich Sikyonier und den Bruder des Kanachos, dem er an Ruhm ziemlich gleich gekommen. Und nirgends nennt er, noch ein Anderer den Kanachos oder den Sikyonier Aristokles des Kleötas Sohn. Nichts hindert uns, unter dem Fertiger jener Gruppe zu Olympia den Sohn des als Athener betrachteten Kleötas und Enkel jenes Aristokles, der Ol. 95 zu Athen blühte, zu verstehen, und dann auch diesen letzteren Aristokles selbst, dessen Vater dann, wie sein Sohn, Kleötas geheissen hätte, wie ja solche Gleichnamigkeit von Grossvater und Enkel so häufig bei den Griechen war. Dies ist, sag' ich, zulässig, nicht aber, was Sillig thut, diesen Kleötas, der die Statue mit den Silbernägeln gemacht, für den Vater der Sikyonischen Künstler Kanachos und Aristokles zu nehmen. Denn alsdann hätte er nach Sillig's eigenem Ansatz um Olympias 61, jedenfalls nur wenig später geblüht, und wäre also einer der ältesten unter den bekannten Künstlern gewesen. Dann hätte aber Pausanias die Anführung seiner Statue nicht mit den Worten einleiten können: „Wer künstlich Gearbeitetes dem Alterthümlichen vorzieht, kann auch Solches hier sehen. Da ist ein behelmter Mann von Kleötas u. s. w." Gewiss hätte ein Gusswerk aus den sechziger Olympiaden von dem Vater des Kanachos, dessen Apollon in den siebziger Olympiaden noch so derb ausfiel, alterthümlich genug ausgesehen.

eine Innigkeit, die den Zusammenhang der Gestalt festhält, zu bemerken und ein sehr feines plastisches Gefühl in der gemässigten Hebung und Ineinanderführung der Körperflächen und linden Vollendung der Extremitäten. Blickt man dann auf bedeutendere Gegenstände, deren Ausführung dieselbe strenggehaltene Zeichnung, die gleich geregelte Reliefbehandlung zeigt, wie auf jene Wagen-besteigende Göttin: so wird an dem durchgängig Motivirten der Darstellung und der Einheit der Technik begreiflich, wie es wohl möglich war, dass auf eine so beschränkte Plastik in einem so kurzen Abstande die göttlichfreie des Phidias folgen konnte.

Es ist unrichtig, wenn man das Harte an diesen Bildungen unter dem Gesichtspunkt einer noch unreifen, noch ringenden Naturnachahmung betrachtet. Vielmehr sind diesen Künstlern die Formen der Natur sehr vertraut, aber sie bilden sie nur in der Maasse, wie sie ihnen werth und bedeutend sind. Von Rohheit der Technik kann hier nicht mehr die Rede sein; Wille, Verstand und Hand sind Eins in diesen Werken. Wer die äginetischen Giebelfiguren machte, rang mit keinen Schwierigkeiten der Ausführung mehr, wer jene Reliefs am mittleren Tempel von Unter-Seliuus, war ein vollkommener Meister der Zeichnung und Marmorarbeit. Das Fremdartige an solchen Werken kommt nicht von Unbildung her, sondern von einer zu bestimmten Bildung. Es ist eben so unrichtig, wenn man das Normalisirte dieser Gestalten aus einem vorgeschriebenen Kanon, und wäre es auch nur, einem Regel-Schema der Schule herleitet. Der Kanon lag im Zeitgeiste, in den Künstlern selbst; so war das Ideal der Sitte, so das Behagen des Bildners.

Wie in jener Periode das Selbstgefühl des Griechen innerhalb von Bedrängnissen, die seiner Thatlust erwünscht, und Sittenschranken, die ihm natürlich waren, sich hob: so war die Energie gegen den Widerstand, und war die Standhaftigkeit und Fülle in der Beschränkung die Form seines plastischen Ideals. Desswegen waren thätige und kämpfende Gottheiten diesem Styl so gemäss, dass seine Bildungen derselben für alle Folgezeit musterhaft blieben. Zum Beweise dienen die Figuren der Pallas Promachos, die Herculanische, die schwerlich, die Dresdner, die gewiss nicht von eben so alter Entstehung als altem Style ist. Ein anderes, wegen ächter Alterthümlichkeit und einer gewissen Realität des Ausdrucks interessantes Exemplar dieser kämpfenden Göttin gibt eine etwa 9" hohe Bronze der Sammlung zu Modena (Taf. I, Fig. a). Sie hatte einen Helm mit vorstehenden Seiten-Klappen (wovon nur die eine erhalten) und einer hohen (abgestossenen) Buschkrämpe. Sie ist nicht so aufrecht, ihr Stoss nicht so vor sich hinaus gerichtet, wie es bei der Herculanischen und bei der Dresdner, die zwar auch ihre Lanze niederwärts zückt, der Fall ist. Ihr Motiv bezieht sich auf einen schon liegenden Feind, etwa einen geworfenen Giganten. Ihr Peplos ist nicht so faltenreich, aber eine steifgefittigte Chlamys liegt und hängt unter der grossen Aegis. Ihre Formen sind männlich, vom gezogenen Gewand ausgesprochen und von stärkerer Bildung, als die Zeichnung wiedergibt. Ihre Haltung ist zweckmässig und nicht ohne eine mit dem lebhaften und momentanen Motiv verbundene Ruhe und Sicherheit. Gemäss der Solidität, mit welcher diese Stylart den thätigen Bewegungen ihre Wahrheit gibt, hält sie hinwieder ihre Gestalten, wenn sie nichts zu thun haben, einfach zusammen und belebt ihre schlichte, züchtige Fassung wie in jener Figur des Aristion, nur durch die hervortretende Tüchtigkeit der Naturformen. Von dieser Art ist auch (T. II, Fig. b) die Relieffigur einer friedlichen Pallas an beiden Seiten eines Marmor-Diskus (über 1' diam.) aus Pompeji im Museo Borbonico.

Da ausser diesem Diskus und einem, der dazu das Gegenstück bildet, noch andere, von gleichem Material, Form und Fundort, aber späteren Charakteren der Darstellung dort vorhanden sind, kann man darin eines der Beispiele sehen, wie geschätzt auch im späteren Alterthum diese Vorstellungsweise blieb. Die beiden näher zusammengehörigen Disken scheinen sich ursprünglich auf einen Seesieg zu beziehen. Daher steht Pallas, die Lanze innerhalb dem an die Seite geschlossenen Schilde gefasst und gegen die Schulter zurückgeneigt, ruhig in kurzem Schritt, und hält den abgenommenen Helm vor sich hin zum Ausdruck des vollendeten Kampfes. Auf dem Gegenstück schreitet auf der einen Seite ein bärtiger Kriegsgott hin, gleichfalls den abgenommenen Helm (der hier ein korinthischer ist) vor sich haltend, während auf der Rückseite eine ganz in diesem altzierlichen Gewand- und Form-Styl gehaltene Nike, in der Linken eine Schiffs-Zierde emporhält, in der Rechten zeremoniös einer Schlange, welche um eine Säule sich herauf und herauswindet, eine Frucht darhält. Die Figur des Kriegsgottes, keilbärtig, mit langem Haar im Nacken, die Linke an den Schaft gelassen, das Leben durch die Panzer- und Schienenfläche hindurch ausgedrückt, mit blossen Zehen, um die Schenkel kurzgefältetem Chiton, ist in allem diesem dem Hopliten unserer Stele verwandt; nur hängen noch von beiden Ellbogen Chlamysfittige herab. Die Gewandung der Pallas entspricht, nur dass die Chlamys fehlt und die Aegis nicht sichtbar ist, jener der äginetischen, noch mehr der Dresdner Pallas, indem sie ebenfalls die aufeinandergekniffenen Faltenmassen mit umgelegten Säumen bei sonst strafferer, das Leben ausdrückender Umschliessung hat. Das Haar ist zur Helm-Unterlage hergerichtet, wie bei den äginetischen Helden, nur ohne den Löckchen-Saum. Man vergleiche mit dieser kernhaften, ruhigzusammengehaltenen Pallas die ebenfalls friedliche Athene späteren Styls, wie sie auf einem Reliefbruchstück des Museo lapidario zu Verona (T. II, F. c) dem langgewandeten Apollon Kitharödos voranschreitet. Auch an dieser viel leichter gezeichneten und flüssigergewandeten Figur ist immer noch der, wiewohl entfernte, Zusammenhang mit alten Vorbildern bemerklich. Eine hinter dem Apoll übrige Falten-Masse zeigt an, dass ihm die Schwester Artemis, wohl auch die Mutter Leto und Chariten oder andere Gottheiten folgten, wie am korinthischen Puteal, dessen Darstellung dem altfestlichen Styl bedeutend näher steht. Dieses und mehrere andere bekannte Versöhnungs- und Festzüge der Götter in Reliefs, die den alten Styl wiedergeben, sind Denkmale der Vorliebe desselben für solche orchestischfeierliche Gestalten-Reihen. Orchestisch ist auch das Motiv der Pallas auf diesem Veroneser Bruchstück; sie schreitet auf den Zehen und fasst das Gewand unter der Hüfte in altherkömmlichem, aber bequem erleichtertem Gest. Die Falten ihres Peplos sind noch in der Mitte gesammelt, wie im alten Gewandstyl, aber gemindert und nicht gemodelt. Die Aegis ist sehr verkürzt, die Körperformen sind viel weicher, das Gewicht der Gestalt geringer; gelassener harmonisch ist die ganze Erscheinung; dass sie aber reeller, wahrer sei, als jene, kann man nicht eben behaupten. Das Gelinde ihrer Zeichnung erinnert an die Mildigkeit überreifer Früchte, das Harte jener an die erfrischende Herbigkeit junger Früchte.

Die klare Bestimmtheit der Auffassung und die consequente Durchführung des Motivs durch die kleineren Theilformen, die seinen Ausdruck zu vervielfältigen dienen, ist ein Hauptkennzeichen des ächten älteren Styls. Ein vorzügliches Beispiel ist unser attisches Relief mit der wagenbesteigenden Göttin. Die Bewegung ist auf's Fasslichste und Fühlbarste ausgesprochen, Lage und Zug,

Anschluss und Oeffnung des Gewandes nach deutlicher Voraussetzung durchgeführt, und trots der angenommenen Modlung jede einzelne Faltenlinie gerechtfertigt, jeder Uebergang redend. Müller hat im Tagebuch — wohl nur provisorisch — diese Figur eine panathenaische Jungfrau genannt. Dies würde voraussetzen, dass die attischen Jungfrauen sich am Panathenäenfeste wagenlenkend zeigten, wie die lakonischen an den Hyakinthien. Davon ist uns nichts überliefert, noch macht es die von der spartanischen verschiedene Mädchen-Erziehung der Athener glaublich. Ebendies hat früherhin Müller selbst gegen eine Erklärung eingewendet, welche die Jungfrauen-Gestalten auf den Wagen des Panathenäenzuges im Parthenon-Friese für Landestöchter nehmen wollte, während er sie, als ideale Figuren, Hamillen (Sinnbilder des festlichen Wetteifers) zu nennen vorzog. Schwerlich würde er also jene vorläufige Benennung festgehalten haben. Das bedeutende Grössenverhältniss der Figur zum Wagen spricht für eine Göttin, mindestens Heroine. Der Schmuck im Haar, den man bei einer Göttin erwarten möchte, ist nicht unerlässlich; auch kann der beschädigte Kopf einen Bandschmuck gehabt haben. Einer näheren Benennung der Gestalt enthalt' ich mich, indem ich es andern Archäologen überlasse, vornehm klingende mythologische Beinamen und Cultusbegriffe willkührlich an Vorstellungen zu heften, die dafür kein Kennzeichen geben und durch solchen Gelehrtenprunk um nichts besser verstanden werden. Man kann bei einer Göttin zu Wagen an eine Nike (deren es ja auch ungeflügelte gab), an Selene, an Artemis, Aphrodite und Pallas denken, wie auch Hera und Demeter fahren. Erst Attribute oder Zusammenhang können zur bestimmten Benennung berechtigen. Die Bestimmtheit der Kunst hängt nicht mit solcher Anwendung zusammen, sie spricht sich unmittelbar am Werke aus und gibt sprechender einen eigenthümlichen Sitten-Geist, ein volksthümliches Maass von Lebensgefühl und Lebensgenuss zu verstehen.

In dieser Beziehung findet eine grosse Uebereinstimmung statt zwischen diesen älterattischen und den genannten selinuntischen und äginetischen Werken. Wenn die Aristionfigur und die Wagenlenkerin länglichter proportionirt erscheinen, die Letztere auch zarter und graziöser, als die Giebelfiguren von Aegina, so darf man daraus keinen festen Schulen-Unterschied machen. Eins mag im Giebel, das Andere bei der flachen Reliefbehandlung näher liegen. Es sind unter den äginetischen Figuren selbst nicht alle ganz gleichmässig proportionirt, eben so wenig sind darin die oben verzeichneten attischen Figuren-Bruchstücke alle gleich. Gewiss kamen an beiden Orten beide Verhältnisse und im Anfang beiderlei Extreme des alten Styls, die gezogenen und die gedrückten Figuren, gelegentlich vor. Die Auffassung aber und Haltung, so wie Gewand- und Haar-Behandlung sind im Wesentlichen gleichartig. Wie ähnlich untereinander sind ein weibliches Köpfchen vom äginetischen Tempel, ein par selinuntische und der der herkulanischen Artemis. So ist auch die kämpfende Pallas aus jenen selinuntischen Metopen, die nach ihrem untern Theil erhalten ist; in der Gewandung ganz, wie die äginetische, im herrlich-strengen und gefühlten Relief sehr ähnlich den halberhobenen attischen Werken behandelt; der in's Knie gesunkene Krieger nach seinem Panzer und in der Bildung den Aegineten verwandt; noch mehr der Kopf des Sterbenden, besonders in Haar- und Bartbehandlung; und dies ist nicht minder in den Zügen eines am Parthenon gefundenen kleinen Kriegerkopfes der Fall (Nr. 6).

Die Aehnlichkeit der Technik erstreckt sich bis auf die Zuthaten der Oberfläche. Das sitzende Steinbild der Pallas zeigt Spuren von Metallschmuck, wie solche Verzierung an der äginetischen ebenfalls angebracht war. Einzelnes lässt an jener auf Farben-Anwendung schliessen, welche letztere bei der Stelenfigur des Aristion (wo übrigens auch eine Spur von Metall-Zierde) gewiss ist, und noch an einer andern kleinen Figur (Nr. 16) gesehen wird. Bekanntlich fand man Farbenspuren auch bei den Aegineten, aber hier, wie bei den attischen Beispielen, keine an den nackten Theilen. Da die Gewänder der Herkulanischen Pallas und Artemis, deren Styl auch im Uebrigen hierhergehört, ebenfalls bemalt waren, so finden wir also auch hierin Gleichartigkeit in verschiedenen Gegenden.

Durch den grössten Theil der bezeichneten Periode, bis in die Zeiten der ersten Siege über die Perser, war die sittliche Bildung der kunstübenden griechischen Staaten ziemlich in gleichen Höhen, wenn schon Sparta seine hervorstechendste Epoche nur noch erhaltend behauptete, während andere Staaten neue Kräfte zu concentriren und zu entwickeln begannen. Keines aber der kleinen Griechenvölker schritt in dem Grade den andern in politischer Erhebung und geistiger Entwicklung voraus, wie es sofort nach den Siegen über Xerxes die Athener zu thun befähigt und begeistert wurden. Darum erscheint auch bis dahin die Phantasiebildung und Plastik der Griechenstämme in der Hauptsache auf gleicher Stufe, obwohl verschiedene Thätigkeitsverhältnisse der Schulen nicht zu leugnen, auch unterscheidbare Richtungen einzelner Genialitäten glaublich und zum Theil noch merklich sind. Alle einzelnen Aufstrebungen aber, und im Ganzen die gefüllte Beschränkung und gebundene Energie so der älteren Sitte, wie der älteren Plastik wurden zu Vorbereitungen für das nun in sich gehobene Selbstbewusstsein der Athener, für den politischen Heros desselben, Perikles, und für den Verewiger seiner Begeisterung, Phidias, den Bildner rein selbständiger Gestalten. An jenen in den letzten Gestaltungen älteren Styls quellenden und bewegten Lebensformen sass die herkömmlich gesteifte und gezierte Modelform nur noch als einfassendes und gelockertes Knospenblatt. Es bedurfte nur eines Lichtstrahls des Geistes, eines Hauches warmen Selbstvertrauens in der Phantasie dieser Gestalten, und die Bindung floss nachgiebig um ihre befreiten Glieder, das gehaltene Motiv löste sich in beseelte Ruhe, das gespannte in edle Kraftentfaltung.

II. SCULPTUREN DES BLÜHENDEN STYLS UND DER SPÄTEREN HERKÖMMLICH GELÄUFIGEN TECHNIK.

A. Götterdarstellungen.

a) Pallas.

α) Statuen der Pallas.

21) **Pallas mit Halsschmuck und Queerband-Aegis**, Statue unter Lebensgrösse in schönem, weichem Styl. Kopf und Arme fehlen. Das Diploidion geht bis auf die Füsse; sein Ueberschlag ist an den Schultern gefibelt, lässt, faltig unter den Achseln herumgehend, die Arme blos, hängt lind auf die Brust und ist unter der Brust durch ein leichtes Band zusammengezogen, von wo er dann noch bis auf die Schenkel herabhängt, gleichsam als Ueberjacke auf dem Untergewand.

7*

Die Gestalt ruht auf dem r. Bein, wo das Kleid schwere Vertikalfalten bildet; um das l. bequem in's Knie gebogene Bein schmiegt sich das Kleid glätter und drückt in feinen Schräg- und Queer-Falten die Form desselben aus. Der etwas zurückgesetzte l. Fuss kommt mit Zehen und Sandale aus dem Gewand hervor. Die Aegis hängt, wie eine Queer-Schärpe, als ein schmaler Streif von der r. Schulter um die r. Brust und unter der l. um die l. Hüfte. Ein kleines Gorgohaupt ist auf ihr angebracht, wo sie um die Mitte der Brust geht. Um den Hals liegt eine Knöpfchen-Kette, mit kurzen Blättchen umstrahlt. Mitten im Brustbande zwei Bohrlöcher — für eine Agraffe. (M.)

(Abgebildet im Kunstblatt 1838, Nr. 59, unter dem irrigen Namen Karyatide).
S. d. Abbild. T. I. F. 2.

22) Fragment: Vorgebeugte Brust einer Pallas mit Queerband-Aegis. (T.)

23) Pallas mit leichter Aegis um den Hals in edel-anmuthigem Gewandstyl, unter Lebensgr. Torso (von der Halsgrube bis unter den Knieen 1′ 8″ h.), die blosen, wenig vom Körper entfernten Oberarme zum Theil erhalten. Das Gewand, im Allgemeinen von gleicher Anlage wie bei Nr. 21, ist im gelinden und ausgiebigen Gefält schön behandelt, besonders der Ueberschlag, der von den Brustseiten herab das Zugband umhängt, unter demselben, durch seine Anziehung sich in Falten furcht und den Seitensaum umlegt. Die Aegis bildet nur zwei von den Schultern her über der Brustmitte in einen Schnepp zusammentreffende Saumbänder, deren unterer Saum aus kleinen in Spitzen zusammentreffenden Bögelchen besteht; auf der Brustmitte hängt daran ein kleines Gorgohaupt. Im Zugbande, an den Wangenseiten des Gorgoneion, und an den Saum-Zacken der Aegis in den Spitzen Bohrlöcher für Metallschmuck. (P.)
S. d. Abbild. T. I. F. 3.

24) Pallas mit leichter Aegis um den Hals (Bohrlöcher) von gefälliger, guter Arbeit, gegen 3′ h. Kopf und Unterarme fehlen. Sie ruht auf dem r. Bein (Steilfalten), das linke beigebogen (vom Gewand ausgedrückt); der Ueberschlag drückt anliegend die Brust aus, ist unter ihr vom Bande zusammengezogen, umfliesst es an den Seiten in schmalen Bauschfalten und schiebt gegen vorn auch diese wieder in's Band, unter demselben hängt er in leichtgewölbten Falten auf Schos und Schenkel. Der l. Oberarm liegt ziemlich an; der r. hebt sich wenig zur Biegung des Arms nach aussen. (T.)

25) Pallas mit Aegis auf der Brust, unter Naturgr. Kopf, Arme und Füsse fehlen, ruhend auf r. B. (Steilfalten), das l. beigebogen (vom Gewand umschmiegt); der Ueberschlag unter der Brust gebunden; Ampechone an der l. Schulter. (T.)

26) Pallas, den linken an die Hüfte gestemmten Arm in's Himation gewickelt, Torso unter Lebensgr. Das Himation lässt die ganze rund auf die Brust herabhängende Aegis frei und zieht sich unter derselben nach der r. Seite hinüber, wo es dicht unter der r. Brust straff herumgezogen ist; das dreieckige Ende davon liegt mit der Spitze nah am l. Knie; ein anderer Zipfel hängt unter der eingewickelten l. Hand an der Seite. Der erhaltene Ansatz des r. Arms zeigt, dass er ausgebogen war. (R.)

27) Fragment: Mittelstück einer Pallas in heroischer Grösse. (M.)

28) » » **Pallaskopf, behelmt, stark über Lebensgr., sehr beschädigt, von geringer Arbeit.**
(H. P. dann P.)

β) Reliefdarstellungen der Pallas.

29) Pallas stehend bei einem Manne, flaches Relief, einfach stylisirt, auf etwa fusshoher Bild-
fläche; worunter ein attisches Ehrendekret voreuklidischer Periode; sehr verwittert.
Links der Mann im Mantel, rechts ihm zuprofilirt Pallas, mit der L. den Schild niederlassend, die
Rechte erhebend (, um ihn zu kränzen?). Dicht am Contur ihres steilfaltigen Chitons ringt sich
von ihrem Fusse auf die heilige Schlange empor. Darunter der Inschrift-Rest:

ΟΝΟΦΑΝΟΣΙC   Name und Vaters-Name eines
ΘΟΣΚΟΛΟΦΟΛ   Bürgers von Kolophon.
                                                       (M.)

30) Pallas thronend, indem zwei männliche Gestalten ihr nahen, Stelen-Relief in tüch-
tigem Styl, worunter ein attisches Ehrendekret voreuklidischer Periode. Die oberen
Bildtheile abgebrochen. Links Pallas auf einem kubischen Sitz, nach rechts profilirt, den r.
blosen Arm hinter ihrer Seite herabgelassen, die Hand an der Seitenwand des Sitzes auf und an
einer Gewand-Masse (wenn es nicht der zerstörte Schild ist). Das Gewand umhüllt in schöngе-
worfenen Queerfalten den Schos, anschmiegender die Beine, wovon das r. mehr gestreckt, das l.
eingezogen ist. Sandalen unter den Füssen. Der Oberkörper fehlt, der l. Arm war wahrscheinlich den Herankommenden entgegengestreckt. Vor der Göttin, dicht an ihrem l. Fuss eine
kleine Gestalt, von der nur die vom Mantel umhüllten Unterbeine und die Füsse erhalten.
Hinter dieser in gleicher Stellung gegen die Göttin hin die Füsse und gewandlosen Beine (erhalten bis nah an die Kniee hinauf) von einer grossen männlichjugendlichen Gestalt.
Die Letztere, weil grösser als die Mittelfigur und unverhüllt, mag ein Heros gewesen sein. Was
man neben seinem l. Fuss und Waden bemerkt, war wohl eher eine Keule, als ein Gewandstück.
Dann war es der Heros Herakles, der den Herakleoten Sotimos der Göttin von
Athen vorstellt. Unter dem Relief ein Band und Viertelstab, darunter die Inschrift:

ΣΟΤΙΜΟΙΙΕΡΑ.ΛΕΙΟΤΟΚ   Des Sotimos von Heraklea und
ΑΙΕΚΛΟΛΟΝΠΡΟΧΣΕΝΟΚ   seiner Nachkommen, des Staatsgastfreundes und
ΑΙΕΥΕΡΛΕΤΟΑΘΕΝΑΙΟΝ   Wohlthäters der Athener.

Litt. minor.   .....ΟΙΕΙΚΑΤΟΙ   (Beschluss des) Rathes und des (Volkes)
               ......ΥΕΝΓ   . . . .   (Das Weitere fehlt).

Kunstbl. 1835, Nr. 27. *Ἀρχ. Ἐφ.* 1840, März — Mai, Nr. 426.   (Gefunden beim Parthenon.)

31) Pallas, thronend, vor sich eine Gestalt im kurzen Chiton — (Gesandter von Me-
thone?) —, Stelenrelief in gutem Styl, worunter attische Volksbeschlüsse voreuklidi-
scher Periode. Rechts auf einem Thronsitz die Göttin; der Kopf fehlt; um den Hals hängt

die Aegis; die Glieder umhüllt ein weichfaltiges Gewand; die Haltung ist bequem, der l. Ellbo-
·gen auf die Thronlehne gestützt, ein Gewandstück hängt unter ihm herab; das l. Bein ist ausgestreckt, das r. eingezogen, der Fuss hinter dem l. auf die Zehen gesetzt, der r. Arm ausgestreckt
zum Empfang jener nahe vor ihr stehenden Figur. Von der Letzteren sind nur die im kurzen
Schritt stehenden Beine und über den Knieen bis hinauf an die Hüften der leichte, kurze Chiton
erhalten. Hinter dieser Gestalt, wachsam zu ihr emporblickend, ein Hund. Dicht hinter und
über dem Hunde ist eine bogenförmige Kante, wie von einem Schilde, übrig; was vielleicht ein
Schiffs-Vordertheil gewesen ist. Die der Göttin genahte, ihr verglichen kleinere Figur ist
entweder eine amazonenartig geschürzte Stadt Methone oder ein Abgesandter. Die Inschrift nennt in zwei unter dem Bilde stehenden Ueberschrift-Zeilen die Methonäer, welchen
die Beschlüsse galten, und den Schreiber des Rathes, der diese zusammenstellende Verzeichnung
der Beschlüsse in der Stelen-Inschrift besorgte. Unter dieser Ueberschrift in grösseren Buchstaben sind dann in kleineren 58 Zeilen, die meisten zu ihrem grösseren Theil erhalten. Es sind
zwei Volksbeschlüsse in Betreff der Methonäer und die Anfangsformel eines dritten.

ΜΕΘΟΝΑΙΟΝΕΚΓΙΕΡΙΑΣ
ΦΑΙΝΙΓΓΟΣΦΡΥΝΙΧΟΕΛΡΑΜΜΑΤΕΥΕ
...ΟΧΣΕΝΤΕΙΒοΛΕΙΚΑΙΤοΙΔΕΜοΙΕΡΕΧΘΕΙΣΕΓΡ....
...ΕΣΚοΓΑΣΕΛΡΑΜΜΑΤΕΥΕΤΙΜοΝΙΔΕΣΕΓΕΣΤΑΤΕ....
...ΘΕΣΕΙΓΕ....ΕΙΡοΤοΝΕΣΑΙΤοΝΔΕΜοΝΑΥΤΙΚ....
...ΕΘοΝΑΙο....ΦοΡοΝΔοΚΕΙΤΑΤΤΕΝΤοΝΔΕΜο....
5 ...ΜΑΛΛΕΕ....ΚΕΝΑΥΤοΙΣΤΕΛΕΝΗοΣοΝΤΕΙ....
...οΡοΕΛ...οΗοΝΤοΙΕΓΓοΤΕΡοΙΕΡΑΝ....
...ΕΤΑΧΑΤ...ΓΕΝΤοΔΕΑΛΛοΑΤΕΛΕΣΕΝΑ....
...ΜΑΤοΝΗ.ΕΛΡΑΦΑΤΑΙΤοΙΔΕΜοΙΤοΙΤ....
...ΜΜΕΘοΝΑΙοΙοΦΕΙΛοΝΤΕΣΕΑΝοΣΙΕΓΙ....
10 ...ΙοΙΣοΣΓΕΡΤΕΝΥΝΚΑΙΕΤΙΑΜΕΙΝοΣΕΓ....
...ΣΙΝΓΕΡ.ΤΕΣΓΡΑΧΣΕοΣΑΘΕΝΑΙο.ΚΑΙΕΛ....
...ΕΦΙΣΜΑΤ.ΓΕΡΙΤοΝοΦΕΙΛΕΜΑΤοΝΤοΝΕΝΤ....
...ΙΛΙΑ.Ρ...ΜΙΔΕΝΓΡοΣΗΕΙΕΤοΜΕΘοΝΑΙο....
...ΡΙΣΑΙΛ...ΦΣΕΦΙΣΜΑΓΕΡΙΜΕΘοΝΑΙοΝ....
15 ...ΤΡΕΣΓ....ΗΥΓΕΡΓΕΝΤΕΚοΝΤΑΕΤΗΛΕΛο....
...ΓΕΙΛ....ΓΕΝΔΕΓΕΡΔΑΙΚΚΑΙΗοΤΙΔοΚ....
...ΙΕΝΑΙ....οοΝΑΙοΣΤΕΙοΑΛΑΤΤΕΙΧΡΕΣο....
...ΕΝΑΙΝοΡ...ΑΣοΑΙΚΑΙΕΑΝΕΙΣΕΜΓοΡΕΥΕΣο....
...ΡΤΕοΣ....ΝΧοΠΑΝΚΑΙΜΕΤΕΑΔΙΚΕΝΜΕΤΕ.Δ....
20 ...ΜΕΔΕ.Τ...ΙΑΝΔΙΑΤΕΣΧοΡΑΣΤΕΣΜΕΘοΝΑΙ.....

```
. . . . ΚΟΝΤο . . . . οΝΑΙοΝΚΑΙΕΑΜΜΕΝοΜοΛοΛοΣΙΝ . . .
. . . . οΙΧΣΙ . . . . ΑΣΑΝΤοΝΗοΙΠΡΕΣΒΕΣΕΑΝΔΕΜΕ . . . .
. . ΑΝΕΚΑΤ . . . . ΠΕΜΠοΝΤοΝΕΣΔΙοΝΥΣΙΑΤΕΛοΣ . . . .
. . ΠΕΡΙΗο . . . . . ΑΦΙΡοΝΤΑΙΠΡοΣΤΕΝΒοΛΕΝΚΑ . . . .
25 . . οΝΕ . . . . . . ΕΡΔΙΚΚΑΙΗοΤΙΕΑΝΗοΙΣΤΡΑΤ . . . .
. . ΕΜΕοΙΕΙΔ . . ΙΕΠΑΙΝοΣΙΑΝοΜΑΣΑΛΑΘΑΣΗΕ . . . .
. . . ΑΥΤοΛο . . . . οΙΕΧΕΙΡοΤοΝΕΣΕΝΗοΔΕΜοΣ . . . .
. . . ΤΕΙ . ΝΗ . . . ΝΤΕΙΘΕοΙΑΠοΤοΦοΡοΕΛΙΑΝ . . . .
. . . . Π . οΤΕΡ . . . ΠΑΝΑΘΕΝΑΙοΙΣΕΤΕΤΑΧΑΤοΦ . . . . .
30 . . . ΛΛοΑ . . . . . . ΑΙ ΕΔοΧΣΕΝΤΕΙΒοΛΕΙΚΑΙ . . . . .
. . ΙΠΠοΘ . . . . . . ΠΡΥΤΑΝΕΥΕΜΕΛΑΚΛΕΙΔΕΣΙ . . . . .
. . ΕΝ . . . . . . . ΠΕΣΤΑΤΕΚΛΕοΝΥΜοΣΕΙΠΕΙ . . . . .
. . . Ε . . . . . . Δ . . ΛΕΝΕΛΒΥΣΑΝΤΙοΣΙΤοΜΕΧΙ . . . .
. . . . . . ΛΙοΝ . . . . . . ΝοΝΤοΕΝΙΑΥΤοΕΚΑΣΤοΗοΙ . . .
35 . . . . . ο . Υ . . . Ε . . ΤΕΑΥΤοΙΚοΛΥοΝΤοΝΕΧΣΑΛΕΝ . .
. . . οΝΕοΝΤοΝΚοΛΥΕΝΕΕΥΘΥΝΕΣΘοΝΜΥΡΙΑΙΣΙΔΡ . . .
. . . ΝΕΚΑΣΤοΣΛΡΑΦΣΕΑΜΕΝοΣΔΕΠΡοΣΤοΣΕΛΛΕΣΠ . . .
. . . . ΑΙΑΣΕΧΣΑΛΕΝΜΕΧΡΙΤοΤΕΤΑΛΜΕΝοΑΣΕΜΙοΣ . . .
. . . ΚΑΙΕ . ΛΥΣΕΕΧΣ . . . . . ΗοΤΙΔΑΝΚοΙΝοΝΦΣΗΦΙ . . .
40 . . . ΡΙΤοΝ . . . . ΜΑΧοΝ . ΕΦΙΣοΝΤΑΙΑΘΕΝΑΙοΙΠΕ . .
. . οΕΙ . . . . . . . οΙΠΡ . . ΛΕΥοΝΤΕΣΤΕΣΙΠοΛΕΣΙΕ . . .
. . . . οΝ . . . ΤοΙΓοΙ . . . ΗοΤΙΑΝοΝοΜΑΣΤΙΠΕΡΙ . . . . .
. . . . οΣΤ . ΜΕΘοΝΑΙοΝ . . . ΦΙΣοΝΤΑΙΤοΥΤοΠΡοΣΕ . . . .
. . . . . . . . . ΔΕ . . . ΑΜΕΛ . . . ΦΥΛΑΤΤοΝΤΕΣΤΕΝΕΦΕ . . . .
45 . . . . . . . . Το ΙΤΕΤΑΛΜΕΝοΙοΝΤοΝΗΑΔΕΗΥΓοΠΕΡ . . . . .
. . . . . . . ΘΑΙΦΑΣΙΒοΛΕΥΣΕΑΣΘΑΙΑΘΕΝΑΙοΣΗοΤΙ . . . . .
. . Ε . Ι . οΝΕΙΝΑΙΠΕΡΙΜΕΘοΝΑΙοΝΕΠΕΙΔΑΝΑΠΑ . . . . .
ΣΙΕ . . . . ΔΕΜοΝΗοΙΠΡΕΣΒΕΣΗοΙΠΑΡΑΠΕΡΔΙΚΚ . . . .
. ΜΕΤ . . ΙΙΣΤΙοοΙ . . . ΕΝοΙΚΑΙΗοΙΜΕΤΑΛΒοΠοΙ . . .
50 . . ΑΕ . . ΕΣΙΠοΙΠ . . . ΡΗΜΑΤΙΣΑΙΕΠΕΙΔΑΝΕΣΙΛ . . .
. ΡΥ . . ΝΙΑΕΔΕΥ . . . . ΜΕΤΑΤΑΣΕΝΤοΙΝΕοΡΙοΙΕ . . . . .
. . . . . ΚΚΛΕΣΙΑΝ . . . ΣΑΝΤΕΣΣΥΝ . ΧοΣΔΕΠοΕΝΤ . . . . .
. . . . . . . οΣΑΝΔΙ . . . ΑΧο . . ΑΛΛοΕΓΠοΧΡΕΜΑ . . . . . .
. . . . ΜΕΛΕΝΕΛΜ . ΚΙοΙ . ΤΡΑΤ . ΛοΙΔΕοΝΤΑ . . . . . .
55 . . . . ΒοΛΕΙΚΑΙ . οΙ . ΕΜ . . ΚΕΚΡοΠΙΣΕΠΡΥΤ . . . . .
. . . . ΕΣΕΛΡΑΜ . . ΤΕ . . Η . Ρο . Ε . ΕΣΤ . . . . . . . .
. . . . . . . . ΙΠΕ . . . . . . . Ε . . . . . . . . . . . .
. . . . . . . . . . . ΝΑΙ . . . . . . . . . . . . . . . . .
```

(In Sachen) Der Methonäer des Landes Pieria.

Phänippos, Phrynichos Sohn war Schreiber.

1) Beschluss des Rathes und Volkes; der Stamm Erechtheis hatte die Geschäftsleitung, Skopas war Schreiber, Timonides Vorstand, (Diopei)thes that den Vorschlag: Das Volk bestimme sofort für die Methonäer den **Steuer-Ansatz** dergestalt, dass sie zu zahlen haben so viel als der Göttin von der Steuer zukam, deren Entrichtung an den vorigen Panathenäen ihnen angesetzt worden, im Uebrigen aber frei seien von allen Schulden, die den Methonäern beim Volke der Athener zur Last geschrieben sind, wenn sie den Athenern freundwillig sind, so wie jetzt, und noch bessere Dienste ferner thun für die Sache der Athener; und es soll eingetragen werden in den Beschluss über die verzeichneten Schulden der Methonäer.. —.. Beschluss für die Methonäer, dass da gesandt werden drei **Gesandte**, über funfzig Jahre alt, an **Perdikkas** und sagen dem Perdikkas unsern Willen, dass die Methonäer **offene Meerfarth** haben und ihnen gestattet sei, zu landen, und man sie in die Landschaft .... treiben lasse, ohne dass sie Gefährde thun, noch Gefährde leiden, auch, dass **kein Heer durch die Landschaft der Methonäer geführt werde wider Willen der Methonäer**; und wenn beide Theile ein Uebereinkommen treffen, sollen die Gesandten den Vertrag schliessen; wenn sich aber nicht beide Theile einigen, sollen sie zu den Dionysien Bevollmächtigte schicken, um mit ihrem Anliegen vor den Rath und das Volk zu kommen. Und sollen dem Perdikkas sagen, dass wenn die **Feldherren** (der Athener sein Benehmen) billigen, die Athener gute Gesinnungen für ihn haben werden. So hat das Volk bestimmt, dass die Methonäer zahlen sollen so viel als der Göttin von der Steuer zukam, deren Entrichtung an den vorigen Panathenäen ihnen angesetzt worden; im Uebrigen aber frei seien. 2) **Beschluss des Rathes und Volkes**: der Stamm Hippothontis hatte die Geschäftsleitung; Megakleides war Schreiber; ..... Vorstand; Kleonymos that den Vorschlag: (Den Methonäern soll frei stehen) auszuführen aus **Byzanz Korn** bis zu ($\begin{smallmatrix}\text{vier?} \\ \text{fünf?} - \\ \text{neun?}\end{smallmatrix}$) tausend Scheffeln jegliches Jahr .. —.. sollen weder selbst die Ausfuhr wehren, noch einen Andern wehren lassen, oder sollen gestraft werden um zehntausend Drachmen jeglicher; und die an die — Hellespontier schreiben (?), sollen ungestraft ausführen bis zu dem bestimmten Satz —. Jeder allgemeine Beschluss aber, den die Athener in Betreff der Bundesgenossen fassen werden .... als Vorberather der Städte, (soll auch für die Methonäer gelten?); und jeder ausdrücklich in Betreff der Methonäer gefasste Beschluss, ... — und sollen behauptend ihre — bei dem Festgesetzten bleiben. In Betracht aber Dessen, was sie sagen, dass von Perdikkas geschehen sei, wollen die Athener, was für die Methonäer zuträglich sei, berathen, wenn dem Volke Bericht erstatten die Gesandten, die von Perdikkas.. —.. sollen die Verhandlungen einleiten, indem sie, wenn die zweite Prytanie nach den Rüstungen in den Werften statt haben wird, eine Volksversammlung veranstalten; und sollen unausgesetzt die Versammlungen halten, bis das Geschäft beendigt ist, und keine andere Verhandlung vorher einleiten, wenn nicht die Feldherren es begehren. 3) Beschluss des Rathes und Volkes; der Stamm Kekropis hatte die Geschäftsleitung; .... es war Schreiber; Hieron Vorstand ... —.

Wahrscheinlich aus Olymp. 89, 1 V. Chr. 42¼. — Gefunden im Süden des Burghügels in der Gegend des alten Theaters.

Wir haben die Stele gesehen, die Inschrift aber nicht copirt. Ich konnte sie nur entnehmen aus *Ἀρχ Ἐφ.* 1838, April und Mai, Nr. 45. Daselbst sind die fehlenden Buchstaben nicht durch Punkte bezeichnet, sondern nur Lücken ohne genaue Bestimmung gelassen. Indessen ist die Inschrift *στοιχηδὸν* geschrieben und, abgesehen von den zwei Ueberschrift-Zeilen, hat jede Zeile 41 Buchstaben, wie sich aus Zeile 1. 6. 28. 29. 30. 31. 35. 36. 40, deren Ergänzungen nicht zweifelhaft sein können, ergiebt. Die Lücken zu Anfang oder in der Mitte konnte ich nur mit Rücksicht auf die darüberstehenden Buchstaben punktiren und kann daher für ihre Genauigkeit nicht bürgen. Buchstaben, unter die ich Punkte gesetzt, sind undeutlich oder verdächtig. Die Orthographie der Inschrift ist die ältere attische mit Ungleichheiten. So Z.7 ἐνά(ι) Z. 47 εἶναι. H ist überall spiritus asper; man müsste denn Z.13 προσῄει lesen; aber die Stelle ist corrupt und vielleicht πρὸς ᾗ zu lesen. Dieser spiritus ist weggelassen Z.10 in ὥσπερ, Z.21 in ὁμολογῶσιν, 23 in ἑκάτ(εροι), 34 in ἑκάστ8 und 37 in Ἑλλησπ(οντίους(—ίων); sonst steht überall der spir. asp. mit H. Die völlige Restauration muss ich den Epigraphikern von Fach überlassen. Mit Sicherheit können ergänzt werden Z.5—7 durch Vergleichung mit Z.27—30, nämlich Z.5 f.: τελεῖν, ὅσον τῇ(ϑεῷ ἀπὸ τ8 φ)όρ8 ἐ(γίγνε)το, ὃν τοῖς προτέροις Παν(αϑηναίοις ἐτ)ετάχατο φέρειν· τὸ δὲ

ἄλλο ἀτελεῖς εἶνα(ι πάντων? ὀφειλη)μάτων, ἃ γεγράφαται τῷ δήμῳ τῷ τῶν̈ Ἀϑηναίων.. μ Μεϑωναῖοι ὀφείλοντες und Z.27 f. die kürzere Bestätigung eben dieses Beschlusses: Ἐχειροτόνησεν ὁ δῆμος· (Μεϑωναίης) τελεῖν (ὅσον τῇ ϑεῷ ἀπὸ τ8 φόρ8 ἐγίγ)νετο ὄν̈.τοῖ̈ς) π(ρ)οτέρ(οις) Παναϑηναίοις ἐτετάχατο φ(έρειν· τ8 δὲ ἄ)λλ8 ἀ(τελεῖς εἶν)αι. Ziemlich sicher ist auch Z. 9: ἐὰν ὦσι ἐπι(τήδειοι Ἀϑηνα)ίοις? was ich dem Professor Franz bei einer Besprechung über die Inschrift verdanke, welcher auch Z.24 ἀφίξονται las. Z.10 καὶ ἔτι ἀμείνης ἐπ............ σιν περὶ τῆς πράξεως Ἀϑηναίων kann auf verschiedene Weise hergestellt werden; sicher aber bleibt der Sinn, dass die Athener den Schulden-Erlass für die Methonäer wegen geleisteter Dienste und noch zu erwartender besserer Dienste bewilligen. — Z. 4 Ende u. 5 Anfang stand wohl ὀφείλημα δὲ [1]). — Von Z. 14 Ende an: (ἀποστεῖλαι) τρεῖς π(ρέσβεις) ὑπὲρ πεντήκοντα ἔτη γεγο-(νότας ὡς) Περδ(ίκκαν· εἶ)πεῖν δὲ Περδίκκᾳ, ὅτι δοκ(εῖ δήμῳ ἐφι)έναι (τὰς Με)ϑωναίης τῇ ϑαλάττῃ χρῆσϑα(ι καὶ παρι)έναι ὁρ(μία)ασϑαι καὶ ἐὰν εἰσεμπορεύεσϑαι(ὅσαπε)ρ τέως (?) (ἐς τὴ)ν χώραν καὶ μήτε ἀδικεῖν, μήτε (ἀ)δ(ικεῖσϑαι), μηδὲ(σ)π(ρατ)ιὰν διὰ τῆς χώρας τῆς Μεϑωναί(ων διάγειν ἀ)κόντω(ν Με)ϑωναίων· καὶ ἐὰν μὲν ὁμολογῶσιν (ἑκάτερ)οι, ξυ(μβιβ)ασάντων οἱ πρέσβεις· ἐὰν δὲ μὴ(ξυμβῶσι)ν? ἑκάτ(εροι), πεμπόντων ἐς Διονύσια τέλος (ἔχοντας) [cf. Thucyd. IV, 118] περὶ ὅ(των ἂν) ἀφίξονται πρὸς τὴν β8λὴν κα(ὶ τὸν δῆμ)ον· ε(ἰπεῖν δὲ Π)ερδίκκα, ὅτι ἐὰν οἱ στρατ(ηγοὶ οἱ ἐν Μένδ)ῃ αὐτὸν?) ἐπαινῶσι· γνώμας ἀγαθὰς ἔ(ξ8σι περὶ) αὐτοῦ Ἀϑη(ναῖ)οι u. s. w. Z.32 f. (Μεϑωναίοις) ἐ(ξεῖναι ἐξά)γειν ἐκ Βυζαντί8 σῖτα μέχρι(ι τετρακισχι)λίων (μεδίμ)νων τ8 ἐνιαυτ8 ἑκάστ8· οἱ δὲ (Ἑλλησπόντιοι)....μή)τε αὐτοὶ κωλυόντων ἐξάγειν, (μήτε ἄλλ)ον ἐῶντων κωλύειν ἢ εὐϑυνέσϑων μυρίαισι δρ(αχμαῖσι)ν ἕκαστος· γραφαμένης δὲ πρὸς τὰς Ἑλλησπ(οντί8ς[—ίων ταμίας? — ίων τελώνας?) ἐξάγειν μέχρι τ8 τεταγμέν8 ἀξημίως.. — Ich weiss nicht, ob es möglich sein wird, hier einen solchen Sinn zu ergänzen, dass γράφασϑαι die gewöhnliche Bedeutung klagen behalte. Bisweilen heisst γράφεσϑαι sich etwas aufschreiben, schreiben lassen (Valckenaer zu Herod. VII, 700), auch sich melden, einkommen, wie in der Redensart πρόσοδον γράφασϑαι πρὸς τὴν β8λήν. — Z. 39 f. ὅ, τι δ᾽ ἂν κοινὸν ψήφι(σμα πε)ρὶ τῶν (ξυμ)μάχων (ψ)ηφίζωνται Ἀϑηναῖοι πε(ρὶ .... ο ει ...... οι πρ(ο)β8 λεύοντες τῇσι πόλεσι

---

[1]) Z. 14 Anf. scheint (με)ρῖσαι (ταμίαν) zu ergänzen. Das wäre die auf Inschriften nicht selten vermerkte Bestimmung, dass (oder woher) der Zahlmeister die Kosten für die Aufzeichnung des Beschlusses geben solle.

— Z. 42 ὅ, τι ἂν ὀνομασὶ περὶ (τῆς πόλε)ως τῆς Μεθωναίων (ψη)φίζωνται, τῆτο προσε… — φυλάττοντες τὴν ᾳφε(τέραν …. ἐν) τῷ τεταγμένῳ ὄντων· ἁ δὲ ὑπὸ Περ(δίκκϗ πεπρᾱχ)θαι φρσὶ. βϗλεύσασθαι Ἀθηναίους, ὅ, τι (δοκεῖ χρ)ή(σ)ι(μ)ον εἶναι περὶ Μεθωναίων, ἐπειδὰν ἀπα(γγελῶ)σι ε(ς τὸν) δῆμον οἱ πρέσβεις οἱ παρὰ Περ(δίκκϗ — im Folgenden scheinen Namen zu stecken: Z. 49 μετὰ Ἀριστ… — καὶ οἱ μετὰ Λεω(γόρου.? — Z. 50 — προχρηματίσαι, ἐπειδὰν ἐσέ(λθῃ π)ρυ(τα)νεία ἡ δευ(τέρα) μετὰ τὰς ἐν τῷ νεωρίῳ ἐ(πισκευὰς ἐ)κκλησίαν (ποιή-)σαντες· συν(ε)χῶς δὲ ποιεῖν τ(ὰς ἐκκλησίας ἕ)ως ἂν δι(απρ)αχθ(ῇ)· ἄλλο δὲ προχρηματίσαι πρὸ τότϗ μηδὲν, ἐὰν(μὴ) οἱ(σ)τρατ(η)γοὶ δέοντα(ι).

32) Pallas, thronend, vor sich eine grosse gewandete Figur, die sie mit dem Volk von Samos verbindet. Stelenrelief in tüchtigem Styl, worunter ein attischer Volksbeschluss voreuklidischer Periode. Von der Höhe der Bildvorstellung ist nicht ganz das untere Drittheil erhalten; von der Breite des Ganzen fehlt an der rechten Seite die Hälfte oder mehr. Ein Band und kleine Welle trennt das Relief von der Inschrift. Von dieser sind ausser zwei Buchstaben, durch welche üblicherweise die Ueberschriftformel angedeutet wird, neun Zeilen kaum zur Hälfte und die drei letzten derselben zu noch kleinerem Theil erhalten. — Links Pallas thronend, nach rechts profilirt. Die Thronseite deckt der grosse Schild der Göttin, deren Rechte, herabgelassen, an den concentrischen Ring, der den Schildnabel umgibt, gelegt ist. Am Boden am Fussballen der Göttin und unterm Schildrande schleicht die heilige Schlange, die sich um den hinteren Schildrand in dessen innere Seite hineinwindet. Dicht vor dem Schilde die aufeinandergeschlageneingezogenen, auf die Zehen gestellten Füsse der Göttin, bebunden mit Sandalen. Auf die Zehen des vorderen fällt eine Gewandmasse, eine andere ist um seinen Reihen und Knöchel gewickelt und zieht sich, den Knöchel und die unterste Seite des hintergesetzten Beins entblössend hinauf um's Knie. Rechtshin, der Pallas nahe, die en face gestellten, gewandumhüllten Unterbeine und sandalenbekleideten Füsse einer grossen Figur, die auf dem linken Beine ruht, das rechte nebenausgesetzt, wahrscheinlich eine Gottheit, und wohl Hera, die Herrin von Samos. Diese war vermittelnd zwischen Pallas und eine oder mehrere jetzt fehlende Figuren gestellt, welche letztere entweder als Volk von Samos (der Demos, als Sinnfigur) oder bestimmte Bürger von Samos zu denken.

O   E

```
 . \OXΣENTEIBoLEIKAIToIΔEMoIAKAMANTIΣEΓc._
 ..ENΔEMoIToIΣAMIoNEΓAINEΣAIoTIΣΦAΣAYTo
 MIoNToΣEΓAΛoNTAΣΓELoΓoNNEΣIoΣEΓIΣAMoN
 oMMENToNAAΡoNToNKLEoMEΔEoΣToNEΛKLAMAΔc
5 oΔIΔoNToNΣAMIoITAΛIANoMENAEXΣAYToAΓAI·
 MoΣoΣAMIoNΘANAToNEΦYLENEΔEMEYΣINXPE
 ToIAΘENAIoNΦYLENAYToNKAIΘANAToNKAI
 ...IoIAΓoΓEMΦΣANToNAΘENAΣENΓAPA
 ..:.MΓoLEIT.Λ.oNTAEMIBoN
```

— 59 —

„Mit der Götter Hilfe.

„Beschluss des Rathes und des Volkes, der Stamm Akamantis hatte die Geschäfts-Leitung" u. s. w.
Inhalt des Beschlusses: Belobung der Samier wegen Ueberwindung der für die Peloponnesier verschworenen Partei; Verfügung über die Ertrags-Erstlinge vom Grundstück eines gewissen Kleomedes; Anerkennung von Seiten Athens der vom Volke von Samos verhängten Todes-Urtheile, Verbannungen und Ver-
mögens-Einziehungen; Bestimmung über Abtrag, der nach Athen zu senden.

Aus Olympiade 92. V. Chr. 4½.   An der Nordseite des Parthenon gefunden.
Ἀρχ. Ἐφ. 1840, März—Mai, Nr. 421.

33) Fragment einer ähnlichen Darstellung; Stelen-Relief, flach, in gefälligem Styl: Pallas
sitzend; der Kopf fehlt; von l. n. r. profilirt, in zartem, feinfaltigem Chiton; um den Schos das
Himation; den linken, grösstentheils blosen Arm vorgestreckt (über einem korinthischen Helm
auf dem Schose?); die R. war aufgebogen (für die Lanze?).   (H. P.)

34) Pallas, gruppirt mit einer Göttin 'der Staatspflicht oder Amtstreue, Stelen-Relief
in gutem Gewandstyl; worunter eine Schatzmeister-Urkunde nacheuklidischer Zeit.
Bildfläche, unter Band und verkehrt steigender Welle 14" hoch. Die Höhe des Reliefs und die
Figuren selbst ziemlich wohl erhalten; die rechte Seite beschädigt. Rechts, im Profil nach linkshin stehend Pallas mit unbedecktem Haupt (oder niedriger Helmkappe), schmaler Aegis auf der
Brust, den l. Arm herabgelassen mit der Lanze, die schräg mit der Spitze an die Erde gesetzt
ist; ihre Rechte in der Hand der andern Göttin. Ihr Chiton lässt die Arme blos; das Himation,
vom Rücken um die linke Hüfte gezogen, legt sich unter der Brust bauschig herum bis unter den
Ellbogen der dargereichten Rechten; sein unterer Saum reicht bis nah an die Knöchel; sein
oberes Ende hängt vom Rücken über die l. Schulter und Oberarm und unter dem Ellbogen dieses Arms vertikal an der Seite herab. Links, der Pallas entgegen profilirt, die andere Göttin in
Diploidion und Ampechonion, die L. aufgebogen an einen Scepter-Stab, den sie auf den Boden
stemmt, die R. in der Hand der Pallas. Ein schmaler Reif umfasst ihr kurzlockiges Haar. Das
Diploidion lässt die Arme blos, fällt über das Standbein (das rechte) in Steilfalten herab und
drückt, glattgezogen, das linke, vorgesetzte Bein aus. Der Saum des Brust-Ueberschlags liegt
auf den zusammengezogenen Falten der Zone. Das Ampechonion fliesst leicht in geschwungenen Falten von beiden Schultern über den Rücken und unter den Achseln und Armen durch an
die Seiten herab, hinten bis an die Kniekehle, vorn bis an's vorgeschobene Knie. Der Scepter-
stab endet sich oben in eine Blume. Diese Figur kann die Hestia vorstellen, als Göttin des
Gemeinde-Heerdes im Rathhaus und somit der Staats-Verwaltung. Sie kann auch allgemeiner,
als eine Arché, Sinnfigur der Amtsführung gefasst werden. Jedenfalls vertritt sie die Treu-
pflicht der Schatzmeister, da die unter dem Relief befindliche Inschrift ein Verzeichniss der
Schatz-Gegenstände enthielt, welche die abgehenden Schatzmeister ihren Amtsnachfolgern über-
gaben. Von dieser Inschrift sind nur zehn sehr beschädigte Zeilen, theils kaum zur Hälfte, theils
noch minder übrig:

```
  ΤΑΔΕΟΙΤΑΜΙΑΙΤΩΝΙΕΡΩΝ...|..........
  ΙΑ.ΚΑΙΤΩΝΑΛΛΩΝ....ΙΕΠΙ.
  ....ΙΔΩΝΕΥΟΝΥ....ΣΟΦΟ..
  .....ΟΣΜΥΡΡΙΝΟΣΙΟΣΓΕ...
5 .ΕΡ......Ο.ΟΕΓΕΛΥ..
  .ΙΟΕΥΣ.Ρ.....ΗΔΗΣ.
  ΡΑΜΝΟΣΙΟΣ........
  .ΟΣΟΙΝΑΙΟΣΕΓΡΑΜΜ.................
  .ΑΤΩΜΓΡΟΤΕΡΩΝΤΑΜ................
10 ...ΤΟ
```

Folgendes haben die Schatzmeister der heiligen (Schätze
der Athenai)a und der andern
(Götter), welche unter dem
(Archon N. N. fungirten, nämlich) Sopho --- und -- N. N.
aus dem Gau Myrrhinus und --
aus dem Gau Rhamnus --
deren Schreiber N. N. aus
dem Gau Oene war, (über-
nommen) von den vorigen
Schatz(meistern) ..

Vgl. ᾿Αρχ. ᾿Εφ. 1837 Dezbr. Nr. 27 (wo die beigefügte Erklärung des Bildes nicht auf dasselbe passt, sondern durch Confusion mit der hier Nr. 37 beschriebenen Vorstellung entstanden ist).

S. d. Abbild. T. III, F. 6.   (P.)

35) Fragment einer ähnlichen Stele zeigt eine der Arché oder Hestia in vorstehendem Denkmal sehr ähnlich drapirte Figur; nur dass das Ampechonion vom Kopfe fällt. Hinter ihr ein gehobener Arm — um sie zu kränzen? —   (P.)

36) Pallas Parthenos, gruppirt mit einem Volksheros, Stelen-Relief in tüchtigem Styl, worunter eine Urkunde geschrieben war. Die Bildfläche unter Krönung und zwischen Anten-Rahmen etwa 15″ hoch; die Figuren im Umriss wohl erhalten; Gesichter und einzelne Theile beschädigt. Platte und Wulst unter dem Relief sind nur an der rechten Seite unter der Figur der Pallas erhalten und hier sitzt auch noch ein kleines Stückchen aus der Inschrift darunter. Rechts steht Pallas, linkshin gewandt, behelmt, Locken im Nacken, die Aegis auf der Brust mit kleinem Gorgokopf in der Mitte, gekleidet in den Doppel-Chiton, der auf dem Standbein (dem rechten) Steilfalten bildet, das linke, beigebogene, umschmiegt; sein auf die Schenkel fallender Ueberschlag unterhalb der Aegis übergürtet, und des Ueberschlags kleine unter den Achseln hängende Seitenmassen umgelegt in's Gürtelband geschoben. Die Arme blos. Der linke ist herabgelassen an den obern Rand des grossen Schildes, das, auf der Erde stehend, vor die zurückgelegte linke Wade und Ferse gelehnt ist. Der r. Arm, mit dem Ellbogen an die Standhüfte gestemmt, ist hinausgehalten, auf der Hand das Idol der geflügelten Siegesgöttin. Unter diesem Arm ringelt und streckt sich vom Boden empor die heilige Schlange, mit dem Kopf nah unter der Handwurzel und Hand der Göttin. Links, der Göttin zugewendet, und dicht vor ihr, steht eine würdige Mannesgestalt, halb umhüllt vom Himation, ruhend auf dem r. Bein und dem unter die l. Achsel gestützten, schräg vorgestemmten Stabe, das l. Bein gebogen, den Fuss hinter dem r. auf den Zehen; den r. Arm nach hinten unter den Rücken gelegt. Das Himation, um die r. Hüfte gezogen, lässt den Oberleib blos, kommt aber über die l. Schulter herab unter und über den Stab und den an ihm herabliegenden linken Arm, frei hängend unter der Hand bis an den Ringknoten, den die Schlange auf dem Boden schlägt. Der Inschrift-Rest enthält von der ersten Zeile das Wort ΑΡΧΟΝΤΟ(Σ) „Unter dem Archon" — —, von der zweiten und dritten je 4 undeutliche Buchstaben.

Vgl. *Ἀρχ. Ἐφ.* 1840, Jan. u. Febr., No. 382. Gefunden hinter dem Südflügel der Propyläen. S. d. Abbild. T. III, F. 5.

37) Pallas gruppirt mit einem bärtigen Manne, Stelen-Relief, zarterhoben, in gutem, gefälligem Styl; worunter eine Inschrift, nacheuklidisch. Links steht Pallas, nach rechtshin profilirt, den attischen Helm auf dem Haupte, die schmalzugeschnittene Aegis auf der Brust, den Chiton an den Schultern gefibelt, welcher das r. Bein in Steilfalten deckt, vom vorgesetzten linken das Profil zeichnet. Der Ueberschlag, der den r. Arm ganz blos lässt, fällt unter, hinter und vor demselben in mehreren sich umlegenden, leichtfaltigen Vertikal-Massen tief am Chiton herunter. Die Rechte mit an der Hüfte liegendem Ellbogen ausgestreckt, fasst die Hand des vor ihr stehenden Mannes. Ueber dem r. Unterarm der Göttin erscheint die linke Faust im Schilde, der, gross und rund, an die linke Seite geschlossen, vor und hinter dem Profil der seine Mitte deckenden Figur der Göttin mit seinem Randbogen heraustritt. Der Mann, etwas kleiner als Pallas, mit unbedecktem Haupt, die linke Seite, die er bietet, umhüllt mit dem Himation, dessen Ende über den linken Ellbogen herausgeschlagen ist, hat den r. Arm entblöst, die Hand in der Rechten der Göttin. Unter dem Bande, welches oben das Relief abschliesst, stehen die Buchstaben (ΚΙΟΣ nach Pittakis, nach Müller:) ΣΚΙΟΣ, der letzte über der Stirn des Mannes. Vor diesen Buchstaben wäre nur noch für zwei, höchstens drei vorhergehende Raum, deren erster dicht am Helm der Göttin stehen würde. Unter dem Relief steht

auf dem Sockel-Bande:

. ΩΤΙΩΝΕΓΡΑΜΜΑΤΕΥΕΝΕ . . .   (S)otion war Schreiber, der E(leu

. . ΝΙοΣ   si)nier.

dann ein Wulst, worunter:

. . . ΛΛΙΑΣΑΓΓΕΛΗΟΕΝΗΡΧΕΝ   (Ka)llias aus dem Gau Angele war Archon.

(Ol. 100, 4. V Chr. 3$\frac{77}{80}$.)   Gefunden bei den Propyläen.   (P.)

Vgl. *Ἀρχ. Ἐφ.* 1837, Dezbr. (Januar), Nr. 24.

38) Pallas in bewegter Stellung; vor ihr ein Mann, Stelen-Relief (zwischen Anten-Rahmen) von guter Arbeit. Bildfläche 7″ hoch. Rechts Pallas en face, den Schild an der L., in der R. eine — Fackel? lebhaft nach linkshin bewegt gegen den bedeutend kleineren Mann, der, die Arme in's Himation gehüllt, ihr zugekehrt steht. Ueber dem Relief im Architravband, oberhalb der Figur der Göttin, ist noch zu lesen: ΑΝΘΥΟΣ. — (Weihgeschenk für einen Sieg im Fackellauf?)   (P.)

39) Pallas, gegenüber einem Anbeter, Stelen-Relief (rechts ist noch die Ante, die den Rahmen macht und darüber Architrav und Sims, als oberer Rahmen, erhalten). Bildfläche über 11″ hoch. Rechts Pallas mit attischem Helm, im gegürteten Doppelchiton, die Brust von der Aegis umhüllt, die Arme blos, den linken herabgelassen mit der Lanze, den rechten, indem sie sich linkshin wendet, gebogen über einem kleinen begiebelten Altar oder Cippus. Links, dicht am Altar, ist noch Fuss, Waden und Knie eines kleinen Mannes übrig.

(Z. h. P.)

40) **Pallas, gegenüber einem Sieger,** Stelen-Relief von später Arbeit, ziemlich 1 Fuss hoch. Links **Pallas**, nach r. profilirt, im Helm, langen Chiton, die L. auf dem Schild, der am Boden steht. Rechts ein kleiner **Krieger**, nach ihr blickend, die L. herabgelassen auf seinen Schild, in der R. etwas den Rand vom Schilde der Göttin Berührendes (Schwert? Siegerbinde?). Ueber ihm ein **Arm, der ihn kränzt.** (H. P.)

   Vgl. Nr. 41 a. 48.

41) **Fragmente verwandter Darstellungen:**

   a) Rest einer Stele (zwischen Anten, unter Krönung). Obertheil einer **kränzenden Figur.** Am Architrav: . . . . OY ΘΑΣΙΟΙΣ (. . den **Bürgern von Thasos**). (P.)

   b) Rest einer Stele (zw. Anten, unter Krönung). Rechts ein **bärtiger Mann** im Mantel, stark vorgelehnt auf seinen Stab. Vor ihm **Waffen** am Boden zusammengestellt. Die linke Seite vom Bilde (Pallas?) fehlt. (P.)

   c) Rest einer kleinen Stele: Rechts **Pallas**, nach l. profil., im Chiton, den Schild am Boden, die Rechte aufgebogen (Hand fehlt). (H. P.)

   d) Rest einer Stele, in flachem Relief und sehr anmuthigem Styl, blos ein Theil von der Figur der **Pallas**, die über 1′ hoch war, erhalten. Sie ist von r. n. l. profilirt. Der am Boden stehende Schild lehnt am l. Schenkel und bedeckt das ganze linke Bein, dessen etwas zurückgesetzter Fuss mit Sandale unten aus dem Schildrande hervor sichtbar wird mit einer faltigen Chiton-Masse über und auf ihm. Die l. Hand ist leicht an den oberen Schildrand gelegt, der feingeformte Arm entblöst. Von der Achsel herab fällt ein schmales Stück des zartfaltigen Chiton, welcher auch an der linken Brust und unter ihr, zusammengezogen um ein inneres Gürtelband, leichte Massen bildet, die in linder Faltung hängen und fallen. Obgleich Kopf und Hals und der ganze vordere Contur fehlen, fühlt man doch das Motiv der Gestalt mit Sicherheit durch, welche, auf dem rechten Bein ruhend, sich in's Kreuz lehnend, das Haupt etwas neigend vorgestellt war. (Vgl. Ἀρχ. Ἐφ. 1839, Jun. Jul. Nr. 252). Gefunden an der Westseite des Parthenon. (Z. h. E.; dann P.)

42) **Pallas mit drei andern Figuren in einer religiösen Verrichtung,** Stelen-Relief (zw. Anten, unter Krönung), über 1′ h., 1¼′ br. Links die Göttin: vor ihr eine weibliche und eine männliche Gestalt, beschäftigt einer zwischen ihnen stehenden kleineren etwas auf den Kopf zu legen. Styl nicht schlecht. Oberfläche sehr beschädigt. **Pallas** nach rechtshin profilirt, behelmt (aber Helm und Gesicht zerstört), im Doppelchiton mit Aegis, ihren Schild an den Boden gesetzt. Zwischen ihren beiden vor sich gehaltenen Händen etwas Heraus- und an die Hand Zurückgebogenes — Schlange? **Binde?** — Dann eine **Frau**, in langem Chiton, das Himation um den r. Schenkel hinauf nach der linken Hüfte und Arm geworfen, rechtshin gewendet, den rechten Arm aufgebogen zu dem Gegenstande, der sich auf dem Kopf der kleineren **jugendlichen Gestalt** befindet. Diese steht en face, den r. Arm herabgelassen, vom Himation unter der Brust und an der l. Schulter umhüllt. Rechts ein **Mann**, dessen aufgebogene Rechte ebenso den Aufsatz auf dem Kopfe der kleinen Gestalt berührt. Der Mann hat das Himation um den Schos, linken Arm und linke Schulter. Die kleine Figur, beschädigt, besonders das Gesicht zerstört,

scheint, bis unter die Brust entblöst, eher ein Knabe als Mädchen. Was ihr auf den Kopf gesetzt oder gelegt wird, hat den Umriss eines flachen Giebelchens oder eines Rhomboiden — zusammengelegtes Tuch? bedeckter Korb? (H. P. — P.)

43) Pallas gruppirt mit zwei Frauen, Stelen-Relief in gefälligem Styl, beschädigt. Rechts Pallas, im Diploidion, die Aegis hinten herab, die Linke herabgelassen auf den Schild, den r. Arm emporgehoben. Links eine Frau en face, auf ihre l. Schulter lehnt sich mit dem r. Ellbogen eine junge Frau, das Himation unter der Brust herumgenommen. Unter Pallas eine verloschene Inschrift.

44) Pallas, gekränzt von Herakles, steht hinter einem Thronenden, Stelen-Relief (zw. Anten, unter Krönung) in gutem Styl. Ueber den Figuren im Architrav die Namen. Bildfläche gut 1' hoch; von der Breite 1' erhalten; aber die l. Seite des Ganzen, ziemlich die Hälfte, fehlt. Rechts Herakles, nach l. profil., nackt, ruhend auf dem l. Bein, das r. dahinter gesetzt; über dem gebogenen l. Arm das Löwenfell; in der Hand die njedergehaltene Keule; die R. emporgebogen mit einem Kranz, den er der Göttin von hinten auf's Haupt setzt. (Ueber ihm im Architrav: ΗΡΑΚΛΗΣ). Pallas, mit gleicher Wendung linkshin, im Doppelchiton, mit kleiner Aegis auf der Brust, ruht auf dem r. Bein, an's eingebogene linke den Schild gelehnt, der am Boden steht, die l. Hand darauf herabgelassen. Die R., emporgebogen, hält, scheint es, eine Sieger-Binde. Es ist nahe hinter dem Thronenden, hinter der Rückseite seines Hauptes, dass dieser Arm der Pallas sich emporbiegt, die haltende Hand ist einwärts gebogen. (Ueber der Göttin im Architrav: ΑΘΗΝΑ). Der Thronende, nicht ohne Grossartigkeit in den Formen und der Ruhe des Motivs, hat den linken Arm über die Rücklehne des Thronsessels hinaus in den Ellbogen gelegt. Sein Gesicht und der ganze vordere Contur samt den Beinen fehlt mit dem Rest dieser l. Seite vom Bilde. Indessen sieht man, dass er ruhig vor sich hin sah, am Hinterkopfe, der mit Haar und einem Theil des Bartes erhalten. Seine breite Brust ist entblöst; das Himation liegt nur um den l. Ellbogen unter der l. Achsel auf der Rücklehne des Throns und geht vom Rücken an die l. Seite hervor nach dem Schose. Vom Namen über ihm ist nur noch ⊣ΜΟΣ übrig. Demos? Zeus Pandemos? Sehr wahrscheinlich hatte dieser Thronende auch vor sich zwei Figuren, oder wenigstens eine.

Gefunden bei der zerstörten Dimitri-Kirche in der Stadt-Gegend Boria. (Cu.)

Vgl. Ἀρχ. Ἐφ. 1839, Sept. Okt., Nr. 298.

45) Relief eines runden Basaments oder Altares: Pallas im Doppel-Chiton, ein grosses, rundes Schild an der L. (G.)

b) Figuren aus dem Kreise der Pallas.

46) Pandrosos und Erichthonios (?) Statuen-Gruppe über Naturgr. von Pentel. M. im edeln attischen Styl (Kopf und rechter Arm der weiblichen Statue fehlen, auch vom linken Arm ein Stück samt der Hand; dem Knaben fehlen Arme, Schos und Beine; auch ist sein Gesicht zerstört). Gestalt und Gewandung der Jungfrau oder Göttin ist den Karyatiden des Erechtheion verwandt. Sie ruht indessen bei gestreckt aufrechter Haltung ziemlich gleichmässig auf beiden

Beinen. Ihr Chiton mit unübergürtetem Ueberschlag und Zone bildet an der l. Seite gleiche, tiefe Steilfalten; an ihr rechtes Bein lehnt sich mit seinem Rücken der Knabe, dessen Kopf sich in ihre Weiche und die linke Schulter in ihren Schos drückt, während seine rechte Brust und Seite sich herauswenden. Seine (fehlenden) Beine müssen, das rechte gestreckt, das linke etwas auswärts in's Knie gebogen, das Gewand der Göttin um ihr rechtes Schienbein und den Fuss sichtbar gelassen haben; da die Chitonfalten, die nach dem Reihen dieses Fusses und um ihn fliessen, ausgearbeitet sind. Hals und Arme der Göttin sind blos. Das Ampechonion umhüllt die Rückseite der Ellbogen und liegt über die Schultern herein in leichtbauschigen Enden auf dem Chiton-Ueberschlag, den die Brust hebt. Der l. Arm, mit dem Oberarm anliegend, ist herauf gegen die Brust gehoben, die (fehlende) Hand muss ein Geräth oder Symbol gehalten haben. Der r. (fehlende) Arm war herabgelassen an den Kopf des Knaben oder an seinen r. Arm.

Gefunden in der Batterie am Unterbau der Propyläen. (V.)

S. d. Abbild. Taf. IV, Fig. 7.

47) Nike? kleiner Tors, 10″ h.; Kreuzband über die Brust (wohl für die Flügel); breiter Gürtel (worin drei Löcher).

48) Nike vor einem Ross, Bruchstück von einem Sieges-Relief in zartem Styl. Erhalten blos der Flügel und der Arm der Nike, der rechtshin einen Kranz hält, und das hintere Stück von einem ihr entgegenspringenden Rosse. (P.)

49) Fragment eines colossalen Flügels mit einem grossen Verbindungsstück an der obern Einbiegung seines Ansatzes. (Z. h. E.)

Das ist es denn zunächst, was wir von Darstellungen der Stadt- und Volksgöttin der alten Athener und solchen der ihr nah verbundenen Nike in Athen erübrigt sahen. Einige Reliefdarstellungen von Viktorien im schönsten Styl eignen sich, da sie ursprünglich bei dem Tempel der Siegesgöttin angebracht waren, der abgesonderten Betrachtung, welche Athens architektonische Denkmäler mit ihren Sculpturen verdienen. Für die grosse Epoche der attischen Plastik, welche der im vorigen Abschnitt besprochenen Periode folgte, bleiben diese noch erhaltenen Sculpturen von den Tempeln die Hauptzeugnisse. Dagegen die im Vorstehenden angeführten Statuen und Reliefbildungen der Pallas, und was demnächst von andern Götterdarstellungen zu nennen sein wird, ist weder an Werth jenen Tempelsculpturen gleich, noch überhaupt so charakteristisch für die Periode der blühenden Plastik, als es für die ältere die im ersten Abschnitt hervorgehobenen Beispiele waren. Zwar sind unter den beschriebenen Reliefs zwei (31 u. 32) urkundlich aus der Zeit des Peloponnesischen Krieges, und von gleichem oder möglicherweise etwas früherem Alter die zwei vor ihnen genannten (29 u. 30), stehen also der Zeit des grossen attischen Styls ganz nahe; aber theils haben sie zu viel gelitten, um etwas Erhebliches vor Augen zu stellen, theils waren sie ursprünglich nur untergeordnete Anwendungen der gleichzeitigen Sculptur. Man könnte diese über Psephismen angebrachte Reliefs mit Bücher-Vignetten vergleichen, die nicht immer von grossen Künstlern herrühren. An ihnen und unter dem übrigen Aufgezählten finden sich wohl, wie bemerkt, theils edle, theils anmuthige Motive, aber für solche hat sich im Alterthum eine treffliche Schule durch Jahrhunderte fortgepflanzt. So ist auch der grösste Theil der Statuen, Torse, erhobenen Arbeiten, die dieser Abschnitt nahmhaft machen kann, von der Art, dass seine mögliche Entstehung noch unter den römischen Kaisern sich nicht leugnen, bei einzelnen, dass sie der gesunkenen Kunst angehören, nicht verkennen lässt. Und wenn von jenen auch einige immerhin der macedonischen und noch früheren Zeit angehören können, so tritt doch keine prägnante Originalität an ihnen hervor.

Unter den bis hieher verzeichneten Statuen ist am meisten im Charakter des grossen attischen Styls die Göttin mit dem Knaben (Nr. 46, Taf. IV, F. 7). Gleiche Gewandung ist bei Jungfrauen des Parthenonfrieses, bei Göttinnen im Fries des Nike-Tempels zu bemerken. Gewicht und Haltung der Gestalt hat die ruhige Festigkeit, so wie die Massentheilung die sichere, warme Breite, deren Muster aus der Schöpfung des Phidias hervorgingen. Ihre Eigenschaft der Schützerin und Pflegerin ist bündig und schön ausgedrückt durch das Verhältniss der in sie gelehnten und zugleich bewegten Stellung des Knaben zu dem Gleichgewicht ihres ihn haltenden und überragenden Standes. Müller hat ihr den Namen der Pandrosos gegeben, jener Tochter des mythischen Königs Kekrops, welche nach der Legende den Knaben Erichthonios, den wunderbaren Stammvater der altathenischen Bürger und Schützling der Göttin Pallas, aufgezogen hatte und darum Tempelgenossin der Pallas Polias war. Mir ist jedoch eine andere Benennung wahrscheinlicher. Man hat diese Gruppe im Frühjahr 1836 beim Abbruch der türkischen Batterie gefunden, welche erweiternd an die antike Schanze, die den Unterbau des Niketempels bildet, angebaut war (Kunstbl. 1836, Nr. 56, S. 224). In dieser antiken Schanze, unten in ihrer äusseren (westlichen) Seite sind die beiden viereckigen Nischen, die der Demeter Chloe und der Ge Kurotrophos, d. i. der Jugendpflegerin Erde geweiht waren. Der Dienst der Letzteren ward von Erichthonios hergeleitet und stets, wenn den Burggöttern geopfert wurde, erhielt sie hier am Aufgange zur Burg auf der Platform vor ihrer Nische den Voropfer. Beide Nischen gewähren Raum für Statuen, indem sie 7 Fuss Höhe haben, und von ihrer Breite der Pfeiler, der sie theilt, bei jeder über viertehalb Fuss offen lässt. Da nun ganz in der Nähe dieser Nischen in derselben Batterie, in der auch Architektur-Stücke und Sculpturen des über ihnen befindlichen Niketempels verbaut waren, unsere Statue gefunden und dieselbe, wie man sie auch nenne, sichtbar eine Jugendpflegerin ist, kann die Vermuthung nicht kühn heissen, dass sie ursprünglich in derjenigen dieser Nischen, welche der Jugendpflegerin Erde gehörte, aufgestellt und also Ge Kurotrophos ihr Name war. Es macht dann keinen Unterschied, ob man den Knaben Erichthonios nenne oder den Athener-Knaben ein für allemal darin sehe. Da Erichthonios, welcher ein Sohn der Erde hiess, als mythischer Stammheros das gesammte attische Volksleben vorbildlich vertrat, so auch seine göttergehütete Jugend das heilige Vorbild für die Beschützung war, die man für die jeweilige Volksjugend sich von denselben Gottheiten verhiess, so behält die Bedeutung der Knabengestalt auch bei dieser besondern Benennung dieselbe allgemeine Beziehung auf die gesammte attische Volksjugend. Es bildet gegen die Nennung Erichthonios hier keinen Einwand, dass als Pflegerinnen seiner Kindheit die Töchter des Kekrops, insbesondere Pandrosos, in der Legende genannt werden. Auch jeder Sterbliche hatte ja seine besondere nährende Mutter, Amme, Pflegerin, ohne dass dies die Alten hinderte, die Heimat-Erde begreif-

licherweise seine Nährerin und Pflegerin zu nennen. Aus dem Schose der Erde hatte nach dem Mythus die Jungfrau Pallas das Erichthonioskind aufgenommen, als sie es den Kekrops-Töchtern zur
Pflege übergab, und er war es, nach der Legende, gewesen, der, herangewachsen, den Altar der ju-
gendpflegenden Erde, natürlich zum Danke, gestiftet hatte. Die in gleichmässiger Stellung der Füsse
geradaufgerichtete Standfestigkeit unserer Statue passt ganz für eine Göttin der Erde, welche bei den
Alten die Unbewegliche, die sichere Trägerin der Sterblichen und Unsterblichen hiess. Und sie ist
hier personificirt und vergöttlicht in ihrem Verhältnisse zu den Menschen, gleichwie sie es in ihrem
Verhältnisse zum Himmel in einem Weihbilde der Akropolis war, welches sie zu Zeus um Regen
flehend vorstellte.

Wenn dieses tüchtige Werk — was wenigstens möglich ist — aus der Schule des Phidias herrührt, so gesellt es sich jenen derselben, die uns das Glück wiederfinden liess, während wir ihre Exi-
stenz, wie dies auch bei den herrlichen Friesen des Parthenon, Theseion, Niketempels der Fall ist,
bei keinem der Schriftsteller, die von dieser Schule oder Athens Kunstwerken reden, erwähnt gefunden hatten. Umgekehrt, hat uns, die Parthenon-Giebel ausgenommen, von den Hauptwerken des
Phidias, die wir aus Schriftstellern kennen, die Zeit kein Ueberbleibsel gegönnt; es müsste denn ein
an sich sehr geringes, nämlich der besägte kleine Elfenbeinwürfel, der (1836) im trümmervollen
Schutte unter dem Südosteck des Parthenon gefunden ist, ein Abschnitzel jener Elfenbeinstücke sein,
die Phidias zur Ausführung der colossalen Parthenos verwendete. Die Vorstellung, die uns vom Olympischen Zeus des Phidias Beschreibungen und relative Nachbildungen auf Münzen und in Gemmen
gewähren, ist lange nicht so bestimmt, als zu wünschen wäre. Von den acht Statuen der Pallas in verschiedener Grösse und Material, die von ihm erwähnt werden, sind wir nicht einmal im Nachbilde irgend eine mit einiger Wahrscheinlichkeit nachzuweisen im Stande. Versucht hat man es wohl für
seine Parthenos. Man hat ein Nachbild derselben suchend entweder auf die von Velletri gerathen
oder auf jene Albanische, deren Gestalt und Gewandung einer im Museum zu Neapel und der Hope'-
schen in England und einer in Paris befindlichen gleich ist. Allein der Charakter und die Behandlung
der Velletrischen, besonders die Anordnung und Faltung des Gewandes, ist entschieden von einer
späteren als der Phidiassischen Weise. Das Vorbild der Albanischen aber kann man umgekehrt vor
Phidias entstanden glauben. Der Kopf der Albanischen, mit einem Thierfelle bedeckt, von einer in-
dividuellen, etwas harten, wenig anmuthigen, doch kräftigen Zeichnung ist ohne Zweifel ursprüng-
licher, als die allgemeiner und in späterer Weise gehaltenen Köpfe der Neapolitanischen mit attischem,
der Pariser mit korinthischem und der aufgesetzte der Hope'schen mit restaurirtem Helm. Ist demnach
die Albanische als das treuere Nachbild eines Typus anzusehen, den diese andern freier wiedergeben,
so ist sie diejenige unter ihnen, an die man sich halten muss, wenn man über die Entstehungszeit dieses Typus urtheilen will. Um nun in ihr ein Nachbild jener colossalen Pallas Parthenos zu sehen,
die Phidias aus Gold und Elfenbein gearbeitet hat, müsste man nicht nur auf ihrem Haupte anstatt des
Thierfelles den Helm mit der Sphinx darauf und mit Greifen an den Seiten, sondern vornehmlich in
der Bildung ihres Angesichtes dem gemäss, was wir vom Style des Phidias lesen und an den Parthe-
nonsculpturen sehen, mehr Grossartigkeit und Adel der Form erwarten. Stellen wir uns unter die
Eindrücke, die wir von der plastischen Physiognomik der nächsten Perioden vor und nach Phidias

haben, so tritt die Gesichtsbildung dieser Albanischen Statue in ein näheres Verhältniss zu den ihm vorangegangenen, als den durch ihn entfalteten Bildungen. Man dürfte sich eher gefallen lassen, in ihr ein Werk des Phidias vor jener Blüthe seines Strebens, deren Vollendung in seiner Parthenos und dem Olympier leuchtete, oder die Arbeit eines dem Phidias gleichzeitigen, aber von der älteren Auffassung und Zeichnung noch weniger entfernten Künstlers, oder selbst die eines späteren, jedoch von Phantasie trockneren und der vorphidiassischen Typik verwandteren Bildners eher zu sehen, als des Phidias auf der Höhe seiner Meisterschaft. Wird doch, was dem Ausdruck der Albanischen Statue bei aller Tüchtigkeit und einer ungezierten Realität am meisten abgeht, die göttliche Grossheit und erhabene Milde gerade am stärksten als das Eigene der Götterdarstellung des Phidias von Mitwelt und Nachwelt gepriesen und von den noch übrigen Werken seiner Schöpfung bestätigt. Zulässiger ist daher auch die Vermuthung, dass die berühmte colossale Albanische Büste, die sich mehrfach wiederholt findet, den von Phidias gebildeten Zügen dieser Göttin entspreche, als die Hoffnung, in der bezeichneten Statue der Albanischen Sammlung oder ihren Seitenstücken ein Abbild seiner Parthenos zu haben. Bei keiner der Letzteren sind die Arme ganz, noch die Attribute übrig, wenn schon bei ihnen allen in gleicher Weise der linke Arm aufgebogen, der rechte dargehalten war, und somit möglich ist, dass, während die Linke den Lanzenschaft oben hielt, die Rechte so eine Nike trug, wie es bei der Hope'schen restaurirt worden ist. Die Gewandung dieser Statuen, der Peplos von der linken Seite umgenommen und nach der rechten gezogen, an welcher vertikal herab die offenen Säume hängen, stimmt wenigstens nicht überein mit den attischen Münzen, welche die Pallas mit Nike auf der Rechten, Lanze in der Linken darstellen. Sie ist auf diesen Münzen, die freilich erst der Kaiserzeit angehören, nur mit dem langen Chiton bekleidet, den auch Pausanias als Kleid der colossalen Parthenos allein nennt. So beut sich keinerlei sichere Anknüpfung für die Rückführung jenes Statuen-Typus auf Phidias. Auch konnte einem späteren Bildhauer unter allen Vorbildern, an die er sich für eine Marmorstatue der Pallas halten mochte, der 39 Fuss hohe, in seinen glänzenden Materialien reich ausgeführte Pracht-Coloss der Parthenos am wenigsten nahe liegen. Was aber die Beschreibungen des Letzteren betrifft, so ist die bei Maximus Tyrius nur skizzenhaft, die des Pausanias, nach seiner Gewohnheit, wortkarg, die von Plinius in seiner flüchtig und herspringenden Art. Bekannt sind uns die Verzierungen des Helmes, Schildes, der Sandalen und des Fussgestelles, dagegen ist unbestimmt gelassen, wie die Attribute vertheilt waren, auf welcher Hand die Statue die 6 Fuss hohe Nike hielt, in welcher die Lanze, an welcher Seite sich der Schild, an welcher die heilige Schlange sich befand[1]). In dieser Beziehung ist es nun interessant, dass uns ein attisches Relief erhalten ist (Nr. 36.

---

[1]) Maxim. Tyr. Dissert. 14 Th. I S. 260 R: „Phidias hat die Athene um nichts minder bedeutend im Kunstwerk als Homer in der Dichtung gebildet als eine schöne Jungfrau mit funkelnden Augen, von hoher Gestalt, begürtet mit der Aegis, den Helm auf dem Haupte, die Lanze empor-, das Schild niederhaltend" (Πάρθενον καλὴν, γλαυκῶπιν, ὑψηλὴν, αἰγίδα ἀνεζωσμένην, δόρυ ἀνίχυσαν, ἀσπίδα κατέχυσαν). Plinius 36, 5 s 4: Die allgerühmte Meisterschaft des Phidias zeigt sich auch in Nebensachen, die seinen schöpferischen Geist zu erkennen geben. Ich berufe mich nicht auf die Schönheit seines olympischen Jupiter, nicht auf die Grösse und Pracht seiner Minerva zu Athen, die, 26 Ellen hoch, aus Elfenbein und Gold besteht; sondern auf den Schild derselben, an welchem er aussen auf der gewölbten Seite der Amazonenschlacht, innen an der hohlen den Kampf der Götter und Giganten ciselirt hat, so wie an ihren Fusssohlen jenen der Lapithen und Centauren; so ganz erstreckte sich seine Kunst auch auf alle untergeordneten Theile. Am Fussgestell aber hat er die Geburt der Pan-

9*

Taf. III, Fig. 5), welches seinem Style nach wohl aus der Zeit herrühren kann, in welcher die Parthenos des Phidias noch unangetastet war, worin Pallas mit den Attributen der Letzteren vorgestellt ist. Das an dieser Stele von ihrer Inschrift erhaltene Wort: „Unter dem Archon" beweist, dass sie ein öffentliches Denkmal von der Art war, wie wir unter ähnlichen Reliefs Ehrendekrete, Volksbeschlüsse, Schatzrechnungen aus der Zeit des Peloponnesischen Kriegs und nicht viel späterer haben, auf die ich unten zurückkomme. Bei einer Staats-Inschrift solcher Art konnte leicht der Inhalt selbst dazu

---

dora ciselirt; da stehen zwanzig Gottheiten dabei. Vorzüglich bewundernswerth ist die Viktoria. Kenner bewundern auch die Schlange und unter der Spitze selbst die eherne Sphinx."

Pausanias 1, 24, 5 f: „Die Bildsäule selbst ist von Elfenbein und von Gold. Mitten auf dem Helm liegt eine Sphinx, an beiden Seiten des Helms sind Greifen in Relief. Die Göttin steht im langen, bis auf die Füsse reichenden Chiton. Auf ihrer Brust ist ein Medusenhaupt von Elfenbein angebracht; und (auf ihrer Rechten?) eine Nike von 4 Ellen Höhe; und in der (andern?) Hand hat sie die Lanze; und zu Füssen steht ihr der Schild; und nahe bei der Lanze ist die Schlange. Am Fussgestell der Statue ist in Relief die Geburt der Pandora gearbeitet." — Die Nike in der Hand der Statue erwähnt die Schatzmeister-Inschrift im C. J. I. p. 232, Zeile 40 der Inschrift. Ueber das Medusenhaupt von Elfenbein auf goldener Aegis s. Panofka Annali d. Inst. di Corr. arch. T. II, S. 111. — Uebrigens muss in der Stelle des Pausanias jedem die Unbestimmtheit und verbindungslose Stellung der Worte: „Und eine Nike von 4 Ellen Höhe" auffallen. Es ist nicht schwer, die Worte so zu bessern: καὶ Νίκη τε ὅσον τεσσάρων πηχῶν ἐν τῇ δεξίᾳ· ἐν δὲ τῇ ἑτέρᾳ χειρὶ δορὺ ἔχει; wie ich in der Uebersetzung dasselbe eingeschoben und eingeklammert habe. Aber diese Verbesserung ist nicht sicher. Es ist möglich, dass im Text des Pausanias die Nike gar nicht erwähnt war und diese Worte nur eingeschoben sind von einem Späteren, der wusste, dass die Parthenos ursprünglich eine Nike auf der Hand hatte. Pausanias schweigt ja auch vom Schmuck des Schildes und der Sandalen; während er doch beim Zeus-Coloss zu Olympia alles Derartige ziemlich ausführlich beschreibt. Es ist gewiss, dass Pausanias in dieser Parthenos nur zum Theil das Werk des Phidias, übrigens eine Restauration sah. Er selbst gibt an (1, 25, 7), dass der Tyrann Lachares (in der 120. Olympiade, 296 v. Chr.) den abnehmbaren Schmuck der Athene-Statue geraubt habe und einen bedeutenden Reichthum von solchen Plünderungen bei seiner Flucht mit sich genommen. Abnehmbar war aber, wie aus Thukydides bekannt, das Goldgewand der Göttin, und von der Nike versteht sich dies von selbst (S. d. Inschr. C. J. I, p. 232). Es wäre möglich, dass die Letztere unersetzt geblieben, bei der Restauration der Statue etwa der rechte Arm verändert und ihm die Lanze gegeben worden. Auch Maximus Tyrius spricht nicht von der Nike, nur von der emporgehaltenen Lanze, dem niedergehaltenen Schild. Plinius aber gibt nicht, was er sah, sondern in alten Schriftstellern aufgezeichnet fand. Uebrigens hat bei ihm die Erwähnung der Nike eine fast eben so auffallende und abgerissene Stellung, wie bei Pausanias, indem er vom Fussgestell sagt: indo Dii sunt viginti numero nascentes, Victoriâ praecipue mirabili. Periti mirantur et serpentem etc. Wenn man ihm auch das lächerliche nascentes nicht aufbürden mag und dafür entweder mit Ottfried Müller nascenti dona ferentes oder mit Letronne nascentes adstantes schreibt, und wenn man auch vor Victoriâ ein Punktum setzt, damit die Nike nicht an's Fussgestell verlegt werde, setzt dennoch diese Construction: „Während die Viktoria vornehmlich bewundernswerth ist, bewundern die Kenner auch die Schlange" — ein sehr desultorisches Betrachten des Ganzen voraus. Und was sollen endlich seine Schlussworte heissen: „und unter der Spitze selbst die Sphinx." Hier scheint, wie die Viktoria von der Hand an's Fussgestell, so die Sphinx vom Helm unter die Lanzenspitze versetzt zu werden. Schreibt man mit Thiersch: Sub cristae cuspide „unter der Spitze des Helm-Kammes (Busches)", so erscheint der Ausdruck: „Spitze" unnöthig und eher verwirrend; da das Einfache sub cristâ deutlicher wäre. Der andere Gedanke von Thiersch, dass nicht nur auf dem Helme, sondern auch bei den Füssen der Statue eine Sphinx gelegen, auf welche die Lanzenspitze sich gesenkt, ist unglücklich. Niemand spricht hier von zwei Sphinxen; das Senken der Lanze ist mit der Angabe des Maximus Tyrius im Widerspruch, und neben Schild, Schlange und Lanze noch eine Sphinx bei den Füssen der Statue anzubringen, wäre wohl ein entstellender Ueberfluss. Panofka schreibt: Periti mirantur et serpentem sub ipsa cuspide aeream ac sphingem. „Die eherne Schlange unter der Spitze selbst und die Sphinx." Auch dies halt' ich für unzulässig. Denkt man sich die Lanze gesenkt, so kann die Schlange „unter der Spitze selbst" gelegen haben; die Göttin konnte doch nicht auf ihren Schützling, die heilige Schlange, stechen. Denkt man sich, wie Panofka will, die Schlange um die Goldlanze der Göttin gewunden, so müsste dieselbe den Worten gemäss hinaufgeschlängelt gewesen sein bis ganz unter die Spitze der Lanze, die doch mindestens so hoch war, als der Helm der Göttin. Das wäre sehr hässlich. Annehmlicher ist immerhin die erste Emendation von Thiersch; indessen was der Vieles rasch zusammenraffende Plinius gemeint, hier, wie öfter, ungewiss.

auffordern, in diesem zu ihrem Schmuck verlangten Relief die Göttin gerade nach dem Bilde der Parthenos vorzustellen, in deren Tempel ja der Schatz des Staates niedergelegt war, auch Ehren-Denksteine und Verträge Platz fanden, nach diesem Bilde der Parthenos, welches ja die bedeutendste Darstellung der Pallas in der Eigenschaft der attischen Staatsgöttin war. Wie gesagt, finden wir wirklich die Haupt-Attribute des Bildes von Phidias, den niedergesetzten Schild, die Nike auf der Hand, die grosse Schlange bei unserer Relieffigur, und ihr Gewand ist der lange Chiton, so wie auf der Brust in der Aegis auch das Medusenhaupt, obwohl nur klein gezeichnet, nicht fehlt; und ihr Helm ist der attische, wenn schon die abgestossene Oberfläche nicht mehr erkennen lässt, wie er verziert war; wie denn auch solche engere Ausführung sich der Bildner des Reliefs bei dem beschränkten Maassstabe erlassen konnte, ohne dass darum die Absicht, an die Göttin des Parthenon zu erinnern, dahinfiel. Vermisst wird die Lanze, die aber an der linken Seite durch die am Schildrand herabliegenden, etwas geöffneten Finger gegangen sein kann. Der Arm ist, da, wo sie schräg an ihm hinaufgehen müsste, abgeschürft. Dann würde auch hierin, so wie wirklich in der Stellung, der Haltung, dem langen Doppelchiton, der Seite und Lage des Schildes und der an ihn herabgelassenen Linken, dem Darhalten der Nike auf der Rechten, und selbst der Neigung des Kopfes mit Helm und Helmkamm, unsere Relieffigur übereinstimmen mit jenem Pallas-Typus der Seleukiden-Münzen, von welchem Ottfried Müller bemerkt hat, dass er wahrscheinlich ein zu Antiochia befindliches Nachbild der Parthenos des Phidias wiedergebe [1]). Die Figur nämlich dieser Münzen, die in den genannten Punkten so sehr unserer Relieffigur entspricht, hält die Lanze etwas schräg und hinter sich in ihrer zugleich am Schilde ruhenden Linken.

Man hätte dies für die Parthenos des Phidias ohnehin voraussetzen müssen, dass sie die Lanze in der Linken hatte, da die Nike, die auf die Rechte gehört, hier keine schickliche Verbindung von Hand oder Arm mit der Lanze zuliess. Man mochte aber eher voraussetzen — und die, welche die Albanische und ihre Seitenstücke für Nachbilder jener nahmen, haben es vorausgesetzt — dass die Lanze von der an ihr emporgreifenden Linken senkrecht gestellt war. Dann aber war der niedergesetzte Schild in keiner guten Verbindung mit der Statue. Die Linke konnte ihn nicht halten; ihn hinter der aufgestemmten Lanze, oder zwischen ihr und dem Gewand an's linke Bein zu lehnen, wäre entweder ganz gezwungen oder doch unmotivirt und dazu so ausgefallen, dass nicht, wie doch überliefert ist, seine innere sowohl, als äussere Seite sichtbar blieb. Ihn aber abwärts von der linken Seite der Statue an einen schmalen Pfeiler etwa anzulehnen, wäre unplastisch, da er dann als Werk für sich und herausfallendes Accidenz erschiene. Gewöhnlich hat man daher auch angenommen, der Schild habe an der rechten Seite und zwar so gestanden, dass der Arm, welcher die Nike trug, auf ihm ruhte. Freilich musste die Rechte, auf welcher diese goldschwere Nike von mehr als gewöhnlicher Lebensgrösse lastete, eine Stütze haben. Aber den Schild? — Abgesehen von der übertriebenen Höhe und Grösse, die er dann hätte haben müssen, würde er einen höchst unschicklichen Anblick gewährt haben. Da in Wirklichkeit niemand einen Schild zu solchem Zwecke brauchen wird, um eine Hand, die etwas trägt, oder den Armrücken darauf zu stützen, da der Schild weder selber, ungehalten, stehen,

---

[1]) Antiquitates Antiochenae I, 24 ann. 7. II, 16.

noch eine andere als schneidende Unterlage bilden kann, erst also künstlich unter den Arm geschoben, dann von ihm balançirend gehalten werden und bei der geringsten Bewegung darunter weg rutschen und fallen müsste, so würde diese Einrichtung, als Geständniss eines blos mechanischen, der todten Masse dienenden Zwanges, nothwendig auf die Gestalt ertödtend zurückwirken. Sie wäre sichtbar ein Gerüst, das Andere zusammengeschoben haben, und das sich nicht rühren darf. Es ist daher Beides besser, was unser attisches Relief darstellt, dass nämlich der Schild am obern Rande von der Linken gehalten ist, und dass die Rechte von der Schlange gestützt wird, welche sich von einem Knoten, den sie am Boden schlingt, emporwindet zur Hand ihrer Herrin und mit dem Kopfe unter die Handwurzel schmiegt. Auf unserem Relief kommt sie ihr nur ganz nahe, ohne sie wirklich zu berühren; denn für seinen Zweck genügte das Wiedergeben des inneren Motivs, dieser Traulichkeit, mit der das heilige Thier nach der Rechten seiner Herrin sich emporringelt; des äusseren, der Stütze, bedurfte es hier nicht; man sieht aber deutlich daran, wie ungezwungen sich beide verbinden konnten und das Letztere im Eindruck des Ersteren sich verbergen liess. Denn es ist die Art der Schlangen, dass sie schmeichelnd sich strecken und den Kopf andrücken; und die gefällige Schwingung ihrer Aufrichtung ist am weitesten entfernt von der steilen und starren Linie einer blos mechanischen Stütze.

Bei dieser Anlage sind beide Attribute, Schild und Lanze, natürlich und wirklich mit der Figur verbunden, und doch so, dass sie selbst dadurch in keiner Weise beengt oder behindert erscheint. Man kann sich auch nach Anleitung unseres Reliefs das Gleichgewicht der colossalen Parthenos recht gut vergegenwärtigen; wenn man nur in Anschlag bringt, dass das Relief ihr Stellungs-Motiv der Deutlichkeit halber etwas weniger geschlossen gibt und mehr aus dem Profil in die Breite gerückt hat. Während sie auf dem rechten Beine ruht und an seine Hüfte den Arm stemmt, dessen Hand die Nike trägt, so nach dieser Seite sich senkt, und desswegen, so wie im natürlichen Hinblicken auf ihre Nike, auch das Haupt dahin neigt, schiebt sich das entlastete linke Bein in leichter Biegung vor, von ihm aber der Schild und die Lanze, bequem gehalten, nach rückwärts; wodurch ein Gegengewicht gegen die Senkung der rechten Seite entsteht. Dadurch kommt es auch, dass beide Seiten des Schildes sichtbar werden; die eine besonders, wenn man an der Seite der Statue, die andere, wenn man, diagonal dem ersten Standpunkt, hinter ihr steht. Es ist bekannt, dass der Rücken der Statue frei war und noch hinter ihr in der Cella Raum blieb. Die schräge Linie der Lanze divergirt, oben, wo ihre Spitze hinausragt, mit der Neigung des Hauptes, balancirt sie gleichsam und macht sie lebendiger. Das Ganze wiegt sich nach allen Seiten in fasslichen Gegensätzen, deren Linien nach der Mitte der Figur in einen und denselben Schwerpunkt zusammengehen.

Bei Pausanias steht: „Nahe bei der Lanze ist die Schlange." Dies allein scheint nicht gut vereinbar mit der Stützung der Rechten durch die Schlange, während die Lanze in der Linken ist. Indessen musste, nach der Zeichnung unseres Reliefs und der Seleukiden-Münzen das untere Schaft-Ende der schräg gehaltenen Lanze vor dem linken auf die Zehen gesetzten Fusse stehen. Hier konnte sich der Schwanz der Schlange herumschlingen, im Bogen vor den rechten Fuss ziehen, und von da im Knoten ihr Leib sich aufrichten. Auch so freilich befindet sie zum grösseren Theil sich auf der der Lanze entgegengesetzten Seite. Aber es war 600 Jahre nach Errichtung der Colossalstatue, dass Pausanias sie sah, im fünften Jahrhundert nach dem Abbruche, den ihr der Tempelräuber Lachares gethan. Wie manche Restauration mag seitdem nöthig gewesen sein! Wie ich im Vorhergehenden mit Rücksicht auf den Text des Pausanias selbst angemerkt, lässt sich zweifeln, ob er die Nike noch sah; die Schlange konnte verringert, die Lanze in die Rechte gebracht sein. — Auch auf dem Relief-bruchstück Nr. 29 im einfachstrengen Styl lässt Pallas mit der L. den Schild nieder, und von ih-rem Fusse auf bäumt sich vor ihrem Chiton die Schlange. Dessgleichen ist unserem Relief im Motiv, Zug des Chiton-Ueberschlags, in der Schildhaltung sehr ähnlich, nur feiner ausgeführt, das anmuthige Bruchstück Nr. 41 d. Und im Allgemeinen findet sich bei den Reliefdarstellungen dieser Art, dass Pallas die Lanze in der Linken hat, als das Gewöhnlichere. Indem ich auf diese Stelen-Vorstellungen unten zurückkommen muss, wende ich mich zunächst wieder zu den Statuen dieser Göttin. Auch un-ter diesen ist Nr. 25 vergleichbar mit der Parthenos unseres Reliefs nicht im ganzen Charakter, aber in der Gewandeintheilung, welchergestalt dieselbe durch die Stellung bedingt wird, und in der Be-handlung des Chiton-Ueberschlags. Der letztere hängt hier ebenfalls unter beiden Achseln locker hin-unter über das unter der Brust ihn gürtende Band, dann ziehen unter demselben diese Seitenmassen sich wieder ein bis über das Band hinauf und sind mit diesem umgeschlagenen Theil von oben in das Band gestopft. Variirt findet dasselbe bei Nr. 23 statt. Es ist mit solchen Motiven in der Plastik der Alten, wie in ihrem Versbau und ihrer Musik, wo sie sich ebenfalls mit leichter Manichfaltigkeit und wechselnder Combination der einzelnen Theile innerhalb einer beschränkten Zahl von Rhythmen und Tonarten sicher und zwanglos bewegen. Man findet immer wieder das Gleiche, immer in eigenthüm-licher Wendung und Verbindung.

Unter den angeführten runden Darstellungen der Pallas sind die vorzüglichsten der Tors Nr. 23 (T. 1, F. 3) und die kleine Statue Nr. 21 (T. 1, F. 2). Den Tors zeichnet besonders Zartheit der Behandlung und Lebensweichheit ·in derselben aus; im Uebrigen sieht man dieselbe Gewandanlage nicht selten an Statuen der Pallas. Bei Nr. 21 hat die Aehnlichkeit der Stellung und der sie aus-drückenden Draperie mit jener der Karyatiden des Erechtheion zu der irrthümlichen Benennung Ka-ryatide verführt. Diese Stellung und Abtheilung des Chitongefälts ist nicht eine für die Karyatiden als solche charakteristische, vielmehr bei diesen selbst nur aus dem schon bestehenden Anwendung in reinplastischen Statuen und Typen hergenommen. Es liegt dabei das entschiedene Ruhen auf einem Bein und Hüfte zu Grund, dessen Erfindung Plinius dem Polyklet zuschreibt; was weiter nichts sagen kann, als dass es in der älteren Plastik viel seltener, seit Phidias und Polyklet für unbeschäftigte Fi-guren das Gewöhnliche und wahrscheinlich an der Polykletischen Statue, welche noch die Späteren als Kanon studirten, sorgsam durchgeführt war. Gewiss gehört die häufige und vorzügliche Bildung dieses Motivs, im Gegensatze mit den thätigausschreitenden oder knappstützigaufrechten Figuren des älteren Styls, zu den Charakteren des grossen attischen, der nicht, wie jener, beziehungsweisefreie, son-dern absolute, fühlbar in sich selbst ruhende Gestalten hinstellte. Bei weiblicher Gewandung bringt es dies Motiv mit sich, dass der Chiton an der Standseite dichte und parallele Steilfalten, an der be-freiteren, ihr bequem angelehnten Seite eine glättere, von leichten geschwungenen Queerfalten durch-zogene Masse bildet, und der in's Kreuz gelehnte Oberkörper den Chiton-Ueberschlag nach der Brust hinaufzieht. So sieht man es an Jungfrauen-Gestalten im Parthenon-Fries, auch an (in Carrés Zeich-nung erhaltenen) Metopenfiguren des Parthenon, und bei Göttinnen im Fries des Nike-Tempels;

dessgleichen durch die ganze spätere Kunst bei schönen Statuen besonders der Hera, Demeter und Pallas. Dabei ist in den genannten Beispielen, wie bei den Karyatiden des Erechtheion, der Chiton-Ueberschlag nicht überknüpft von einer Gürtelschnur. Dies aber findet statt bei unserer kleinen Statue von der Akropolis. Also ist sie weder ganz gleichartig den Karyatiden behandelt, noch das, worin sie mit den Letzteren stimmt, ihnen ausschliesslich eigen. Da nun bei ihr sich in den Schultern eine tragende Function nicht ausspricht, solcher vielmehr die im noch erhaltenen Halsansatz angedeutete Neigung des Kopfes nach vorn widerspricht, so ist sie für eine unabhängige Figur zu erkennen, welche durch die Aegis als Pallas charakterisirt ist.

Die Umnahme der Aegis in der leichten Form einer Queer-Schärpe, die auch am Bruchstück Nr. 22 sich wiederholt, war uns bereits aus andern Statuen dieser Göttin bekannt. Sie zeigt sich bei der schönen Pallasfigur im Museo Chiaramonti (Tom. I t. 14), die, unter Lebensgrösse, wie die unsere, auch im Hauptmotiv ihr verwandt, jedoch im Fall des Chiton und seinem nicht überknüpften Ueberschlag minder faltig, obwohl in anmuthiger Breite drapirt ist. Ihr rechter Arm war ausgebogen und mag, dass er die Lanze aufstützt, richtig restaurirt sein (was auch bei unserer Statue annehmbar ist); die Linke, vom Restaurator an die Hüfte gesetzt, war wenigstens niedergelassen; und auch bei unserer Statue geht die Entfernung des nur erhaltenen obersten Armstückes abwärts. — Dieselbe von der rechten Schulter unter der linken Brust herumhängende schmale Aegis hat die Statue im Louvre (Bouillon Suppl. III, 1), deren Haltung den Eindruck einer redenden oder zuredenden Pallas Athene gewährt. Diese ist ausserdem umhüllt mit dem Himation, welches an der rechten Seite, befestigt an der Schulter, bis auf den Fuss herabfällt, an der linken, um den Schenkel gelegt, einen schrägen Umschlag unter der Schärpen-Aegis bildet, welcher dieser parallel am Leibe herabhängt. Der rechte Arm, dem nur die Hand fehlt, ist an die Hüfte gelegt, der linke, grösstentheils erhalten, herabgelassen und wenig vom Leibe entfernt, was einen gütlichredenden Gestus andeutet. An eine andere Pariser Statue, die Minerve au collier, erinnert die unsrige blos, weil sie auch einen Hals-Schmuck hat; sonst ist die Minerve au collier in der Stellung gestreckter und von derberem Ausdruck, ihre Gewandfalten gleichmässiger herabgeführt. Dagegen ist die Vorgenannte des Louvre in der Stellung auf das rechte Bein und unangespannten Haltung jener des Museo Chiaramonti, wie der unsrigen, verwandt; und da ihr Motiv ein mildes, friedliches Zureden bezeichnet, und zu dieser freundlichen Bedeutung auch die Leichtigkeit und nur zum Schmuck dienende Umnahme der Aegis passt, die ihr mit der unsern und Chiaramontischen eben so, wie die bequeme Stellung, gemein ist: so lassen sich diese drei als verwandte Darstellungen einer friedfertigen Pallas betrachten. Die Chiaramontische hat um ihr schönes Haupt (welches bei der unsrigen nicht erhalten ist) blos die Stephane, keinen Helm. Dasselbe gibt Himerius (Or. 24, 1) von einer Minerva pacifica des Phidias an. Vielleicht war von der Letzteren nicht verschieden die von den Lemniern geweihte, eherne Pallas von Phidias, welche in der Nähe seiner colossalen Promachos aufgestellt war. Sie wird von dem einsylbigen Pausanias höchst sehenswürdig genannt, von Lukian wegen der schönen Gesichtsform, der zarten Wangen und des feinen Profils gerühmt, und Plinius sagt, man habe sie „die Schöne" genannt, weil sie es in hohem Grade gewesen. — Es ist wenigstens eine der besten Fassungen der anmuthigen und vom Kampfe ruhenden

Pallas, die sich in der kleinen Statue von der Akropolis darstellt, wenn sich auch nicht beweisen lässt, dass sie dieser Kallimorphos oder Pacifica des Phidias nachgeahmt sei.

Die gleiche Bedeutung übrigens einer nicht kriegerischen, sondern entweder im heiteren Siegesgenuss oder sonst einer geistigen Erhebung gefassten Pallas drückt ein Statuen-Typus des späteren Styles dadurch aus, dass er die Göttin, in's Himation gehüllt und den linken in dasselbe gewickelten Arm an die Seite gestemmt, mit der Rechten den Speer aufstützen, das Gesicht rechts gewendet erheben und auch die unteren Himationfalten sich von links nach rechts aufwärts ziehen lässt. 5 Statuen dieser Form hat Gerhard zusammengestellt (Antike Bildw. I, 8). Der schmale, aber feine, man kann sagen, geistige Kopf, welchen das Berliner Exemplar dieses Typus hat, und der sich in derselben Sammlung an einer Pallas-Büste ganz gleich wiederfindet, ist ausserdem im Museo Chiaramonti (Nr. 558 des Catalogs von 1838) und wieder im Museo Borbonico (Nr. 141 d. Catal. v. 1840) vorhanden. Ein athenischer Pallas-Tors (oben Nr. 26) stemmt gleichfalls, wie die Figuren des genannten Typus, den linken in's Himation gewickelten Arm an die Seite; aber die Aegis, von welcher bei jenen nur der kleinere Theil unverhüllt bleibt, ist hier ganz sichtbar, denn das Himation ist unter der Aegis straff um den Leib gezogen und zugleich sein Ende auf dem Leibe umgeschlagen, so dass die Uebereinstimmung nur eine theilweise ist. So viel von diesen Pallas-Statuen zu Athen, die freilich gering sind gegen die berühmten verlorenen.

Die im Verzeichniss angeführten Relief-Darstellungen der Pallas waren grösstentheils, wiewohl in verschiedenem Sinne auf der Akropolis geweiht. 1) Die, unter welchen Beschlüsse und Verträge geschrieben sind, sollten durch ihre Aufstellung im Tempelbezirk und Schutze der Göttin eine feierliche Bekräftigung und Sicherung erhalten, 2) die mit Verrechnungen der Schatzmeister standen schicklich in der Nähe des Tempelgemachs der Göttin, worin der Schatz des Staates sich befand, 3) andere sind Votivtafeln von Siegern, 4) andere scheinen das Gedächtniss religiöser Handlungen und Angelegenheiten Einzelner zu verewigen.

Von den ersten beiden Arten waren bisher nur ein par Beispiele bekannt, wie das Relief über dem attischen Ehrendekret für Chares den Apolloniaten, welches der Schrift zufolge aus nacheuklidischer Periode ist (Dodwell I, p. 471. C. J. Nr. 90); älter ein anderes über einer Rechnung der attischen Schatzmeister aus dem dritten Jahr der 92. Olympiade (C. J. 147). Das Erstere — wir sahen es im Museum zu Palermo — stellt im erhaltenen Theil drei Gottheiten vor (S. die Abbild. Taf. IX, Fig. 22). Rechts dem Beschauer nämlich sitzt, nach links gewandt, eine jugendliche Mannesgestalt; das Gewand um Beine und Hüften; den Oberleib entblöst; durch die langen, auf die Schultern fallenden Locken, noch bestimmter durch den Omphalos-Stein, auf welchen die linke Hand sich stützt, als Apollon charakterisirt. Die dicht an ihm en face stehende Göttin im langen Chiton, das Himation um die rechte Hüfte und über die linke Schulter genommen, welche ihre Linke in Apollons Nacken legt, die Rechte vom Ellbogen auf zurückbiegt, das Gesicht ihm zuwendet, also mit ihm spricht, ist nach ihrer Würde und der traulichen Gruppirung für seine Mutter Leto zu erkennen. Ihr ganz nahe mit dem Rücken, schreitet vor ihr hinweg oder steht vielmehr in ruhigem Schritt eine zweite Göttin im langen Doppel-Chiton, langes Haar im Nacken, die Arme blos, den Linken herabgelassen, den Rechten von der Hüfte vorgebogen, nach der ganzen Weise der Erscheinung und wegen dieser Nähe von Mutter und

10

Bruder Artemis zu nennen. Apollon mit Mutter und Schwester ist hier natürlich darum vorgestellt, weil er Schutzgott und Namensvater von Apollonia ist, von der Vaterstadt des Chares, welchem der Volksbeschluss der Athener, der unter dem Relief eingegraben ist, die Rechte und Ehren eines Staatsgastfreundes (Consuls) von Athen ertheilt. Die dem Beschauer linke Seite der Vorstellung ist abgestossen; es fehlt über ein Drittel des Ganzen. Nach der Natur der Darstellung und der Vergleichung unserer attischen Stelenreliefs Nr. 30 — 33 lässt sich erwarten, dass dem Apollon gegenüber Pallas Athene als Volks- und Stadtgöttin von Athen, zwischen Artemis und ihr aber in kleinerer Figur Chares vorgestellt war, als der von Pallas Geehrte, so zwischen die Gottheiten beider Städte gestellt, wie er kraft dem unterstehenden Dekret nun Mittelsperson für den Verkehr beider Städte war. — In dem andern Relief über der genannten Schatzmeister-Rechnung steht Pallas mit der Lanze in der Linken bei ihrem heiligen Oelbaume, den mit der Rechten ein Mann fasst, der in der andern Hand die Lanze (oder seinen Stab?) senkt. Hirt's Erklärung, dass der Spartanerkönig Kleomenes, von der Priesterin der Pallas aus ihrem Tempel gewiesen, vorgestellt sei, ist ganz unwahrscheinlich. Was hat diese Anekdote, die sich hundert Jahre vor dieser Rechnungslegung zutrug, mit den darin verzeichneten Geldern zu schaffen, welche die Schatzmeister der heiligen Schätze an attische Beamte zu Kriegszwecken und Festausgaben zahlen? Dass das Relief zwischen zwei kleine Anten unter eine giebelförmige Krönung gerahmt ist, bedeutet keinen Tempel, sondern ist eine bei diesen bretter- oder tafelähnlichen Stein-Pfeilern (Stelen) gewöhnliche Form des Abschlusses sowohl wenn sie öffentliche Inschriftsteine, als wenn sie Votivtafeln oder auch Grabsteine sind. Ist überhaupt in der griechischen Sculptur die Darstellung eines einzelnen Vorfalls aus geschichtlicher Zeit, anders als in idealer Fassung (wie z. B. eines Wettsieges durch eine Nike oder sonst ein heiliges Festwesen bei dem Verherrlichten, auch ohne ihn) ein Beispielloses: so würde bei einer Ausnahme die Erklärung durch die Inschrift selbst und aus ihr um so unerlässlicher sein. Die im genannten Bildwerk der ruhigen Pallas ruhig gegenübergestellte Figur kann nur auf die Amtsführung, von der die Inschrift eine Urkunde ist, bezogen werden, also nur entweder den Schatzmeister oder allgemeiner den Demos von Athen, in dessen Namen jener handelt, oder etwa einen Heros, der in der idealen Welt das Volk von Athen vertritt, einen Kekrops, Erechtheus, Theseus vorstellen.

So sehen wir in unserer Schatzmeister-Stele (Nr. 34, Taf. III, Fig. 6) unverkennbar eine ideale, hier weibliche Gestalt, welcher Pallas, gleichfalls die Lanze in der Linken, und gesenkt, die rechte Hand reicht. Man kann mit Müller an das Sinnbild der Polis, der Athener-Stadt oder des Staates als der wirklichen Gesammtheit denken, die sich in Einheit mit ihrer Hüterin und Herrin, mit der Staats-Göttin darstellt. Man könnte ihr auch wegen des Scepters und Stirnbandes den Namen der Arché, der Amtung, d. i. der Würde und Pflicht geben, in welcher die in der Inschrift genannten Beamten gehandelt haben und mit der Rechenschaftslegung der Inschrift ihre Treuleistung so beurkunden, wie diese ihre ideale Vertreterin durch die Fügung der Hand in die der Göttin. Es hat in antiken Reliefbildern (z. B. an der borghesischen Ara oder Kandelaber-Basis) die Hestia eine ganz ähnliche Erscheinung, wie diese Idealfigur. Und Hestia, als Gemeindeheerd und Heerd-Göttin des Rathhauses, wo die Prytanen sich versammeln und mit Opferguss an sie ihre öffentlichen Geschäfte beginnen, ist geeignet, die öffentliche Verwaltung vorzustellen. Für sie würde auch der Schleier ganz passend sein, den eine im **Bruchstück** (Nr. 35) erhaltene, jener sonst gleichartige Figur von einer ähnlichen Reliefdarstellung hat.

Von Nr. 36 (T. III, F. 5) lässt der daran übrige Inschrift-Splitter nur so viel noch merken, dass auch hier eine öffentliche Urkunde in die Stele gegraben war. Ob aber Volksbeschluss oder Schatz-Verzeichniss oder etwa Denkschrift eines vollendeten Baues, einer Weihung des Staates kann auch aus dem Anblick des Reliefs nicht mehr ersehen werden. Ueber die Figur der Pallas Niképhoros oder Parthenos in diesem Relief hab' ich vorhin gesprochen. Die vor ihr stehende halbgewandete männliche Figur könnte man versucht sein, für den Götter-Vater selbst zu halten, wenn nicht die Unterstützung der Achsel mit dem Stabe und so lehnend geneigte Stellung bei Zeus ohne Beispiel und seiner Majestät unangemessen wäre. Der Heilgott Asklepios kommt mit diesem Motiv in Statuen vor, und ist selbst sitzend mit dem Stock unter der Achsel vorgestellt am Parthenonfriese. Uebrigens ist dieser Gebrauch des Stabes zu einer ruhenden Stellung aus dem gemeinen Leben der Alten genommen und kommt bei Männern und Greisen in Vasenbildern schon des älteren Styls, auch bei athenischen Bürgern im Parthenonfriese, nicht minder in attischen Grabreliefs, wie auch unter unsern Reliefs in dem Bruchstück Nr. 41 *b*, überhaupt als etwas Gewöhnliches vor. Hiernach könnte es nicht auffallen, wenn in dieser Weise ein Beamter, oder sonst ein Einzelner, der für das Allgemeine, für die Göttin etwas vollbracht, hingestellt wäre. Nur die gleiche Grösse dieser männlichen Gestalt mit jener der Göttin, widerräth, einen Menschen darin zu sehen, da solche gemeinhin in Vorstellungen dieser Art kleiner, bisweilen recht absichtlich klein gegen die Gottheit erscheinen. Man müsste also auch hier bei der immerhin möglichen Auffassung des Mannes im Sinne einer Staatsobrigkeit diese doch in einem heroischen Vorbilde aus der attischen Mythologie, einem jener heiligen Könige und Vertrauten der Pallas, dargestellt denken.

Das bescheidene Verhältniss der sterblichen Gestalt zur göttlichen (vgl. unten Nr. 104) beobachten unter den verzeichneten Reliefs ziemlich merklich alle, welche Menschen mit Pallas gruppiren, besonders in die Augen fallend Nr. 38. 39. 40 und von den älteren No. 30, das Relief nämlich über dem Volksbeschlusse, der dem Herakleoten **Sotimos** und seinen Nachkommen die Ehren eines Staatsgastfreundes und Wohlthäters der Athener zuerkennt. Denn wer hier etwa annehmen wollte, die kleine Figur vor der sitzenden Göttin sei nicht Sotimos, sondern, da das Dekret auch auf seine Nachkommen geht, ein Sohn des Sotimos, und die dritte grosse Figur sei Sotimos selbst: dem steht, wenn er auch die Keule, welche diese dritte Figur niederzuhalten scheint, für ein Gewandstück erklärt, noch entgegen, dass ihre Beine unverhüllt sind, während Bürger, die geehrt oder in öffentlicher Würde vorgestellt werden, mit dem Himation umhüllt zu sein pflegen. So ist in Nr. 29 der **Kolophonier**, so verwittert sonst diese Gestalt ist, deutlich langgewandet zu Pallas gestellt; dessgleichen der Mann auf Nr. 37. auf 38 und auf dem Bruchstück Nr. 41 *b*. (vgl. auch unten Nr. 85); und so ist es hier bei der mittleren kleineren Gestalt der Fall. Die Andeutung also einer heroischen Figur in der Dritten und einer Keule, als ihres Attributs, zugleich mit dem Umstande, dass Sotimos gerade Bürger von Herakleia ist, macht es leicht, darin seinen Stadtheros (und vielleicht den Ahn seines Geschlechtes) Herakles, zu erkennen. Es ist etwas Aehnliches, wenn ein Herakleot zu einem Weihbilde den Herakles wählt. So bei dem 1785 zu Athen gefundenen Relief des Mus. **Worsleyan.** Nr. 2. Ein auf seiner Löwen-

10*

haut liegender, zechender Herakles im öfter vorkommenden, herrlichen Motiv. Die Unterschrift nennt als Weihende einen Herakleoten Timäos und einen andern zerstörten Namen, gleichfalls Bürger von Herakleia. Unserer Vorstellung, dass über dem Ehrendekret für einen Herakleoten Herakles denselben der Pallas zuführt, entspricht noch näher, dass wir in dem oben beschriebenen Relief über dem Ehrendekret eines Apolloniaten den Apollon vorgestellt fanden. — Ueber die Entstehungszeit unseres Bildwerks gibt die Form der Buchstaben seiner Inschrift insoweit Aufschluss, dass es darnach in die Zeit vor der 94. Olympiade gehört. Welche der Städte, die Herakleia hiessen, die Vaterstadt des Sotimos sei, weiss ich nicht; das Trachinische Herakleia wohl nicht, da es von Anfang den Athenern feindlich war; eher noch das Italische, mit welchem sie, seit sie das ihm nahe Thuriö gegründet, und bei ihren Unternehmungen gegen Sizilien in Verbindung treten konnten, leichter, als mit dem sizilischen Herakleia. Näher müssen das Karische Herakleia am Latmos, das Pontische und das Perinthische in Bundesgenossenverhältniss zu Athen gestanden haben; denn Latmier, wie auch Perinthier finden sich in den Bruchstücken von Steuer-Verzeichnissen der Bundesgenossen, die man auf der Akropolis ausgegraben hat. Pontische Herakleoten entsinn' ich mich nicht auf solchen gelesen zu haben; wohl aber nahe Nachbarstädte derselben; und im achten Jahre des Peloponnesischen Krieges (Ol. 89, 1) litt der Athener-Feldherr Lamachos mit seiner Flotte Schiffbruch an der Küste ihres Gebietes und führte durch dasselbe seine Leute zu Land nach Chalkedon (Thukyd. 4, 75). Bei dieser Gelegenheit allenfalls könnte sich Sotimos, wofern er Bürger des Pontischen Herakleia war, ein Verdienst der Art um die Athener erworben haben, wie von ihm die Inschrift anerkennt. Da aber von dieser nur die Ueberschrift, vom Volksbeschlusse selbst nur ein par Buchstaben erhalten sind, bleibt es bei diesem Vielleicht.

Wie auf dem Relief dieser Inschrift den geehrten Mann, nach meiner Ansicht, sein Stadtheros zur Göttin geleitet, so scheint auf Nr. 32 die Gottheit des Staates, dem der Beschluss gilt, vor Athens Göttin zu stehen, welcher wahrscheinlich auch sie ihren Schützling oder mehrere zuführt. Denn das Wenige, was von der Figur neben der thronenden Pallas erhalten ist, deutet auf eine hohe Gestalt und grandiose Stellung, wie sie besser für eine Gottheit und ganz wohl für Hera sich eignet. So aber müsste man hier die Gottheit nennen, da sich der Volksbeschluss auf Samos bezieht, dessen Herrin Hera war. Mit ihr aber kann das Bild nicht aufgehört haben, da von der ganzen Breite (wie an der Inschrift sichtbar) kaum die Hälfte erhalten ist. Und hinter ihr noch eine oder zwei Figuren anzunehmen, begünstigt auch ihre Stellung, die nicht der Pallas zugekehrt, sondern mit Seitenwendung en face genommen ist. — Bei Nr. 31 war, wenn ich den letzten Gegenstand zur Linken richtig für ein Schiffsvordertheil genommen habe, nur eine Figur vor die sitzende Pallas gestellt. Anders wenn man ein Schild darin sieht, welches einer dahinter abgestossenen Figur gehören müsste. Vergleicht man aber den Bogen der nur erhaltenen Kante mit dem Abstande vom Boden, so erscheint er zu klein für ein auf den Boden gestelltes Schild, für ein aufgenommenes aber nicht in der gehörigen Höhe, und lässt sich leichter zu einer Prora ergänzen. Von der alsdann allein vor Pallas tretenden Figur bleibt es ebendarum, und weil nur die Beine mit dem kurzen Chiton übrig sind, ungewiss, ob sie symbolisch die Stadt Methone oder einen Methonäer für alle vorgestellt. Der schlanke Hund aber hinter ihr, der achtsam den Kopf erhebt, bedeutet wohl die Wachsamkeit und Treue des Bundesgenossen. Dazu

stimmt, dass die Inschrift im ersten der Volksbeschlüsse, die sie enthält, Bezug nimmt auf theils ge-
leistete, theils zu erwartende eifrige Dienste der Methonäer, und im zweiten gegen Ende auf eine von
ihnen gemachte Anzeige über ihren Nachbar, den König Perdikkas, der ein ziemlich unzuverlässiger
Verbündeter von Athen war.

Dass diese beiden Stelenreliefs zu sehr verstümmelt sind, um von Composition und Behandlung
der Oberfläche einen recht bestimmten Eindruck zu geben, ist um so mehr zu bedauern, als ihre Entstehungszeit sich mit ziemlicher Gewissheit und Nähe ermitteln lässt. Sie gehören beide in die Zeit
des Peloponnesischen Kriegs, und zwar Nr. 31 mit den Volksbeschlüssen über die Methonäer in einen
früheren Zeitraum desselben, als Nr. 32 mit dem Beschlusse für Samos.

Für jene die Methonäer betreffenden Volksbeschlüsse (Nr. 31) kann man zunächst an das 8., das
14., spätestens das 17. Jahr des Peloponnesischen Krieges denken. Ueber das 17. lässt sich schon
darum nicht hinausgehen, weil im 18. der mehrmals darin erwähnte Perdikkas starb [1]). Verhandlungen
mit ihm, wie sie die Inschrift voraussetzt, passen mehr oder weniger in die genannten verschiedenen
Zeitpunkte.

Die Pierischen Methonäer, welchen die Beschlüsse gelten, Nachbaren des Perdikkas, waren
förmliche, zinspflichtige Bundesgenossen Athens. Sie finden sich auf den noch erhaltenen Stücken
von Steuer-Verzeichnissen wiederholt unter chalkidischen und thrakischen Städten aufgeführt. Thukydides erwähnt ihrer (IV, 129) im Winter des neunten Kriegsjahres, wo von ihnen der Athenerfeldherr
Nikias bei seinem Angriffe auf Mende 120 Mann leichter Truppen bei sich hatte. Im Winter des 16.
Kriegsjahres erzählt er (VI, 7), dass die Athener Reiterei und landesvertriebene Makedonier nach
Methone schafften, welche nun hier aus in des damals feindlichen Perdikkas Land einfielen.

Perdikkas nämlich, vor dem Ausbruch des Peloponnesischen Krieges den Athenern befreundet,
ward gleich im Anfange desselben bei Potidäa's Abfall ihr Feind und von ihnen bekriegt; noch im
ersten Kriegsjahre aber trat zwischen ihnen Ausgleichung ein (II, 29). Diese Freundschaft ward wieder gelöst, als im achten Kriegsjahre der Spartaner Brasidas die chalkidischen und thräkischen Bundesstädte von Athen abtrünnig machte und Perdikkas, anstatt seinen Einmarsch zu verhindern, sich in der
Hoffnung eines feindlichen Nachbars mit seiner Hilfe Herr zu werden, dem Brasidas anschloss (IV, 79).
Nun achteten die Athener den Perdikkas wieder feind und trugen Sorge für die Bündner dortiger
Gegend, die noch nicht abgefallen waren (IV, 82. 108). Im folgenden Jahre jedoch, zur selben Zeit,
als Nikias vor Mende jene Methonäer bei sich hatte, entzweite sich Perdikkas mit Brasidas, schloss,
während die Athener Skione belagerten, mit ihren Feldherren wieder einen Vertrag, und verhinderte auch
durch seinen Einfluss in Thessalien die Verstärkung, welche Brasidas von daher erhalten sollte (IV, 132).
Diese erneute Verbindung des Mazedonierkönigs mit den Athenern (V, 6. 13) hielt bis in's vierzehnte
Kriegsjahr, wo er sich wieder mit ihren Peloponnesischen Feinden und abspenstigen Chalkidiern ver-
schwor. Im 15. vereitelte sein offener Abfall ihre Unternehmung gegen jene. Dafür sperrten sie im
Winter des Jahres sein Gebiet (V, 80. 83) und veranstalteten von Methone aus jene Reitereinfälle in
seine Landschaft (VI, 7). Aber im 18. Kriegsjahre — kurz vor seinem Tode — finden wir den Per-

---

[1]) Dexipp bei Syncell. p. 262 d. vergl. m. Thukyd. VII, 9. S. Meier in der Encykl. Perdikkas II.

dikkas aufs neue in Verbindung mit den Athenern thätig (VII, 9). Also war es während oder zu Ende
des siebzehnten, dass er zum letztenmale in ihre Freundschaft zurückkehrte, nachdem er im vierzehnten noch freundschaftlich, aber schon zweifelhaft gestanden, und in einer ähnlich schwankenden Stellung sich zu Anfang und Ende des achten befunden hatte.

Eine solche zweideutige Stellung nun des Perdikkas verräth unsere Inschrift. Der erste Beschluss
darin umfasst als zweiten Artikel die Bestimmung, drei Gesandte an Perdikkas zu schicken mit Verwahrungen für Meerfarth und Handel der Methonäer und für die Selbständigkeit ihres Gebietes. Dies
einem offenen Kriegsfeinde zu entbieten, wäre zwecklos. Gegen einen treuen Bündner aber wären
diese Verwahrungen auch kaum nöthig. Dass wirklich bei Abfassung dieser Beschlüsse die Athener
des Perdikkas nicht sicher waren, geht daraus hervor, dass sie (Z. 21—27 der Inschrift) Unterhand-
lungen zwischen ihm und den Methonäern, besonders zu Verhütung von Kriegszügen durch ihr Gebiet, veranlassen und unter Mitwirkung ihrer Gesandten einleiten wollen, ohne des Erfolges gewiss zu
sein. Denn für den Fall, dass keine Vereinigung zu Stande käme, bestimmen sie den Partheien eine
weitere Verhandlung in Athen selbst durch Bevollmächtigte zur Zeit der Dionysien. Noch mehr spricht
für diese Ungewissheit über die Haltung des Perdikkas das unmittelbar Folgende, dass die Athener
ihm ihr Wohlwollen nur für den Fall verheissen, wenn ihre Feldherren Zufriedenheit mit ihm bezeugen würden. So wenigstens nach der Ergänzung, die ich für die leichteste und wahrscheinlichste halte.
Und dafür dient zur Bestätigung, dass im zweiten Beschlusse (Z. 45 - 50) gesagt wird, die Athener
wollen in Betreff Dessen, was die Methonäer über Perdikkas mitgetheilt, Berathungen im Interesse
der Methonäer dann anstellen, wenn die Gesandten Athens von Perdikkas berichtet haben werden.
Nach alledem wissen sie zur Zeit nicht bestimmt, wessen sie sich von ihm versehen dürfen.

Man sieht zugleich, dass die Athener in der Nähe des Perdikkas und Methone's Krieg haben.
Jene Hinweisung auf das zu erwartende Urtheil der Feldherren über Perdikkas beweist es; dann die
Erwähnung der Rüstungen in den Werften gegen Ende des zweiten Dekrets; und wieder die der
Feldherren an seinem Schlusse. In der zweiten Prytanie, nach den Rüstungen in den Werften, heisst
es, wollen die Athener das Beste der Methonäer nach dem Bericht über Perdikkas berathen; und unausgesetzt soll alsdann diese Angelegenheit verhandelt werden, und vor ihr keine andere, wenn nicht
etwa die Feldherren es verlangen. — Die ersterwähnten Feldherren, auf deren Urtheil über Perdikkas
die Gesandten sich bei ihm beziehen sollen, dürften bereits in seiner Nähe zu denken sein; die zuletzt-
erwähnten könnten allenfalls andere sein. Denn die an der letzteren Stelle vorherbestimmten Versammlungen, auf deren zuerst vorzunehmende Berathungs-Gegenstände die Feldherren Einfluss nehmen können, sind, wie ihre Anberaumung nach den Ausbesserungen in den Werften deutlich macht,
die nöthigen Einleitungen einer bevorstehenden Frühlingsexpedition. Die Feldherren, welche diese
führen werden, können daher von jenen, die mit Perdikkas, der Aeusserung im ersten Beschluss zufolge, bereits in Berührung sein mochten, verschieden sein. Das Kriegsfeld jedoch auch dieser Feldherren der angedeuteten Frühlingsexpedition muss jedenfalls dasselbe mit dem der ersterwähnten
Feldherren sein. Denn es sollen ja in den Einleitungsverhandlungen ihrer Expedition die definitiven
Maassregeln für die Methonäer hinsichtlich des Perdikkas zur Berathung, und zwar, wofern nicht bis

dahin den Feldherren etwas Anderes noch dringender scheint, zur allerersten Berathung kommen. Die Athener hatten also zur Zeit dieser Beschlüsse Krieg an der thrakischen Küste.

Unter diesem Gesichtspunkte vereinigen sich auch die anderen Artikel der Beschlüsse. Der Schuldenerlass für die Methonäer, mit welchem der erste Beschluss anhebt, geschieht mit Rücksicht auf ihre zur Zeit bewiesene Dienstwilligkeit. Der Beweis derselben kann in eben der Anzeige vom Verfahren des Perdikkas bestanden haben, auf welche der zweite Beschluss Bezug nimmt. Indessen mögen die Methonäer noch auf andere Weise bei den dortigen Kriegsvorfällen den Athenern behilflich gewesen sein. So bezeichnen auch die ferneren und besseren Dienste, die von ihnen erwartet werden, ohne Zweifel den Vorschub im andauernden Kriege. Bei diesem Vertrauen auf die Bundestreue der Methonäer ist es nicht minder im Interesse der Athener selbst, dass sie offene Meerfarth und Handel in die Landschaft für die Methonäer von Perdikkas verlangen. Dieser Verkehr gab den Methonäern Gelegenheit, sowohl Dinge zu erfahren, welche für die Athener wichtig waren, als auch auf die wankenden Bundesstädte der Athener in dortiger Gegend einen für Athen günstigen Einfluss zu nehmen. Offenbar ferner ist es mit Rücksicht für Athen selbst, dass Perdikkas, dessen Gebiet jenes der Methonäer umgibt, durch das letztere kein Heer wider ihren Willen soll ziehen lassen. Denn dies war der Weg, welchen Athen's Feinde, die Peloponnesier, nehmen mussten, wenn sie die Bündner Athens an der thrakischen Küste abtrünnig machen oder den Abtrünnigen Hilfe senden wollten. Endlich die im zweiten Beschlusse den Methonäern ertheilte Bewilligung zu beträchtlicher Ausfuhr von Korn aus Byzanz steht nicht allein in Verbindung mit jenen Zwecken, aus welchen die Athener überhaupt den Handel der Methonäer begünstigen mussten; sondern war vornehmlich eine Fürsorge für ihr eigenes Heer, das im Frühjahre verstärkt in der Nachbarschaft von Methone landen, lagern und kriegen sollte. Auf diese Weise wurden demselben die nöthigen Lebensmittel gesichert.

Von den drei Epochen nun, wo den Athenern gegenüber Perdikkas zwischen Freundschaft und Feindschaft stand, sind die beiden späteren, im vierzehnten und siebzehnten Jahr des Peloponnesischen Krieges, nicht zugleich umgeben von einer so lebhaften Kriegsthätigkeit der Athener in den thrakischen Gegenden und so vorzüglichen Richtung ihrer Aufmerksamkeit auf die dortigen Bundesstädte, als die vorstehenden Beschlüsse verrathen. Im vierzehnten und funfzehnten Jahr war der Hauptschauplatz des Krieges im Peloponnes. Zwar unternahmen allerdings im Sommer des 15. die Athener einen Zug wider die ihnen entfremdeten thrakischen Städte. Hier aber liess Perdikkas sie unerwarteter Weise im Stiche (Thuk. VI, 83). Damals also scheinen sie vorher über ihn nicht unterrichtet gewesen zu sein, wie sie es doch bei den vorstehenden Beschlüssen sind, und noch mehr es zu werden, Anstalt treffen, ehe die Frühlingsexpedition im Gange ist. Im siebzehnten und achtzehnten war die Hauptmacht der Athener in Sizilien beschäftigt. Es war im achtzehnten nur ein vereinzelter Angriff auf Amphipolis (VII, 9), bei welchem der früher feindliche Perdikkas wiederum den Athenern half. Wollte man annehmen, diese Wiederbefreundung sei eingeleitet worden durch jene Meldung der Methonäer und jene durch sie veranlasste Gesandschaft Athens an Perdikkas, von der unsere Beschlüsse reden: so ist doch in den Aufträgen an die Gesandten dies Verhältniss und dieser Zweck ihrer Sendung gar nicht ausgedrückt. Auch müsste man in diesem Falle erwarten, eine Verwahrung für die verbannten Maze-

donier, die unter Athen, während seiner Feindschaft mit Perdikkas gegen ihn gefochten, in den Aufträgen der Gesandten zu finden.

Hingegen im achten und neunten Jahr des Pel. Krieges war desselben Hauptbühne die thrakische
Küste, so dass damals am meisten Grund für die Athener vorhanden war, die Zufuhr dahin von Lebens-
mitteln in Obhut zu nehmen. Damals auch galt es, gegen Durchmärsche durch das Gebiet der Methonäer zu protestiren. Denn es war im Sommer des achten Jahres, dass Perdikkas den Weg durch
Thessalien und Pierien dem Spartaner Brasidas öffnete, der nun die thrakischen Bundestädte den
Athenern abgewann. Je rascher ihre Neigung zum Abfalle um sich griff, um so wichtiger und lohnens-
werther musste damals den Athenern die Ergebenheit der Methonäer, und um so mehr daran gelegen
sein, dass Häfen und Märkte ihnen offen blieben. Als die Athener jenen Einmarsch des Brasidas erfuhren, veranstalteten sie, sagt Thukydides (IV, 82), eine stärkere Bewachung ihrer dortigen Bundesstädte. Und als Brasidas rasch nacheinander Akanthos und Stageiros und im Winter des achten Jahres gar das wichtige Amphipolis gewann, besorgten die Athener den Abfall aller Bündner daselbst und
schickten noch in diesem Winter einige Verstärkung in ihre dortigen Besatzungen (IV, 108). Feldherren Athens, die sich schon früher dort befanden und jetzt dem Brasidas entgegenarbeiteten, waren
Thukydides, der Geschichtschreiber, der eine Flotte führte, und Eukles, der in Amphipolis lag, als es
Brasidas angriff (IV, 104). Auch können noch Feldherren der Argyrologen in der Nähe gewesen sein
(IV, 75. S. auch IV, 50). Diese Feldherren können unter jenen verstanden sein, von welchen der
erste Beschluss der Inschrift sagt, wenn sie dem Perdikkas ein gutes Zeugniss geben, werden ihm —
sollen die Gesandten sagen —. die Athener wohlgeneigt sein. Eine grössere Expedition dahin
mussten die Athener für den Sommer des neunten Jahres beabsichtigen. Die Feldherren der Letzteren wären es denn, deren am Ende des zweiten Beschlusses gedacht wird bei Vorherbestimmung jener
in der zweiten Prytanie nach den Rüstungen in den Werften zu haltenden Versammlungen, wo das
Beste der Methonäer bezüglich dessen, was sie über Perdikkas sagen, nach Bericht der einstweilen an
ihn abgefertigten Gesandten zuerst in Berathung kommen soll, wenn nicht die Feldherren vorher etwas
Anderes verlangen. Diese Führer der Unternehmung in Thrake im neunten Jahr waren Nikias und
Nikeratos (IV, 129). Damals hatte Nikias von den Methonäern 120 Mann leichter Truppen bei sich.
So traten also hier die Dienste derselben ein, im Hinblick auf welche der erste unserer Beschlüsse
ihnen ihre Steuerschulden erlässt. Für diese Expedition war solche Kornzufuhr nöthig, wozu der
zweite Beschluss die Methonäer ermächtigt. Nächstdem gebot diese Sorge für Vorrath der Zustand
der Besatzungen und Einwohner in den noch behaupteten dortigen Städten. Sie waren durch Brasidas Nähe in wirklichem oder drohendem Belagerungszustande. Dass Hunger ihren Fall oder Abfall
beschleunigen würde, mussten die Athener schon im Winter des achten Jahres befürchten, wo Brasidas nach seinen ersten glänzenden Erfolgen Schiffe am Strymon baute und ein neues Heer von Sparta
verlangte (IV, 108). Nächst der Ermächtigung zur Kornausfuhr aus Byzanz spricht der zweite Beschluss von bevorstehenden allgemeinen die Bundesgenossen betreffenden Psephismen, welche die
Athener als Vorberather der Städte fassen wollen, und von besonderen in Betreff der Methonäer, die
das Ihrige bewahren und behaupten und sich laut Vorschrift halten sollen. Hier kündigen sich auf je-

den Fall Maassregeln der Obhut an, welche damals für die chalkidischen und thrakischen Bundesstädte nöthiger, als je waren.

Die Zeit der Beschlüsse in der Inschrift muss Herbst oder Winter sein. Denn es wird auf die Frühlingsexpedition als bevorstehend verwiesen, und auf die Dionysien. An diesen sollen sich, wenn die Gesandten zwischen Perdikkas und den Methonäern keine Verständigung und keinen Vertrag erreicht haben, die Bevollmächtigten zu weiterer Verhandlung einfinden. Natürlich sind die grossen Dionysien, die städtischen gemeint, zu welchen gewöhnlich die Bündner sich einzufinden pflegten, um ihre Tribute zu bringen und das Fest der Hauptstadt mitzufeiern. Im März also erwarten die Athener jene Bevollmächtigten und natürlich auch die jetzt abgefertigten Gesandten zurück. Was die Methonäer von Perdikkas, als geschehen, meldeten, kann nicht wohl der Durchmarsch des Brasidas durch ihr Gebiet sein, den Perdikkas beförderte. Im Winter des siebenten Kriegsjahres hatte er noch nicht stattgefunden, sondern geschah im Sommer des achten. Damals erfuhren ihn auch die Athener gleich und achteten desshalb den Perdikkas feind (IV, 82). Wohl aber konnten im Spätherbst oder Winter des achten Jahres die Methonäer den Athenern melden, Perdikkas sei nicht mehr im besten Einvernehmen mit Brasidas, er habe die Mittel, die er dem Spartanerheer bewilligt, herabgesetzt (IV, 83), und könnte wohl wieder für Athen zu gewinnen sein. Zwar ging diese Hoffnung nicht sofort in Erfüllung; denn in diesem Winter und im nächsten Frühjahr handelten Perdikkas und Brasidas noch einig (IV, 103. 124); aber die Verstimmung zwischen ihnen und Herabsetzung der Lieferung hatte doch wirklich stattgefunden, und hoffen konnten daher die Methonäer und nach ihrer Anzeige die Athener schon damals, was im Frühjahr des neunten Jahres wirklich eintrat, das gänzliche Zerwürfniss zwischen Perdikkas und Brasidas und die Rückkehr des Ersteren auf die Seite der Athener (IV, 128 Ende). In dieser Hoffnung konnten die Athener, nachdem sie schon den Perdikkas als Feind angesehen, die Gesandtschaft an ihn beschliessen, die Bedingungen für die Methonäer ihm stellen, Heeresdurchzug durch ihr Gebiet, wie er vorgekommen und nun wieder zu befürchten war, verbitten und ihm sagen lassen, wenn die Feldherren Zufriedenheit mit ihm bezeugten, wollten sie ihm wohlgesinnt sein. So war es, ein Jahr später, wirklich Perdikkas, der, nach dem erneuten Bündniss mit den Athenerfeldherren, den Durchzug einer dem Brasidas zugedachten Verstärkung verhinderte und ihre Umkehr bewirkte (IV, 132). Lag eine solche Hoffnung und Anzeige der Methonäer den vorstehenden Beschlüssen mit zum Grunde, so ist auch natürlich, dass die Athener den Erfolg der Gesandtschaft und den beabsichtigten Vertrag nur noch als ungewiss ansehen konnten und für den Fall seiner Vereitelung einen Termin zu weiterer Verhandlungen (die Dionysien) ansetzten, die definitiven Beschlüsse aber darüber, was im Interesse der Methonäer, und dem Perdikkas gegenüber, für Maassregeln zu ergreifen seien, auf den Bericht der Gesandtschaft und die Einleitungsversammlungen der Frühlings-Expedition ausgesetzt sein liessen. Uebrigens konnte solche Benachrichtigung von Seiten der Methonäer wohl für einen dankenswerthen Dienst angesehen werden. Auch sind als Motive des Steuernachlasses noch andere Dienste derselben gerade in diesem Winter leicht denkbar. Sie konnten Schiffbauholz den Athenern geliefert haben, dessen sonst von Amphipolis erhaltene Zufuhr jetzt abgeschnitten war; was den Athenern besonders hart fiel (IV, 108). Sie konnten vielleicht auch bereits der, bei Torone's Eroberung durch Brasidas, nach Pallene geflüchteten Athener - Besatzung oder anderer damals bedrängten Athener - Posten sich hilfreich angenommen haben (IV, 109 — 116).

Werden die vorstehenden Beschlüsse nach solchen Gründen in den Winter des achten Kriegs-jahrs gesetzt, so kann jener in der Ueberschrift als Schreiber für die ganze Stele genannte Phänippos derselbe sein, der (Thukyd. V, 118) als Schreiber bei dem Waffenstillstande vorkommt, den die Athe-ner im Frühling des neunten Kriegsjahres mit den Spartanern schlossen.

Da diese Stele in der Gegend des alten Theaters gefunden ist, war vielleicht ihr Standort das Heiligthum daselbst des Dionysos in den Limnen, wo manchmal solche aufgestellt wurden (vgl. De-mosthen. p. 1370. 25). Sie kann aber auch durch zufällige Verschleppung an den Fundort gerathen und ursprünglich auf der Akropolis beim Tempel der Göttin, die in ihrem Bildwerk vorgestellt ist, er-richtet gewesen sein. Die Verfügung, solche Stelen „auf der Burg", „auf der Burg bei der Göttin" aufzustellen, lesen wir mehrfach in Schriftsteller - Anführungen und auf noch erhaltenen Stelen. Auf der Burg, an der Nordseite des Parthenon, ist Nr. 32 gefunden.

Der Rest von Inschrift unter dem Relief Nr. 32 lässt deutlich einen Beschluss der Athener er-kennen, der auf eine der Fehden, die in Samos wiederholt zwischen Volk und Aristokraten vorfielen, Bezug hatte. Allererst hatte eine solche Fehde den Anlass gegeben, dass Athen die Obermacht über Samos bekommen und die Demokratie darin befestigt hatte. Dieser herrschende Demos, um sich zu behaupten, erhielt Samos während dem Peloponnesischen Kriege in der Bundesgenossenschaft der Athener. Die Aristokraten, die eben darum den Feinden der Athener zugethan waren, versuchten schon im ersten Stadium des Peloponnesischen Krieges Reactionen. Der feste Platz Anäa an der Küste gegenüber von Samos war ihr alter Zufluchtsort. Thukydides thut hier ihrer im vierten und fünften Kriegsjahr Erwähnung. In jenem erschlugen sie einen athenischen Steuersammler (III, 19); in diesem gaben sie einem spartanischen Befehlshaber Ermahnungen, die ihre planmässigen Absichten gegen die Seeherrschaft Athens verrathen (III, 32). Im achten Kriegsjahr erwähnt Thukydides (IV, 75) der Beunruhigung von Samos durch diese Aristokraten als einer damals bereits vorliegenden That-sache. Von Anäa aus, sagt er, leistete die vertriebene Partei der Samier den Peloponnesiern und ihrer Seemacht durch Lieferung von Steuermännern Vorschub, versetzte Samos in Unruhe, und nahm seine Auswanderaden auf. Möglich wäre demnach, dass diese verfeindeten Bürger bereits damals auf der Insel einen Aufruhr gegen das herrschende Volk und für die Peloponnesier erregt hätten und, nach-dem er niedergeschlagen war, ihre Mitschuldigen jene Verurtheilungen erlitten, die auf unserer Stelen-Inschrift von Seiten Athens lobend anerkannt werden. Wahrscheinlich waren jedoch bis dahin die Störungen nur äussere und nicht durchgreifend im Innern von Samos. Auch so war die Nähe der ent-fremdeten Partei, ihre wohlbekannte lauernde Absicht und fortwährende Verbindung mit den Feinden (VIII, 19. 61) beunruhigend genug, und es müssen wohl die in Samos gebliebenen Vermögenden und antidemokratisch Gesinnten im Vertrauen auf diesen Rückhalt, auch wohl in heimlichen Einverständ-nissen sich allmählig gehoben, zumal nach dem Schlage, den Athen in Sizilien erlitten, bei der zuneh-menden Schwächung und Gefährdung seiner Macht immer kühner um sich gegriffen und die Volks-menge von Samos gemeistert haben. Im Anfang des zwanzigsten Kriegsjahres sagt Thukydides (VIII, 21): „Um diese Zeit stand auch in Samos das Volk gegen die Vermögenden auf, mit Hilfe der Athener, die gerade in drei Schiffen anwesend waren. An die zweihundert im Ganzen tödtete das Volk von Samos und vierhundert strafte es mit Verbannung; worauf es im Besitze ihrer Gründe und Häuser, auch durch nachfolgenden Volksbeschluss der Athener, die seiner Treue nun gewiss waren, für selbständig anerkannt, die Staatsverwaltung führte, die Geschlechter der alten Grundherren aber an Nichts theilnehmen liess und jede Heirathsverbindung zwischen ihnen und solchen aus dem Volke verbot."

Auf diesen gewaltsamen Durchbruch passt gänzlich die Bestätigung der Todes-Urtheile, Verbannungen, Gütereinziehungen in unserer Inschrift. Und wenn in dem nur erhaltenen Theile die Schuldigen als Solche bezeichnet sind, welche den Peloponnesiern hätten Samos öffnen wollen, so ist kein Zweifel, dass dessen die Aristokraten auch damals und wohl mit Grund, bezüchtigt wurden. Es gehört also diese Stele in's erste Jahr der 92. Olympiade, v. Chr. 412. In Athen selbst muss, während es in Samos die Demokratie durchsetzen half, und während es ihren Durchbruch bestätigte und belobte, bereits die entgegengesetzte Verfassung, die Oligarchie der Vierhundert im Wege gewesen sein. Diesen gebot solche Anerkennung des widersprechenden Princips in Samos sowohl die äussere Politik, als auch ihr noch halb verstecktes Spiel. Denn Anfangs liessen sie Volk und Rath von Athen noch nach der alten Weise sich versammeln (Th. VIII, 66). Gemäss dieser lautet auch noch die Abfassungsformel des Beschlusses unserer Stele. Gleichzeitig mit der nun eintretenden Oligarchie in Athen sollte auf Betrieb derselben attischen Verschwörer auch in Samos innerhalb dem herrschenden Volk und aus ihm eine Oligarchie sich aufschlagen; sie ward aber durch die Mehrzahl und die dortige demokratisch gesinnte Athenerflotte gleich überwältigt. Bei diesem Aufruhr kamen von den Verschworenen „dreissig um's Leben, die drei Schuldigsten wurden verbannt, den Uebrigen ward Amnestie ertheilt und der Antheil an der fortbestehenden Demokratie gelassen." Diese Worte des Thukydides (VIII, 73) zeigen, dass damals keine Todesurtheile gefüllt wurden (die Umgekommenen waren im Kampfe gefallen; im Gerichte die drei Schuldigsten nur mit Verbannung gestraft worden); und darum ist es nicht wohl zulässig, den Beschluss der Stele, der Todesurtheile voraussetzt, auf diesen späteren Vorfall zu beziehen. Auch ist die Frage, ob der Beschluss, wenn er solcher Annahme gemäss nach dem Sturz der Vierhundert in Athen abgefasst wäre, unter der damals veränderten Staatseinrichtung so in der alten Form der Prytanieen-Ordnung geschrieben sein könnte, wie er es ist.

Demnach scheint diese Stele etwa eilf Jahre später verfasst, als jene für die Methonäer. — Belobung, wie dort der Samier, hier jedoch, dem Bildwerk nach, fröhliche Bekränzung, hatte auch die Stele zum Inhalt, deren Bruchstück Nr. 41 a. noch die Worte: „den Thasiern" an sich erhalten hat. Ob sie aus der Zeit stamme, wo im 22. Jahr des Pelop. Krieges Thasos den spartanischen Statthalter nebst seinem Anhang ausstiess, oder der späteren, als nach Konons Verjüngung der attischen Seemacht Thasos eine der Inseln war, die zu Stützpunkten der attischen Flotten dienten, oder aus welchem andern Moment, wer kann das sagen!

Bei Nr. 37 ist umgekehrt die Zeit der Aufstellung gewiss; aber wer der Alte sei, dem Pallas im Bildwerk die Hand reicht, ob ein attischer Beamter oder ein auswärtiger Freund, wird schwerlich jemand bestimmen. Da die Buchstaben der Inschrift nacheuklidische sind, muss der Jahres-Archon Kallias, den sie nennt, der bekannte des vierten Jahres der hunderten Olympiade, v. Chr. 37⅓, sein. Bei und über der Stirn des Alten hat Müller ΣΚΙΟΣ gelesen. Ist dies ein griechischer Name?

Oder kann es zu einem solchen durch ein, zwei Buchstaben, die noch davor Platz haben, ergänzt werden? Pittakis hat nur ΚΙΟΣ, und es ist möglich, dass das scheinbare Sigma eigentlich ein Sprung wäre. Nicht geradehin lässt sich dann der Gedanke an die Stadt Kios am Pontus ausschliessen, deren mythischer Stifter Kios, der Gefährte des Herakles, hiess. Zur Zeit des Peloponnesischen Krieges waren die Kianer Bundesgenossen Athens gewesen; ihr Name kehrt öfter wieder auf den in Athen ausgegrabenen Steuer-Verzeichnissen. Bei der Wiederherstellung der attischen Seemacht durch Konon und Thrasybul hatten die Athener eine Zeitlang Einfluss am Pontus. Hierauf wieder geschwächt, gewannen sie gerade im Jahr des Kallias (Diod. XV, 28) viele bis dahin den Spartanern untergebene Insel- und Küsten-Städte für sich, darunter auch Byzanz. Mit dem nahen Kios können sie daher gleichzeitig wohl in freundschaftliche Verbindung getreten sein. Indessen hat der vorgestellte Mann mehr die Erscheinung eines einzelnen Bürgers, als wie man sich den Heros oder König Kios denken möchte.

Zu den politischen Stelen dürfte auch die in der Unterstadt gefundene Nr. 44 zu zählen sein, wo Herakles die Pallas, diese den Thronenden kränzt, von dessen Benennung nur die Sylben -emos übrig sind. Machen wir die kürzeste Ergänzung: Demos: so würde das attische Volk in einem Moment der Verherrlichung und Siegesfeier vorgestellt sein. Denn auf irgend einen siegreichen Kampf deutet wohl, dass der Heros der Stärke, Herakles, die wehrhafte Göttin von Athen bekränzt. So weihten Thrasybul und seine Genossen, nachdem sie die dreissig Tyrannen überwältigt hatten, nach Theben — Theben hatte sie dabei unterstützt — in's Herakles-Heiligthum ein colossales Relief von Pentelischem Marmor, Herakles und Pallas vorstellend (Paus. 9, 11, 4). Im Letzteren könnte man zwar meinen, habe Herakles nicht sowohl die Siegeskraft, als vielmehr den Beistand Thebens bedeutet, als dessen Heros er mit Athene zusammengestellt worden. Allein ein anderes Beispiel, Myron's in Samos aufgestellte Colossal-Gruppe, Pallas und Herakles neben Zeus (Strab. p. 637) war wohl Siegesdenkmal der Bändigung von Samos durch die Athener, und meist wird Herakles in solchen Zusammenstellungen als der Kraftsieger, der Kallinikos, zu fassen sein. Wenn es jedoch auf unserem Relief unziemlich scheinen kann, dass die Figur des Volkes in einer verhältnissmässig so grossartigen Ruhe throne, während göttliche Wesen von rückwärts ihr feiernd nahen, so steht frei, statt des Demos von Athen den Göttervater, für den das ganze Motiv passt, in dem Thronenden zu sehen. Man kann die Ueberschrift ergänzen Zeus Pandemos, der Zeus der Volkseinigkeit. Das Relief behält dabei die Bedeutung der Feier eines Volks-Sieges, von welchem vielleicht nähere Beziehungen durch die Figuren ausgedrückt waren, die im jetzt fehlenden linken Ende des Ganzen vor dem Thronenden standen. Uebrigens weist uns diese Stele weder durch die Schrift ihrer Namen, noch durch den wenn immer guten Styl ihrer Darstellung über jene schlechten Zeiten von Griechenland hinauf, in welchen die Schmeichelei oft einzelne Mächtige oder Beliebte den Göttern gleich setzte. So bleibt noch die Wahl, irgend einen auf -demos ausgehenden Namen zu suppliren, unter welchen sich Gegenstände solcher Schmeichelei wohl finden liessen, ohne dass man damit über eine blos mögliche Erklärung hinauskäme.

Es ist das Schicksal der Archäologie, dass ihre Erklärungen oft nur unbestimmte sein können; und Willkühr, die ihre Defecte mit Zuversicht ausfüllt, erfährt das Los des Schreibers im Mährchen, dessen Actenstücke, in die Urne der Wahrheit getaucht, wieder als leeres Papier herauskommen. Wie verstümmelt aber auch diese attischen Stelen als Kunstwerke und als Inschriften sind, so bilden sie doch im Ganzen eine schätzbare Erweiterung unserer Einsicht in die Gegenstände der alten Plastik. So oft auch Geschichtschreiber und Redner steinerner und erzener Stelen Erwähnung thun, in welchen Volksbeschlüsse, Verträge, Verurtheilungen, Belobungen, Rechenschaften in Heiligthümern oder auf öffentlichen Plätzen aufgerichtet worden, so erinnere ich mich doch keiner Angabe eines damit verbundenen Bildwerks; und doch kann dieses nach unsern Beispielen wenigstens in Athen seit der Zeit des Peloponnesischen Krieges auch bei Stelen ganz politischen Inhalts gar nichts Ungewöhnliches gewesen sein. Der Ausdruck eines Geweihten und Festgültigen, der daran zu machen war, und die Anwendung schon vorhandener Phantasie-Verknüpfung von Staats-Begriffen mit Götteridealen gab auch dieser beschränkteren Beschäftigung der alten Kunst eine gewisse natürliche Würde und Beseelung. Da das griechische Staatsleben, vornehmlich das demokratische, zwar so aktenreich noch nicht, wie unser Geschäftsgang, aber an politischen und gerichtlichen Dekreten sehr fruchtbar war: so ist der untergeordnete Spielkreis, den diese Art von Diplomschreibung dem Meissel öffnete, auch seiner Ausdehnung nach nicht gering anzuschlagen. In dieser Hinsicht geben diese Beispiele zugleich einen kleinen Zuschlag zu den Gründen, die gegen die Ansicht sprechen, der Krieg, insbesondere der Peloponnesische, habe die Kunst durch Entziehung äusserer Mittel niedergeschlagen. Die Kunst war bei den Griechen so sehr durch alles grosse und kleine Geräth des öffentlichen, wie des häuslichen Lebens verbreitet, dass ihr der Krieg eine Menge Gelegenheiten und Vorwürfe ungeschmälert liess, und wenn er einige erschwerte und wegnahm, andere zuführte und vermehrte. So vermehrte er neben den Anlässen zu solcher Inschriften-Plastik auch die der Gelübde-Weihungen, der Grabdenkmäler, des Waffenschmuckes. Dass die Schönheit des Letzteren ein Gegenstand des Ehrgeizes war, zeigen die Schilderungen plastischer Waffen schon im Epos und, unter noch bestimmteren Beziehungen auf die Wirklichkeit, in der Tragödie. Noch vorhandene antike Bronze- und Silber-Waffen beweisen es. Thukydides hebt bei Beschreibung der Heeres-Ausfahrt gegen Sizilien den grossen Aufwand in Waffenpracht hervor. Xenophon sagt von der Stadt Ephesos, als dort Agesilaos Uebungen und Vorbereitungen zum asiatischen Feldzug traf: Waffen aller Art wurden auf dem Markte feil geboten; Metall-Giesser, Zimmerleute, Schmiede, Riemer, Maler — alles verfertigte Kriegswerkzeuge. Gelegentlich erwähnt er den Zierrat am Reitzeuge des Agesilaos als ein Werk des Malers Idäos. Als Ergebnisse des Krieges, der äusserlich nicht die Kunst erdrückte, auch der Peloponnesische nicht, nur sie innerlich mit der ganzen sittlichen Bewegung veränderte, sind noch besonders die kleineren und grösseren Siegesdenkmale, die er mit sich brachte, anzuschlagen.

Einige kleinere und fragmentirte Beispiele von Sieges-Reliefs enthält unser Verzeichniss Nr. 40. 41 *b*. 48. Sie können den Dank und die Ehre Einzelner ausgesprochen haben, während das vorhin besprochene Nr. 44 sich auf einen vom ganzen Volk gefeierten Sieg zu beziehen scheint. (Sein Ausdruck in diesem kleinen Denkmale kann darum immer noch blos Weihung eines Einzelnen sein). Erheblicher, als diese Ueberreste, ist eine bekannte Art, nach der wahrscheinlichsten Erklärung, auch attischer Siegesreliefs. Man sieht auf denselben gegenüber einer Siegesgöttin bei dem kleinen Bilde der Pallas Polias, das auf einem Pfeiler erhöht ist, die heilige Schlange derselben, die ein behelmter Krieger adorirt (Amalthea Bd. III). Auf unseren Beispielen steht ein Mann vor erbeuteten Waffen (41 b), ein Krieger wird, auf Pallas blickend, bekränzt (40), und einen befreienden Sieg dürfte auch Nr. 48, wo der Nike ein Ross entgegenspringt, andeuten. So giebt es Münzen von Syrakus, die auf der einen Seite den befreienden Zeus, auf der andern ein laufendes Pferd, offenbar als Sinnbild der Befreiung, vorstellen. Sonst könnte man jenes Relief auch als Erinnerung an einen Wettsieg mit dem Rennpferde betrachten.

Es versteht sich von selbst und ist bekannt aus Schriftstellern, dass für agonistische Siege in Gymnasien, an heimischen Festspielen, und in den Nationalfesten Weihgeschenke an heiligen Stätten, so auch auf der Akropolis zu errichten Sitte war. In neueren Zeiten ist auf der Akropolis eine gute Anzahl von Marmorbasen ausgegraben worden, die den Inschriften zufolge Anatheme für Gymnasial-feste, für Wagen- und Ring-Siege an den Panathenäen, den Nemeen, Isthmien, Pythien, Olympien getragen haben, hier auf einen solchen Sieg, dort auf mehrere an verschiedenen Festen bezüglich. Bisweilen sind es blose Inschriftstelen (neben welchen aber nicht selten ein plastisches Weihgeschenk stand), auch Sieger-Kataloge. Darunter finden sich solche, woran mehrere Kränze in Relief gearbeitet und innerhalb den Kränzen bald die verschiedenen Feste, an welchen ein Kämpfer den Preis einmal oder wiederholt gewonnen, bald verschiedene Kämpfer und wo sie gesiegt, verzeichnet sind. Man kann an einer Stele über ein Dutzend solcher Kränze mit Sieges-Inschrift sehen. Solche von spä-tern Epochen schreiben ihre Errichtung dem Areopag, dem Volksrathe und Volke zu. Bekanntlich waren die Formen solcher Anatheme sehr manichfaltig, oft Statuen oder Statuen-Gruppen, bisweilen Gemälde (wie z. B. Alkibiades zum Denkmal seiner Wagensiege sich malen liess bekränzt von der Olympias und der Pythias, und wiederum sitzend im Schose der Nemea), auch Stelen mit dem Sieger-bilde in Relief (so wurde dem Flötenspieler Pythokritos, der schon in den 50er Olympiaden wieder-holt an den Pythien gesiegt und an den Olympien zum Fünfkampfe geblasen hatte, zu Olympia eine Stele errichtet, woran er in Relief in kleiner Figur mit Flöten in der Hand unter Beischrift seines Namens und Berufes vorgestellt war), auch Relief-Gruppen von mehr oder minder idealer Vorstellung (einen beliebten Typus solcher Relief-Gruppen für kitharodische Siege stellen z. B. die bekannten sogenannten Pythischen oder choragischen Reliefs im hieratischen Styl uns vor Augen [1]). So würde es denn auch leicht sein, unter unseren Reliefs das kleine Nr. 38, wenn die Fackel in der Hand der Pallas ganz deutlich wäre, auf einen Sieg zu beziehen, den der vor ihr stehende Mann im Fackelwett-laufe (der zur Panathenäenfeier gehörte) davon getragen. Inschriften gedenken der Fackel-Siege nicht wenige. Vgl. auch unten Nr. 85.

Nach der Zeit unseres Aufenthalts in Athen ist im September 1840 an der Nordseite des Par-thenon ein Bruchstück einer Stele ausgegraben worden, welches unten in einem Relief von schöner Zeichnung ein Viergespann, gelenkt von einer geflügelten Nike darstellt. Ueber diesem befinden sich zwei grosse Kränze in Relief nebeneinander, nebst ein par Blättern von einem dritten abgebrochenen Kranz. In den erhaltenen steht: ΟΛΥΜΠΙΑ Π..ΙΑ / ΤΕΛΕΩΙ · ΤΕΛΕΩΙ ; so dass also ein

---

[1]) Plutarch Alk. 16 Athen. XII, 543 D. Pausań. VI, 13, 1. 14, 4. C. J. p. 248 C. 1.

Sieg mit dem Viergespann zu Olympia, einer zu Pytho und ein dritter hier verewigt ist. Ueber den Kränzen sind, verkürzt und beschädigt, die zehn letzten Zeilen einer Inschrift noch übrig. Diese enthalten über diese Wettsiege weiter nichts, aber die interessante Erwähnung eines Arybbas oder seines Nachkommen, also eines Fürsten aus dem epirotischen Königsgeschlechte. Ihm, scheint es, wird Beistand der Athener zugesagt und zwar den Feldherren des Staates empfohlen, wenn sie zu Felde ziehen, Sorge dafür zu tragen, dass er und seine Kinder ihre angestammte Herrschaft behalten, oder (je nachdem man ergänzt) wiedergewinnen. Dieser hier als Sieger gefeierte und zum Schutzfreund Athens erklärte Fürst könnte jener Alketas sein, der, nach Diodor (XV, 13) Ol. 98, 4 v. Chr. 385 durch Dionys vön Syrakus und die Illyrier seinem Volke wieder aufgedrungen wurde, nachdem es ihn verjagt hatte. Derselbe Alketas, bei Pausanias (I, 11) und Plutarch (Pyrrh. Anf.) Vater Arybbas des Zweiten und des Neoptolemos genannt, heisst bei Justin (XVII, 3), der ihm eben diese Söhne gibt, selbst Arybbas. Dieser sei, sagt er, als minderjähriger Prinz mit grosser Sorgfalt erzogen und auch zu seiner Ausbildung nach Athen geschickt worden. Dann habe er, als König, zuerst eine ordentliche Staatseinrichtung in Epirus begründet. Justin's Angabe, dass er sehr beliebt gewesen, muss wohl durch jene Diodors berichtigt werden, dass er vertrieben und mit Gewalt zurückgeführt worden. Aber dies gerade lässt sich wohl mit seinen reformatorischen Bestrebungen verbinden. — Möglich ist übrigens auch, dass sich die Inschrift auf einen der Enkel dieses Alketas I. bezieht, auf Äakides, der vor dem Lamischen Kriege mit Athen verbunden, später ebenfalls von seinem Volk vertrieben war, oder auf Alketas II., der, vor Äakides vertrieben, nach ihm kurze Zeit herrschte[1]). Wie dem sei, haben wir hier das Beispiel einer Stele, die zugleich eine politische und ein agonistisches Denkmal war.

---

[1]) Pittakis (*Aρχ. Ἐφ.* 1840, Nr. 415) gibt die Inschrift dergestalt:

```
      Ι Ε Ι Ν Η Ι    Ω Ν Γ . .
    . Ν Τ Ι Ν Α Τ Ω Ν Α Ρ Υ Β Β Ο Υ Ε Γ Ι .
    . Α Σ Α Υ Τ Α Σ Τ Ι Μ Ω . Ι Α Σ Α Ι . .
    . Α Ι Υ Γ Ε "Υ Ω Ν Α Λ Λ Ω Ν Ε Ι Σ . .
5   Α Ο Η Ν Α Ι . Ν Ε Γ Ι Μ Ε Λ Ε Ι Σ Θ . .
    Ε Κ Α Ι Γ Ο Υ . Σ Τ Ρ Α Τ Η Γ Ο Υ . . .
    Ν Σ Τ Ρ Α Τ Η Γ . Σ Ι Ο Γ Ω Σ Α . . . .
    Σ Κ Α Ι ο Ι Γ Α Ι Δ Ε Σ Α Υ Τ Ο Υ . . .
    Σ Ω Ν Τ Α Ι Τ Η Ν Α Ρ Χ Η Ν Τ Η Σ . . .
10  Ω . Α Ν
```

Da man von der vorletzten zur letzten Zeile leicht ergänzt, τὴ)ν πατρ ῷαν, eben so leicht von Zeile 6 zu 7 στρατηγυ)ς ἱὰ ν, und von Z. 8 zu 9 κτη)σωνται, so scheinen am Zeilen-Ende nicht mehr Buchstaben zu fehlen, als ich bezeichnet habe. Dann fällt aber auf, dass von 5 zu 6, wo nur stehen könnte: ἐπιμελεισθ)αι δε, dies schon für einen Buchstaben mehr Platz fordert, und umgekehrt, wenn man Z. 7 zu 8 ergänzt α)υτο ς der Platz eines Buchstaben leer bleibt, und auch nicht der Name Alketas, noch weniger Äakides, endlich Arybas nur dann hineinpasst, wenn es mit einem B geschrieben wird, nicht, wie in der zweiten Zeile mit 2 B. Und in den ersten Zeilen wird man schwerlich mit so kurzer Ergänzung zurechtkommen. Hierdurch wird die Herstellung unsicher. Ueber diese Äakidische Fürsten von Epirus s. Droysen Geschichte der Nachfolger Alexanders, Geneal. Tabell. VII. u. a. m. O.

Andere Anlässe zu Weihgeschenken für die Burggöttin gaben religiöse Funktionen. Geschlechter, die der erblichen Ehre genossen, bei den Festen der Gottheit heilige Dienste zu verrichten, liessen
diese Ehre nicht unbezeugt. So sah man die Bilder der Eteobutaden an den Wänden des Polias-
Tempels. Priester und Priesterinnen, so wie erwählte Besorger der Cultus-Handlungen stifteten theils
Anatheme, theils wurden sie Gegenstände von solchen, wenn das Volk oder ihre Genossenschaft sie
auszeichnen wollte. Ausserdem waren heilige Denkmale öfters eine Folge von jenen religiösen Wei-
hen, die in gewissen Altersstufen theils für alle Landeskinder, theils für die Vornehmeren eintraten.
Dahin gehört die Kanephorie, das Korbtragen der Bürgertöchter in Prozessionen der Frühlings- und
Herbstfeste; ein Moment ihrer Freude und ihres Stolzes, darum auch gern von den Eltern verewigt.
Minder allgemein und darum wohl eine noch grössere Auszeichnung war die Arrephorie, wozu von
einem Panathenäenfest zum andern vier kleine Mädchen in einem Alter zwischen sieben und neun
Jahren gewählt wurden. Zwei standen dem Weben des Festgewandes der Göttin vor, zwei hatten
Dienste im Tempel bei ihrem Bilde. Sie mussten auch zu bestimmter Zeit verdeckte Symbole von
einer heiligen Stätte zur andern tragen. Davon heissen sie Arrhephoren, Pfandträgerinnen. Es scheint,
wenn nicht von jeher, doch in späteren Zeiten ziemlich gewöhnlich gewesen zu sein, dass nach dieser
Epoche die Bildnisse der Mädchen in Relief oder Statuen von den Angehörigen, auch von der Obrig-
keit geweiht wurden [1]).

---

[1]) Am Abhang unter der Nordseite der Akropolis oberhalb dem Windethurm sieht man noch unter einem niedrigen Bogen der Kirche Hagios Johannis als Pfeiler-Capitäl eingebaut die schon von Chandler mitgetheilte Basis:

ΗΒοΥΛ . . . . ΜΟ .	(Rath und Volk haben die Apollodora, des Apollodor
ΑΠΟΛΛοΔΩΡΑΝΑΓΟΛΛΟΔ	aus dem Gau Gargettos Tochter errichtet,
ΓΑΡΓΗΤΤΙΟΥΘΥΓΑ	da sie Arrephore war der Athena Polias).
ΡΡΗΦΟΡΗΣΑΣΑΝΑΘΗΝΑΙΠΟ	

1839 fand man an der Ostseite des Polias-Tempels das obere Bruchstück einer Stele, welches über einem Reliefbogen
(unter dem sich ohne Zweifel das erhaben gearbeitete oder gemalte Bildniss befunden) die Inschrift hat:

ΠΑΝΑΡΙΣΤΑΝΜΑΝΤΙΟΥΜΑΡΑΘΩΝΙ	(Panarista, die Tochter des Mantios aus
ΚΑΙΗΜΗΤΗΡΘΕΟΔΟΤΗΔΩΣΙΘΕΟΥΕ	dem Gau Marathon, haben der Vater
ΘΥΓΑΤΗΡΚΑΙΟΙΑΔΕΛΦΟΙΚΛΕΟΜΕΝ	und die Mütter Theodote, des Dositheos
. . ΡΗΦΟΡΗΣΑΣΑΝΑΘΗΝΑΙΠΟΛΙΑ . .	aus d. G. Eleusis Tochter, und die Brü-
ΑΝΕΘΗΚΑΝ	der Kleomenes und . . . ., da sie Arre-
	phore war der Pallas Polias geweiht).

1838 zwischen Propyläen und Parthenon gefunden eine kleine Basis von hymettischem Stein:

. ΛΕΩΝΙΔΟΥΑ . —	(— — des Leonidas (Sohn) - - (und die - - des)
· . . . ΛΑΝΠΤΡΕΩΣΘ .	— - - aus dem Gau Lanptra Tochter (weihen die)
ΙΕΡΑΝΑΥΣΙΣΤΡΑΤΗΝ .	Tochter Nausistrate der (Athena)
ΠΟΛΙΑΔΙΚΑΙΠΑΝΔΡΟΣ .	Polias und der Pandrosos
ΠΙΕΡΗΑΣΚΑΛΛΙΣΤ . . .	unter der Priesterin Kallist . . .). —

Zwischen Propyläen und Parthenon 1839. gefunden ein Marmorbruchstück mit dem Inschrift-Rest in Charakteren der
römischen Zeit:

Denkmal einer Cultushandlung muss wohl auch das Stelen-Relief Nr. 42 sein, wo eine Frau (Priesterin) und ein Mann (Festpriester) einer kleinen Gestalt etwas auf den Kopf legen, und Pallas mit einer Binde dabei steht. Beim ersten Anblick dachten wir an die Bereitung eines jungen Mädchens zur Arrephorie. Wenn aber die Gestalt, wie es mehr den Anschein hat, jedoch wegen Beschädigung der Oberfläche nicht sicher ist, ein Knabe war, muss die vorgestellte Zeremonie eine andere sein. Im Fries des Parthenon sieht man zwischen den thronenden Göttern neben der Priesterin und zweien Jungfrauen, welche bedeckte Gefässe auf den Kopf genommen haben, den Priester und einen Knaben mit einem grossen, zusammengelegten Peplos beschäftigt, den der Knabe entweder gebracht hat oder aufnehmen soll. Auf solchen oder ähnlichen Festdienst eines Knaben könnte unser Relief sich auch beziehen.

Wenig bestimmt sind Nr. 39 und 43. Der kleine Mann in Nr. 39, dem gegenüber Pallas ihre Hand über einen bekrönten Stein hält, steht, wofern der Letztere ein Altar ist, in einem Gelübde-Verhältniss zu ihr[1]). Ist der abgebildete Stein eine Stele, so kann die Vorstellung dies Denkmal dem

```
...IOYEΞOIᛁ.
ᐅΛEPPI-IΦOPI-IΣ
ᐅI-INAIΠOΛIA-
ÞIPEΛENI-IA.(?)
5   EKMAPAΘ.
    EIAΣ
```

(Des — aus Oeon
Tochter, da sie Errephore war der
Athena Polias
unter der Priesterin (?)
— aus Marathon). —

Als im selben Jahr ausgegraben auf der Akropolis gibt Pittakis (Ἀρχ. Ἐφ. Nr. 96):

```
EPPHΦOPONΠATHPMEΠOTNAΣ
ΣAPAΠIΩNMHTHPTEΘHK PH
THNΣHNΘEANΩΠENTEKAI
ΛOΣΔOIΣMENHBHNΘIO
```

(Inschrift der Basis einer Arrephore, errichtet
vom Vater Serapion und der Mutter. Die
vorletzte Zeile scheint die Angabe ihres
Alters, als sie den heiligen Dienst that, zu
enthalten). —

An der Ostseite des Poliastempels 1839 ausgegraben eine Marmorbasis mit:

```
OΔ....
OYAΛEPIAN
EPANΠAPΘENON
EYΣEBEIAΣENEKA
```

(Vom Volk aufgestellt
Valeria,
die heilige Jungfrau
ihrer Frömmigkeit halb). —

An der Nordseite des Parthenon 1839 ein Stelenbruchstück, an welchem drei Kränze in Relief, oben abgestossen, in ihnen verwitterte Buchstaben, doch im ersten lesbar . . HΦO . H . AΣAN. Ein vierter Kranz befindet sich unter dem mittleren, worin:

```
KANHΦO
ṔHΣAΣAN
EΠIΛΛAYPI
. . .
```

(Kanephore
an den Epidaurien (einem der Festtage
der eleusinischen Weihen)? —

[1]) Vgl. unten Nr. 104.

12

Schutze der Göttin empfehlen, es sei nun durch sonst einen Grund dem Manne wichtig, oder bedeute ein Grabdenkmal seiner Familie. Da bei jedem bürgerlichen Sterbefall die Pallas-Priesterin eine kleine Korn- und Geld-Gabe erhielt, konnte auch der Schutz der Todtenruhe der Göttin nicht fremd sein. Grabsteine, deren Inschriften ihre Wegschaffung, Beschädigung oder Verunreinigung bald flehentlich verbitten, bald gewaltig verfluchen, beweisen, dass man zu solcher Schutz-Empfehlung Grund hatte und sich daraus eine Angelegenheit machte. — Auch bei jedem Geburtsfalle erhielt die Priesterin der Burg-Göttin den gleichen Zoll; und bei Einschreibung der Knaben in's Bürgerbuch erhielt mit Zeus Phratrios Athena Phratria (Göttin der bürgerlichen Stammgenossenschaften) ein Lamm-Opfer. Dies könnte man der Deutung des unten Nr. 105 aufgeführten Reliefs zu Grunde legen. Die Schlange in demselben wäre dann die heilige Burgschlange; der Baum, um den sie sich windet, der Oelbaum der Pallas; das Lamm, das der Knabe hält, das sogenannte Kureion oder Meion, bei der Aufnahme der Knaben in die Stammgenossenschaft geopfert; der dabeistehende Mann der Vater, der die Aechtheit und das athenische Blut des eingeführten Sohnes zu beschwören hatte.

Nicht so vereinzelt, wie in dieser kleinen Zusammenstellung der Ueberreste von Anathemen, die der Pallas Athena geweiht waren, kann zu seiner Zeit das Relief Nr. 43 gestanden haben, wo man zwei Frauengestalten neben Pallas erblickt. Diese Göttin, welche zu den kinderpflegenden gehörte, dem weiblichen Leben und Arbeiten vorstand, muss häufig vom anderen Geschlecht Gelübde- und Dankweihungen erhalten. Ich glaube, dass Niemand ohne Rührung folgende Inschrift lesen wird, die sich an der kleinen Basis eines Weihgeschenks für Athena Ergane (die Vorsteherin der Handarbeit) befindet. Diese Basis von weissem Marmor, oben mit einer Eintiefung für das Anathem, ist ein Würfel von nur etwa 10 Zoll Höhe und Breite, schon 1835 an der Südseite des Parthenon ausgegraben. Ihre Inschrift lautet:

> Da sie durch Handarbeit mit Muth und redlichem Werkfleiss
> Ihre Kinder genährt und erzogen, so weihet Melinna
> Dir dies Denkmal ihrer Bemühungen, Göttin der Arbeit,
> Opfer von ihrem Erwerb und Deiner Begünstigung Dankzoll [1]).

---

[1]) XEPΣITEKAIiL...IΣEPΓΩN
ΤΟΛΜΑΙΣΤΕΔΙΚΑΙΑΙΣ
ΘΡΕΨΑΜΕΝΗΤΕΚΝΩΝΓΕ.....
ΑΝΕΘΗΚΕΜΕΛΙΝΝΑ
5 ΣΟΙΤΗΝΔΕΜΝΗΜΗΝΘΕΑΕΡΓΑΝΗ
ΩΝΕΠΟΝΗΣΕΝ
ΜΟΙΡΑΝΑΠΑΡΞΑΜΕΝΗΚΤΕΑΝΩΝ
ΤΙΜΩΣΑΧΑΡΙΝΣΗΝ

Zu ergänzen mit Ross (Kunstbl. 1835, Nr. 27): Z. 1 τέχνα)ις. Z. 3 γε)νεάν.

Wir sahen das kleine Denkmal, das der Schrift zufolge etwa aus der macedonischen Zeit herrührt, in der Zisterne hinter dem Polias-Tempel.

Wegen der Cultus-Gebräuche der Pallas Polias s. O. Müller Minervae Poliadis Sacra etc. E. Rückert der Dienst der Athena.

II. (FORTSETZUNG.

A. Götterdarstellungen.)

c) Aphrodite-Figuren.

50) **Aphrodite Hafen-Göttin** (Limnaia, Limnesia) Statue in Naturgr. von sehr fleckig gewordenem Marmor (fehlt Kopf, Hals, die l. Schulter und von der r. Seite Brust und Arm). Das Motiv ist das öfter vorkommende, wo die Göttin, ruhend auf dem l. Bein, und den l. Arm an die Hüfte gestemmt, die herabgelassene R. aber auf dem emporgebäumten Schweif eines Delphins; ruhig vor sich hinschaut, den rechten Arm und Seite, so wie die ganze Brust und Leib, entblöst, vom Himation nur Schos und Beine und den l. eingestemmten Arm umhüllt. **(T.)**

Gefunden in den Trümmern einer alten Villa beim Kloster Luku in der Thyreatis.

Verschönert abgebildet in der Exped. d. Mor. V. III, pl. 89, f. 1.

51) **Gewandete Aphrodite mit dem Eros-Knaben**, Statuette von guter Arbeit (Kopf fehlt); im Diploidion mit Zone, welches die Arme blos lässt; Ampechone um den Rücken und die Rückseite der Arme; mit der R. scheint sie dieselbe über der Schulter gefasst zu haben; links ist dies umhüllende Tuch über den herabgelassenen Arm hinübergeschlagen und vor dieser herabhängenden Masse noch der aufgebogene r. Arm des Kindes erhalten, von welchem ausserdem blos noch die Füsse auf dem Postament übrig sind. **(T.)**

52) **An einen Pfeiler gelehnte, gewandete — Aphrodite?** Statuen-Tors, war mit der l. Seite mit dem Oberleib angelehnt, die Beine etwas vorgelassen; bekleidet mit dem Chiton, das Himation um den Rücken und die r. Hüfte. Ihre l. Hand fasst über die l. Schulter.

(Beim Zugang zu den Propyläen.)

53) **Badentsteigendes Aphroditchen**, kl. Marmorfigur, c. 8″ h. Sie hält mit der L. das heraufgezogene Tuch hervor, wie die Knidische, zugleich aber mit der R. einen Zipfel vor den Schos. Aus Thera. **(F.)**

54) **Rest von einem unbekleideten Aphroditchen**, war 1′ hoch, von feinem Marmor und feiner Arbeit; nur der Unterleib und die Schenkel erhalten. Sie ruhte auf dem r. Bein, den l. Schenkel angeschlossen; ein kleines puntello über der r. Hüfte zeigt, dass der r. Arm vor den Schos herabging. **(Fa.)**

55) **Stelenrelief: Aphrodite thronend** (der Oberkörper fehlt), gewandet; der r. Arm im Schos liegend, hält ob dem Knie etwas unkenntlich Gewordenes. Unter dem Stuhl eine grosse Taube. Nach einem Gewandrest scheint es, als habe hinter ihr an ihrer Seite noch eine andere Figur gestanden. **(H. E.)**

d) Artemis-Figuren.

56) **Obertheil einer Colossalstatue der Artemis Jägerin**, bewegt, von sehr gutem Charakter und grossartigen Ausdruck (Arme und Beine fehlen; Nase abgestossen). Der aufwärts-

12*

blickende Kopf mit nach rückwärtsgesträhltem Haar, ovalem Gesicht, jugendlich blühender Form ist nach den schöneren Typen dieser Göttin. Den anliegenden Chiton, der an beiden Schultern gefibelt ist, zieht unter der starken Brust ein Gürtelriemen in schmalere Falten. Man sieht, dass die Gestalt in lebhaftem Schritt, der l. Fuss voran, der r. zurück, zugleich der r. Arm gehoben war (wie an der Schulter merklich). Auch der Kopf ist nach der r. Seite gewendet. In den Ohren Löcher für Ohrringe, beim Gürtelknoten für eine Agraffe, am Rücken im Chiton für den Köcher. (T.)

57) **Stelenreliefs mit der fackeltragenden Artemis.** S. oben Nr. 19. Unten: Grabdenkmäler z. E und die Abbildungen T. X, F. 23 u. 24.

e) Dionysos. Silen. Satyren. Pane.

α) Statuen und Figurenstücke runder Arbeit:

58) **Bärtiger Dionysoskopf** mit hohlen Augen, die Haare in alterthümlicher Regelmässigkeit. (Im Garten des Königs, unweit dem Ilissos.)

59) Ganz ähnlicher **bärtiger Dionysoskopf** mit breiter Mitra. (In Pittakis Haus.)

60) **Fragmente von einem Kopf** (oder mehreren) mit Mitra; in den Ohrläppchen, hinter den Ohren und am Nacken Bohrlöcher. (Z. P.)

61) **Tors eines Dionysosknaben** mit Füllhorn; in Naturgr., von lebendigem Ausdruck, erhalten vom Halsansatz bis in die Hälfte der Schenkel; die Arme abgestossen. Ein dünnes, verkürztes Gewand, das die Brust zum Theil blos lässt und kaum die Schenkel erreicht, zieht um den l. herabgelassenen Oberarm, an dem das Füllhorn aufsitzt, und hängt unter diesem Arm bei der Hüfte herab. Auch an der r. Seite wird es (wohl von dem fehlenden, an die Hüfte gelegten Arm) angezogen, und drückt in seiner Schiebung und Spannung recht hübsch den völligen kleinen Leib und die Magengrube aus. Der Rücken ist gleichfalls artig ausgeführt. (T.)

62) **Statuetten-Tors eines jungen, früchtetragenden Dionysos** von feinem Marmor; das r. Bein, auf dem er ruhte, ober dem Knie abgebrochen, das l., etwas vorgehende, in der Mitte des Schenkels; Schos und Leib entblöst, die Brust bedeckt von einem über die Schultern geworfenen Pantherfell, wovon eine Tatze auf der r. Schulter, die Kopfhaut auf der r. Hüfte hängt. Auf dem l. Ellbogen macht er aus dem Fell einen Schurz, worin Blumen, Aepfel, ein Pinien-Zapfen, eine Granate, und eine grosse Traube, deren Stengel er in der r. an der l. Brust liegenden Faust hält. — Aus dem Piräeus. (T.)

63) **Statuetten-Tors eines jugendlich männlichen Dionysos** vor einer kleinen Gruppe; erhalten vom Halsanfang bis zum Anfang der Schenkel; in der Vorderansicht nackt: an jeder Schulter herab auf die Brust eine lange Locke; wohlgebildeter Leib; Stellung in die r. Hüfte gesenkt. Der r. Arm war erhoben, um seine Achsel hinauf geht, emporgezogen, das an der r. Seite herabhängende Gewand. Der Hals neigt sich dem emporgestreckten Arme zu, so dass der (fehlende) Kopf, nach der r. Seite gewendet, am Arme (, der vielleicht über den Kopf gelegt war) geruht haben muss. Der l. Arm war wohl niedergelassen; es ist von der l. Brustseite ab nur noch ein Stück faltig Gewand erhalten. Hinter diesem Gewandstück und auf dem Theile, der

davon am Rücken hinauf nach der r. Schulter geht, .liegt der r. Arm einer zweiten Figur, und zwar der Ellbogen an den l. Hüfte, die Hand an der r. Schulter des Torses. (T.)

64) Rauhgewandeter Theatersilen, den Dionysosknaben auf seiner Schulter, Statue wenig unter Mannesgrösse. (Es fehlt vom Knaben: Kopf, l. Hand und l. Fuss: vom Silen: der r. Unterarm, der l. Fuss und der r. vom Knie ab.) Leib, Arme und Beine des Alten sind völlig behaart; diese Bedeckung ist aber als eine angezogene durch den Aermelsaum an der l. Handwurzel und die Glätte der Hand selbst bezeichnet. Sein Kopf, oben kahl, hat starkes Haar an den Seiten, vor und hinter den thierischen Ohren; runzlige Stirn, unterschwollene Brauen, breite Nase, breiten Schnurrbart über und um die geplätschten Lippen; massigfliessenden Wangen- und Kinnbart. Er ruht auf dem l. Bein, das r. tritt etwas vor. Das Gewand, vorn einen Schurz bildend, liegt an der r. Hüfte und dem r. Knie an, und ist von da wulstig hinauf nach dem l. Oberarm und Schulter und in den l. Ellbogen gezogen, über den es heraus an der Seite herab bis bei der l. Wade fällt. Der r. Oberarm am Leibe herab angeschlossen, klemmt mit dem Ellbogen das Gewand an die Hüfte, der (fehlende) Unterarm ging vor, die Hand hielt etwas, welches an der Seite des Oberschenkels aufsass, wo ein kleines Bohrloch ist. Der l. Arm, über den das Gewand hängt, biegt sich gegen die Brust herauf und hält an ihr die Wade des auf der Schulter reitenden Dionysosknaben, dessen r. Bein auf dem vom Gewand ganz behangenen Rücken des Alten liegt. Das Gewand des Knaben umhüllt Schenkel und Schultern und ist über den l. vorgebogenen Arm hinausgeschlagen. In der R. hält er eine tragische Maske, oben im Haar gefasst, dicht an's Ohr und die rechte Schulter des Silen.

Gefunden unter der Südseite der Akropolis, nicht weit von der Gegend des alten Theaters. Ἀρχ. Ἐφ. 1839, Nov. u. Dez., Nr. 325. (T.)
S. d. Abbild. T. V, Fig. 10.

65) Kopf eines Silens unter Lebensgr., der etwas getragen zu haben scheint; die r. Schulter gehoben. (Z. P.)

66) Rohgearbeiteter, maskenartiger Silenskopf. (Z. E.)

67) Bauch eines Silens unter Lebensgr.; gutes Fragment eines bequem hingelagerten Zechers, der etwa auch Herakles gewesen sein könnte. (T.)

68) Statuette eines jugendlich anmuthigen Satyrs 2¼' hoch. (Es fehlen der r. Arm, die l. Hand, der untere Theil des l. Beins vom Knie incl. bis zu den auf der Basis erhaltenen Zehen. Nackte, schlanke Figur von mässig weichem Ausdruck; ruht auf der r. Seite, doch so, dass er den r. Fuss auf die Zehen hebt und den l. vor denselben setzt. Die Brust zieht sich nach rechts hinauf, indem der r. Arm gehoben war. Der l. Arm ist mit graziöser Ausbiegung herabgelassen; über den Unterarm und Ellbogen hängt an seinem Schenkel herab auf und vor einem Stamm ein langes Fell unten mit breiter Löwentatze. Das Gesicht, im blühend weichen Charakter der idealen Satyrn, ist sanft nach seiner r. Seite geneigt. Das Haar umgibt in leichtgesträubten Lockenwellen Stirn und Schläfe und fliesst hinter den Spitzohren herab. Unter dem Rücken ist der Ansatz des Pferdeschwänzchens erhalten. — Aus Lamia in Thessalien. (H. E.)
S. d. Abbild. T. V, Fig. 11.

69) **Kopf eines jugendlichen Satyrs**, ziemlich im Typus des sogenannten Praxitelischen Fauns oder Periboetos. (Z. E.)

70) **Ungeschickte kleine Nachahmung des sogenannten Periboetos**, 1½′ hoch, roh gearbeitet, aber mit Beabsichtigung jener ruhenden Stellung, die den einen Fuss bequem hinter den andern schiebt. (T.)

71) **Tors einer jugendlichen Satyrfigur**; sie war etwa 2′ hoch; nur das Mittelstück, der halbe Leib und ein Theil der Schenkel, und hinten ein Theil des Schwänzchens erhalten; trefflich gearbeitet. (Fa.)

72) **Oberleib eines sitzenden Satyrs** mit vorgestreckten Armen, eingezogener Brust, unvollendet. (Z. E.)

73) **Kopf einer bacchischen Statue von Pentel. M.**, über Lebensgr.; scheint weiblich, mit sanftverjüngtem Gesichts-Umriss, grossen Augen, dichtem Gelock an den Seiten und in die Stirn, ziemlich hoch und breit gewölbtem Haarputz. Vorn im Haar herum über den Stirnlöckchen und unter dem obersten Haaraufsatz eine Anzahl grösserer und kleinerer Bohrlöcher; in den kleineren Bronze. (V.)

74) **Kleiner Tors einer — Ariadne? Thyade?** war nur etwas über 1 Fuss hoch; im Chiton, mit dicht unter der Brust umgeschlagenem Himation; beide Arme herabgelassen; Hände fehlen. Vom Rücken herauf und queer herüber zwischen die Brüste und über den Leib hinab ist, scheint es, eine Schlange geschlungen. (Fa.)

75) **Rest einer kl. bacchischen oder mystischen Gruppe.** Junger männlicher Tors, 1½′ h., ein grösserer Arm ruht auf seinen Schultern, auf seiner linken Seite eine zusammengewickelte Schlange haltend. (T.)

76) **Vierseitige Herme des Dionysos und dreier weiblicher Figuren.** Oben ein Modius, darunter ein bärtiger Dionysos, ithyphallisch, an den drei andern Seiten weibliche Halbfiguren in Diploidien. In den vier Ecken Armlöcher. (Liber cum Libera triformi). (T.)

77) **Kleine Dionysos-Herme.** Epheubekränzter Kopf von edlem Charakter, wohl erhalten (nur die Nase neu). Statt der Arme Löcher zum Einstecken von Gitterstäben, und im Hinterkopf eine rechtwinklige Vertiefung zu gleichem Zweck. (U.)
Vgl. die folgende Nummer und unten Nr. 108.

78) **Pan mit dem Rücken an einem schmalen Pfeiler**, dessen Capitäl über seinem Haupt emporsteht, gegen 3 Fuss hoch, von Pentel. M., sehr wohl erhalten. S. linker Bocksfuss steht an der Pfeiler-Basis (einer verkehrt fallenden Welle), der rechte ist davorgesetzt. Auf die rauhhaarigen Beine fällt der an seiner r. Seite verkürzte Mantel, der einen Aermel um den l. Arm bildet, welcher mit der Syrinx herabgelassen ist. Der r. Arm befindet sich im Mantel und hält von innen an der Brust die faltig sich kreuzenden, wie ein Kragen um Schultern, Hals und Brust liegenden Ueberschlag-Enden des Mantels zusammen. Das über die linke Schulter gehende hängt am Rücken hinab in einer schmalfallenden Masse mit dem Zipfel auf die Pfeilerbasis. Das schmale, etwas linksgewendete Gesicht verschmilzt die mässige Bocksähnlichkeit mit einem gewissen Ernst und respektabeln Wesen. Der Schnurrbart um die dicken Lippen und der Wan-

genbart fallen tief um's Kinn herab; die Nasenwurzel ist vorgewölbt, Stirn und Kopf hoch, das Haar schwerlockig dicht gelegt; die spitzen Ziegenohren mit Warzen darunter legen sich an die Schläfe; oben auf der Stirnmitte nah beisammen kurze Bockshörnchen. Die ganze Figur, scheint es, war roth angestrichen. Denn in und unter den Augen, an den Lippen, im Bart, auch an der Syrinx und im Mantel sitzt die Farbe noch stark genug. Eine viereckige Vertiefung in der oberen Horizontalfläche des Pfeiler-Capitäls für einen Gitterstab zeigt, dass die Figur einer Balustrade angehörte. (T.)

Aus dem Peiräeus. Ἀρχ. Ἐφ. 1840, Jan. u. Febr. Nr. 383.

S. d. Abbild. T. V, F. 9.

79) **Tors eines kleinen Pan** c. 1¼' h. Kopf und Beine von den Knieen ab fehlen. Gewand über den rauhen Hüften um dem Oberleib, die Rechte eingehüllt, Syrinx in der L. (M.)

β) **Reliefs.**

80) **Dionysos und eine Nymphe?** Fragment eines mässig erhobenen Reliefs, c. 20" h., von guter Arbeit, etwas hart im Gefält. Die Köpfe fehlen. Links die **männliche Figur** (ihre rechte Seite abgebrochen) im durchsichtigen Chiton, das Himation um die Hüfte angezogen mit der l. Hand, die etwas hielt (Bohrloch). Rechts daneben die **weibliche Figur** im Diploidion, den r. Arm hinter dem Mann, den Busen gegen ihn gekehrt, die Beine lebhaft wegschreitend. (M.)

81) **Pan auf dem Felsen, vor sich eine verhüllte weibliche Gestalt**, hohes Relief von Pentel. M., schöner Zeichnung und Arbeit, beschädigt, c. 1' breit, 20" h. Links **Pan**, gegen rechts profilirt, auf steilem Felsstein sitzend, die Beine freischwebend, den Oberleib (, der zerstört ist) eingebogen, den Ellbogen im Schos (wohl die Syrinx blasend). Nah vor ihm, auf dem Boden vor seinem Felsen stehend, eine verhältnissmässiggrosse **Frauengestalt** in aufrechter Stellung, halb profilirt, ganz vom Himation umhüllt, welches nur das Gesicht und den l. Fuss mit Sandale ungedeckt lässt. Das Himation liegt als Schleier um den Kopf und geht von der l Kopfseite herab über die Schulter und den l. ganz eingewickelten, in die Seite mit umgelegter Hand gestemmten Arm herunter, unter dem Arm mit umgelegten Vertikalsäumen bis an den Boden fallend. Von der r. Kopfseite geht die Schleier-Masse um den Hals herum hinüber, über jene von der l. Schulter fallende, nach dem Rücken. Der r. Arm ist innerhalb dem Himation hinabgestreckt vor dem Leibe gehalten, so dass er das Gewand spannt, welches die ganze Seite der Gestalt ausdrückt, den Contur des Armes zeichnet, und sich vom Fusse nach der Hand hinauf in schräg aufwärtsgehende Falten zieht. Bei dieser ruhigen, geraden und geschlossenen Stellung neigt die Frau oder Jungfrau den Kopf und macht im Ganzen, gegenüber dem seltsamen Hölen-Gott, einen anmuthig feierlichen Eindruck.

Aus der Batterie unter den Propyläen. (P.)

S. d. Abbild. T. V, F. 12.

82) **Pan, in seiner Grotte besucht.** Relief-Bruchstück von Pentel. M., nicht ganz 1 Fuss hoch, in die Breite 10" erhalten (etwa die Hälfte der ganzen Breite, die es gehabt). Die Grotte,

so weit sie erhalten, bildet die Hälfte eines gedrückten Bogens, dessen breiter Rand höher her-
ausgearbeitet ist als die Figuren. Links im Winkel der Grotte auf ihrem etwas ansteigenden
Felsboden sitzt Pan, nach rechts, doch etwas dem Beschauer zugewendet, und bläst auf der
Syrinx. Nah vor ihm, gleich unter dem abschüssigen Gestein, auf dem er sitzt, steht auf dem
ebneren Boden der Grotte eine hohe, schlanke männliche Gestalt, deren leichtes Gewand
nicht ganz bis auf die Kniee reicht, so wie auch der von der l. Seite um Hals und Arm geschla-
gene Ueberwurf, an der r. Seite offen, vorne nicht unter die Schenkel hinab reicht, und auch das
Rückenstück nicht tiefer herabhängt, dessen Vertikalsäume unter dem r. Ellbogen und neben dem
Contur des Schenkels hervortreten. Dieser Mann steht, im Schritt zu Pan hin, en face, den r.
Arm vom Ellbogen auf- und die Hand gegen die Schulter zurückgebogen, und wendet sein Gesicht zum Rückblick und hat im linken, herabgebogenen Arm den Arm einer andern Figur,
die er führt. Mehr aber als dies auf des Mannes Unterarm liegende Armstück ist von der dritten
Figur nicht erhalten; da hier, in der Hälfte, die Grotte abgebrochen ist.

Angeblich 1829 unter der Pansgrotte an der Akropolis gefunden. (In Pittakis Haus.)
Ἀρχ. Ἐφ. 1840, Jan. u. Febr., Nr. 389.

83) **Panisk unter einem dicken Baum.** Relief. (St.)

84) **Bocksfüssiges Fragment eines Hochreliefs** v. Pent. M., das etwa 1¼′ h. war. Sitzender Panisk? Auf Ziegenfell, dessen Füsse vorstehen, Sitzender? — (H. P.)

85) **Satyr mit Dreifuss und Mann,** choragisches Relief, gut und sehr flach gearbeitet.
Ein Mann, in's Himation gewickelt, steht unfern einem kleinen bärtigen geschwänzten Satyr,
welcher vorgebeugt, mit Lebhaftigkeit die Füsse eines Dreifusses auf einer Drei-Stufen-Basis
fasst. (Beim Zugang zu den Propyläen.)

f) Hermes. Epheben.

86) **Hermes Kriophoros** (oder Guter Hirte?). Statue geringer Arbeit, Widder auf Schultern,
Kopf und Füsse fehlen. (St.)

87) **Hermes** — oder heroischer Epheb. Torso. Die Chlamys hängt um den Hals auf der Brust
und über den l. (fehlenden) Arm. Auch von dem rechten nur die Schulter und von den Schen-
keln wenig erhalten. Guter Leib. (T.)

88) **Hermes** — oder heroischer Epheb. Torso von guter Arbeit. (Kopf, Arme und Beine
grösstentheils fehlen), ruhend auf dem r. Bein, dessen Hüfte heraustritt, die r. Schulter gesenkt,
die l. etwas gehoben, mit der Chlamys umhüllt, übrigens nackt. Der r. Schenkel beschädigt, vom
l. nur der Anfang erhalten. (T)

89) **Unausgearbeitete Hermes-Statue,** ruht auf dem l. Bein, das r. etwas vorgesetzt, den r.
Arm vor sich gehalten, den l. niedergelassen, den Kopf sinnend nach der Seite geneigt. Die
Chlamys auf der r. Schulter gefibelt, bildet nur ein kurzes Dreieck über die Schultern um den
Hals. Unterarme fehlen. (T.)

90) **Heroischer Epheb** (Theseus?) in kämpfender Stellung, Statue über Lebensgr.
von guter Arbeit, jedoch in den länglichtschlanken Proportionen der gesunkenen Kunst. (Es

fehlen das r. Bein vom Knie ab, und der l. Fuss bis zum Schienbein, der halbe l. Arm und der grösste Theil des R.) Die an der r. Schulter gefibelte Chlamys deckt blos die l. Brust und den nah am Leib aufgebogenen l. Arm, und fällt ein Stück derselben auf den Stamm, welchem sich das linke, in ausfallendem Schritt vorgesetzte Bein mit Schenkel, Knie und Wade anschliesst. Der r. Arm war, ausholend, zurückgestreckt, so wie auch das r. Bein zurückstand; die Brust ist nach der l. Seite vorgeworfen, der Hals gestreckt, der lockige Kopf nach links aufwärts gewendet; die Augen, mit ausgeführten Pupillen, sehen gerade aus. (T.)

100) Torse und Fragmente von Hermes- und Epheben-Statuen. (v. Br. R.)

101) Reliefstele mit jugendlichem Hermes neben einer verhüllten Frau. (St.)

g) Asklepios und Votifreliefs.

102) Asklepios, Tors einer Statue von übermenschl. Gr., ganz im gewöhnlichen Motiv, ruhend auf dem l. Bein (welches ober dem Knie abgebrochen), in der l. Achsel das Gewand gestopft (für den Stab, auf den er sich stützte), den l. Arm an der Hüfte; über dem Ellbogen kreuzen sich die Massen des Himation, die von der l. Schulter und von der r. Hüfte kommen. Der r. Arm im Oberarm, das vorgesetzte r. Bein ober dem Knie abgebrochen.

Vom Denkmal des Eubulides. (S. auch oben Nr. 74: Hygiea? und 75.) (T.)

103) Relief: Opfer an die (Asklepios-)Schlange für einen (kranken) Knaben in gutem Styl, trefflich erhalten. Links eine grosse Schlange, aus einer Grotte hervorzüngelnd: dann, ihr zugewandt, ein bärtiger Mann im Mantel, der in der r. vorgestreckten Hand ihr etwas darbeut. Hinter ihm ein Knabe, ganz in's Himation gewickelt, mit gleichem Gest der rechten Hand. — Gefunden in Böotien bei Sialesi (Eteonos). (U.)

104) Votifrelief für einen Kranken, Stele in Anten unter Krönung gerahmt, mit Inschrift im Architrav, über 2 Fuss hoch und breit. Hohes Relief in nicht schlechtem Styl. Links ein kleiner Mann, rechts hingewendet, ganz in's Himation gehüllt, die R. darin nach der Brust hinaufgelegt, die L. unter der Brust vom Gewand überhangen. Dann ebenfalls nach rechts hingewendet, ein etwas grösserer Mann, das Himation um die l. Schulter und r. Brust und überhängend über die Handwurzel der linken an der Seite vorgehenden Hand, die Rechte ebenfalls an die Brust gehalten. Dann ein kleiner Altar. Ferner, auf einem Sessel, rechtshin sitzend, ein Mann, das Gewand, bei übrigens blosem Oberleib, um den Schos, die l. Schulter und den l. Arm geworfen, der, aufgebogen, in der Hand einen Stock zu halten scheint, (Hals und Kopf fehlt), mit der R. fasst er die L. eines im Bette liegenden jungen Mannes oder Knaben, von dem ausser diesem blosen Arm Brust und Kopf sichtbar sind. Er liegt von rechts nach links hin, so dass er den Sitzenden, wie jene hinter dem Alten Stehenden im Gesicht hat. Rechts, hinter der Rücklehne des Bettes steht ein grosser jugendlich männlicher Gott, nur unterhalb vom Himation umhüllt, die l. Hand am Saum desselben an der Hüfte, den r. Arm ausgebogen und die Hand über dem Haupte des Kranken senkend. Im Architrav mit Buchstaben etwa der mazedonischen Zeit: ΕΠΙΙΕΡΕΟΣΔΙΟΦΑΝΟΥΣΤΟΥΑΠΟΛΛΩΝΙΟΥ (Unter dem Priester Diophanes, Apollonios Sohn).

Von der Akropolis. (Z. E. dann P.)

105) Opfer bei einer (Asklepios-) Schlange, kl. Relief von geringer Arbeit, späten Charakters. Rechts ein Baum mit laubigen Aesten, umwunden von einer Schlange. Davor ein
Knabe, der ein Schaf, um das er die Linke geschlagen, herbeiführt. Hinter ihm, das Gesicht
en face, aber nach ihm hin gewendet, ein Mann in Chiton und Chlamys, in der L. einen langen
Stab; die R. hält er vor den Mund. (P.)

106) Genesungs-Opfer? Relief einer Stele mit einfacher Krönung, in wenig vertieftem Felde,
von geringer Arbeit. Rechts ein Mann, auf einem Sessel, linkshin profilirt, die Füsse auf einem
Schemel, das Himation um den Schos, in welchem die Linke liegt. Die R., nah über seinem Knie
hinabgebogen, hält, scheint es, einen kleinen Vogel. Zu seinem Schemel hingerutscht, sitzt am
Boden ein Knabe, mit eingezogenem l. Bein und ausgebogenem rechten, stützt den l. Arm auf
den Schemel und wendet den blosen Leib und den Kopf zu dem Manne empor, während er mit
der zurückgestreckten Rechten einen Hahn am Halse hält. In dem schmalen Raum über dem
Bildgrunde unter der Stelenkrönung stehen die Namen Eupolemos und Demetrios, der
erstere rechts, ober dem Manne, der letztere links, unter den ersteren laufend, oberhalb dem
Knaben: ΕΥΠΟΛΕΜΟΣ

      ΔΗΜΗΤΡΙΟΣ   (Z. P. dann P.)

h) Herakles.

107) Relief: Herakles, den Erymanthischen Eber tragend, in einfach gegiebelter Stele,
die über 1 Fuss breit; von der Höhe 2 Fuss erhalten; unten abgebrochen ober den Knieen der
Figur. Die nackte Gestalt des Heros schreitet, profilirt, von links nach rechts, auf der Schulter
den umgekehrten Eber, so dass dessen Kopf hinter seinem Rücken herabhängt, und die Füsse,
etwas eingezogen, emporstehen. Beide Arme aufgebogen, der linke, vorausgestreckt, greift hinter
dem Thier herum und die Faust erscheint mit der nach rückwärts schräg aufgerichteten Keule
dicht bei den Hinterfüssen des Ebers; der rechte, am Hinterkopf des Helden emporgestreckt,
biegt sich nach rückwärts aus und hält die Hand dicht bei den Vorderfüssen des Thiers. Auf dem
Haupt des Helden ein bauschiger Aufsatz (Athleten-Kranzwulst?). Das Löwenfell und, scheint
es, die Chlamys, zum Theil auf die l. Schulter unter die Last gelegt, hängen in verschiedenen
Massen frei vor der Brust, der linken Hüfte und Schenkel und hinter dem r. Schenkel. Das
Oberste der Zeichnung ragt in den kleinen Stelen-Giebel hinein. Der Styl der Darstellung ist
nicht sowohl alterthümlich, als einfach. — Angeblich in der Nähe des Theseion gefunden. (T.)
    Ἀρχ. Ἐφ. 1839, Sept. Okt., Nr. 294. (Vgl. oben Nr. 30. 44.)

108) Kleine Herakles-Herme an einen Lorbeerstamm gelehnt, der die Figur um ¼ Fuss
überragt, das Ganze 2¼' hoch. Das Gesicht, welches bärtig war, ist abgeschlagen, die Figur ganz
mit der Chlamys umwickelt bis über den Schos hinab, von wo ab der Hermenpfeiler sich verjüngt. Die r. Hand liegt innerhalb der Chlamys an der r. Brust; der l. Arm, bis zur Handwurzel
überhangen, ist an der Seite herabgelassen. In der Mitte der Brust hängt eine Löwentatze aus
den Säumen der Chlamys heraus, vom l. Ellbogen ab und unter der l. Faust hängt die Löwenkopfhaut mit Mähne und Vordertatzen. Oben am Lorbeerstamm sind einzelne Aeste und das

Blätterwerk leicht ausgearbeitet. Im Stamme oben ein rundes, wenig tiefes Loch (Kandelaber? Gitter-Pfeiler?) — Aus dem Peiräeus. (Vgl. oben Nr. 77. 78, unten Nr. 115.)　　(T.)

109) Kleine Heraklesherme (Kopf fehlt) mit herumgewickeltem Löwenfell, die Löwenkopfhaut vorn.　　(Cn.)

110) Stück einer Herakles-Keule 1′ 4″ lang, mit Löwenfell darauf und einem kleinen Löwenkopf über einem Knorren der Keule.　　(Fa.)

111) Herme eines jugendlichen Herakles in natürlicher Grösse; der Kopf fehlt, der Tors, entblöste Leib und Schos erhalten, die Schenkel verlieren sich in Hermenform. Auf der Brust die im Knoten gekreuzten Löwentatzen; der r. Arm unter der Schulter abgebrochen. Das Löwenfell geht von den Schultern um den Ellbogen des l. Arms herein und hängt vom Vorderarme (dessen Hand fehlt) herunter, in eine Tatze endigend. Eine Inschrift, dicht unter dem Nabel beginnend, ist über die Wölbung des Bauches und die Weichen, dann zu beiden Seiten des Gliedes und unter ihm eingegraben. Sie nennt, in schlechten Zügen aus der Römerzeit, unter Behörde-Namen die Namen der Mitglieder einer Privat-Genossenschaft.

Aus Tenos. (Kunstbl. 1836, Nr. 17. Bulletino d. Ist. d. Corrisp. arch. 1832, p. 56. Abbild: Expéd. d. Morée Vol. III, pl. 17 f. 2; vgl. daselbst: Inscriptions p. 5.)　　(T.)

i) Idealfiguren, Attribute, symbolische Figuren.

112) Kleiner — Ganymed? Hochrelief, etwa 1′ h., Kopf u. r. Arm fehlen, nackt, aufrecht, das l. Bein über das r. geschlagen, Chlamys auf l. Schulter und Ellbogen. An der l. Seite ein zerstörtes Attribut (Adler?).　　(Beim Parthenon.)

113) Kleiner Todtengenius gewöhnlicher Art. Hochrelief, 1¼′ h.　　(H. P.)

114) Colossale Amazone als Karyatide, unter sich ein Pfeiler-Postament, woran in Relief der kleine, halbmondförmige Amazonenschild, über sich ein korinthisches Pilaster-Capital von später römischer Arbeit. Der Chiton lässt die l. Brust blos und ist, zweimal aufgesteckt, verkürzt, die Beine bis über die Kniee blos; die Arme fehlen. — Aus Luku (in der Thyreatis.)

Abgebildet Expéd. d. Morée Vol. I Titelbl. Vol. III, p. 88.　　(T.)

115) Karyatidenartige Statuette von feinem Marmor, gut gearbeitet. Erhalten blos Hals und Kopf einer Jungfrau mit langen Seitenlocken — Epheuumkränzung? — fast rund an einem Pilaster, dessen Capital über dem Hinterkopf emporsteht. Vom Kinn bis zum Capital 8″.

Gefunden mit mehreren gleichen im Peiräeus.　　(Fa.)

116) Medusenhaupt, colossal, mit Schlangenknoten unter dem Kinn, in spätem römischen Styl.　　(Im Garten des Königs, unweit dem Iliss.)

117) Kleiner Medusenkopf, hocherhaben, in spätem Styl.　　(Beim Parthenon.)

118) Eule der Pallas, colossal. Kopf und Oberteil bis an den unteren Leib (über 2′ h.) erhalten; Schnabel abgestossen; mit grossen brillenförmig umränderten Augen (von einem Augenstern zum andern 8″), die Flügel gesenkt, die Federn am Leib leicht angedeutet.　　(An der Nordseite des Parthenon.)

119) **Zeus-Adler mit Schlange**, colossales Bruchstück; nur die Klauen auf der Schlange erhalten. (T.)

120) **Liegender Sphinx-Löwe** (ohne Kopf), vorn mit der sogenannten Kalantika bedeckt. (T.)
Aus Luku (Thyreatis). Abbild. Expéd. d. Morée V. III, pl. 89, f. 2.

121) **Flügel-Sphinx, Relief** von Pent. M., von l. nach r. profilirt, auf den Hinterfüssen sitzend, den etwas vorgesetzten Vorderfüssen stehend, Kopf und Haar und die Brust jungfräulich, auf dem Haupt einen Modius (Kalathos), die Flügellinien machen den Zug eines liegenden ♀ von der Brustseite über den Rücken an den Hinterkopf. Trefflich stylisirt. (St.)
S. d. Abbild. T. VI (links in der 2. Reihe. Vgl. daselbst die Stelen-Krönung mit Flügelsphinxen als Akroterien: unterste Reihe, Mitte).

122) **Grosse, runde, aufrecht hockende Flügel-Sphinx mit einer (Todten-) Urne,** unvollendet, voll puntelli, mit weiblichem Kopf und Brüsten, thierischen, löwenmässigen Armen und Füssen. Das Haar gebäumt, nach Art eines tragischen Onkos, und diesen Haaraufsatz angebunden unterm Kinn mit einem Band, das zwischen die Brüste geht; ausserdem den Kopf mit einem Tuch (oder Fell) bedeckt, die l. Schulter überragt von einem (noch unausgeführten) Flügel, hockt sie auf den Hinterfüssen, zwischen welche in den Schos hinein sich von hinten ein Schweif hervorschlägt, und wendet den aufgerichteten Leib nach ihrer l. Seite an eine Urne, die sie mit der l. Tatze hält; auf den Mund der Urne stützt sie den rechten Ellbogen, legt die rechte Tatze an ihre Kopfseite an das Tuch und wendet ihr Gesicht — mit schmerzlichem Ausdruck? — zurück. Aus Delos. (T.)
Abgebild. Expéd. d. Morée Vol. I Titelbl. Vol. III, pl. 22, f. 1.

123) **Kleine hübsche Sirene mit grossem trigonem Saiten-Instrument über einer** (nicht ganz ausgearbeiteten) **Urne.** (St.)

124) **Sirene, als Stirn-Ziegel (Stelen-Krönung?).** Auf dem Sockel des Marmor-Ziegels, oder dem Bande desselben, worauf sie steht, bilden ihre gleichmässig herabgeschweiften Flügel im Ganzen eine Glockenform und die aufrechte, schlanke Figur steht ganz umfasst zwischen ihren Flügeln, gleichsam in der Glocke. Von den Umrissen ihrer Hüften an die inneren Flügellinien rechts und links gehen kurzbögige Bänder, wie Stützen zwischen den Oberhüften und Flügeln. Kopf und Leib sind jungfräulich, am Halse Locken; die l. Hand an die l Brust gelegt, den r. Arm aus- und aufgebogen nahe zum obern Flügelrand; die Vogelfüsse stehen nah beisammen; neben ihnen herab kurz ausgeschweifte Linien, parallel den inneren Flügellinien, wie zur Andeutung kürzerer, innerer, gleichfalls gesenkter Flügel. (Z. E. dann P.)

Wenn sich die im letztbehandelten Abschnitt vereinigten Bildwerke grossentheils als attische im engeren Sinne betrachten liessen, so gilt dies von den vorstehenden im Ganzen weit weniger. Doch können die Reliefs Nr. 81 und 82 in dieser Beziehung hervorgehoben werden; besonders halte ich für eine nach Form und Inhalt attische Darstellung das erstere, Nr. 81, welches von schöner Zeichnung und mit mehr Zartheit ausgeführt ist, als es in der Abbildung (T. V, F. 12) erscheint. Wer ist hier die verhüllte weibliche Gestalt, die so dicht vor Pan steht? Müller hat sie in seiner kurzen Note als Nymphe bezeichnet. Pan und Nymphen sind allerdings in der Poesie und Plastik oft verbunden. Ich denke nur, wenn die Absicht wäre, diese zwei Naturwesen zusammenzustellen, so würden sie entweder in einer charakteristischen Wechselbeziehung, sei es einer traulichen, sei es contrastirenden bestimmter als hier erscheinen, oder aber als blos coordinirte mehr gegen den Beschauer gewendet sein. So aber hat die weibliche Gestalt weder den Ausdruck einer gewohnten oder spielenden Beziehung zu Pan, noch der blosen Local-Nachbarschaft, sondern einer sachten und besonnenen Annäherung mit irgend einem Anliegen. Ich glaube, es ist Kreusa, Erechtheus Tochter, die für ihre heimliche Last Zuflucht in der Pansgrotte sucht. Dies Relief ist aus der modernen Batterie unter den Propyläen, in der Nähe vom Piedestal des Agrippa hervorgezogen (Kunstbl. 1835, Nr. 76), also an der Nordseite des Aufweges zur Burg oberhalb dem Abhange, in dem die Pansgrotte liegt. Da in diese Batterie von den Türken noch andere, nachweislich aus der Nähe zusammengeraffte Bildwerke eingebaut worden, dürfte auch dies Relief sich ursprünglich in der Nähe, an der Pansgrotte oder bei der alten Felsentreppe oder ihr befunden haben. In dieser Grotte war nach bekannter attischer Legende Jon, der mythische Stammvater der ionischen Bevölkerung Athens, bei seiner Geburt verborgen worden. Dies Kind war ein Sohn Apollons. Apollon hatte die Königstochter Kreusa beim Blumenpflücken überfallen und in der Grotte des Pan mit Gewalt umarmt. Jon, die heimliche Frucht dieser Liebesgewalt, wurde dann von ihr in derselben Grotte ausgesetzt. Apollon aber versetzte den Sohn in seinen Tempel nach Delphi, wo ihn spät erst die Mutter wiederfand. Mir scheint nun auf unserem Relief die Ueberhüllung und Umschleierung der dicht vor Pan Hingetretenen, ihre gleichsam stockende Stellung, gestreckt, aber mit gesenktem Haupte, und endlich die Art, wie sie mit den eingewickelten Armen ihr Gewand am Rücken und vor dem Schose festhält — alles für Kreusa, die den Pan um ein Geburts-Asyl angeht, sich zu eignen. Ihre ganze Erscheinung hat den Ausdruck von Geheimniss und Vorsicht; deutlich hat sie ein Begehren an Pan; ja man kann im Gewandmotiv ihren körperlichen Zustand angedeutet glauben [1]).

Der attischen Mythologie wird auch das folgende Relief (Nr. 82) zugeeignet, wenn man es mit Müller erklärt: Kekrops, der seine Töchter zu Pan führt. Dass hinter der Figur, deren Arm auf dem des vermuthlichen Kekrops erhalten ist, noch mehr Figuren folgen mussten, zeigt die Beschaffenheit des Bruchstücks unleugbar, und so ist die Voraussetzung, dass der Herangeführten drei gewesen, ohne Schwierigkeit. Wenn Pittakis Angabe, das Relief sei unweit der Pansgrotte gefun-

---

[1]) Nach Euripides hat Kreusa den Jon in der Panshöle ausgesetzt, aber nicht darin geboren, sondern den Neugeborenen hingetragen. Aber gewiss liessen Andere die Grotte seiner Entstehung und Aussetzung auch seine Geburtsstätte sein. Es ist einfacher als jenes. In der besonderen Mythenausführung liebten die Dichter Abwechslung.

den, nicht blos durch die Vorstellung, oder durch Müller's Erklärung veranlasst ist: so kommt dieser Umstand solcher Deutung entgegen. Neben der Pansgrotte im Akropolisfelsen, wenn man vor ihr
steht, links, ist die Grotte der Kekropstochter Aglauros. Der davor einst abgegränzte heilige Bezirk
der Aglauros ward samt den abschüssigen Felsstücken bei und unter der Pansgrotte „Makrä" (Lang-
felsen) genannt. „Hier — sagt Euripides (Jon V. 492 f.) — schweben die drei Töchter der Aglauros
im Tanze auf grasiger Bühne bei den geklüfteten Felsen vor den Heiligthümern der Pallas, wenn in
der Nachbar-Grotte Pan die Syrinx bläst." „Die drei Töchter der Aglauros" d. h. die Töchter
des Kekrops; denn seine Gemahlin hiess Aglauros, wie die älteste Tochter. Die beiden andern waren Herse und Pandrosos. „Vor den Heiligthümern der Pallas," d. h. vor der Burg;
denn in ihrem Nordabhange nah dem Nordwest-Eck und dem Aufwege liegen die Makrä, und die
Grotte der Aglauros ist durch eine innere Felsentreppe mit dem über ihr stehenden Tempel der Pallas
Polias verbunden. Hier „tanzen sie, wenn Pan in der Nachbargrotte flötet," leben also wie Nymphen
der Felsenkluft neben dem Hölen-Gott. Auf diesen Local-Cultus ist Müller's Deutung von unserem
Relief gestützt. Nächstdem auf ein ähnliches, aber stylisirter und reicher ausgeführtes, welches im
Museum Worsleyanum auf der neunten Tafel abgebildet und S. 19 in gleichem Sinne erklärt ist.

In diesem Relief des Museum Worsley sieht man links oben im Eck auf einem Felsgurt den Pan
liegen, in der Linken die Syrinx, mit der Rechten ein Trinkhorn erhebend. Von da setzen sich die
Felsen-Steine um den oberen Theil des Bildes hin und an der rechten Seite herunter fort, so dass
das Ganze einen hölenartigen Felsenraum vorstellt, über dessen oberem Seitenrande jener Pan, als in
einer zweiten, höheren Grotte ruht. Unterhalb ihm schreiten fünf Anbetende mit einem lammführenden
Knaben von links nach rechts und vor ihnen stehen, ihnen zugewendet, vier bedeutend grössere Gestalten; eine männliche, im kurzen Chiton und Chlamys, dann drei weibliche in Doppelgewandung.
Von jenen Anbetenden sind die drei vordern männlich, in Himatien, welche die rechte Seite der Brust
blos lassen, die zwei folgenden weiblich, beide den Kopf und den rechten am Leib liegenden Ellbogen vom Himation umhüllt. Sie folgen einander dicht, mit der gleichmässigen Haltung eines Opferzuges. Die grosse Mannesgestalt tritt zu ihnen heran von einem vierseitigen Felsblock, welcher den
unteren Theil der nächststehenden grossen Jungfrau deckt, die also hinter dem Blocke steht, jedoch
zum grösseren Theile sichtbar über ihm hervorragt. Sie steht en face, ruhig, aufrecht, über Kopf und
Schultern umhüllt vom Uebergewande. Ihr schliessen sich, mehr im Herantreten mit Seitenwendung
vorgestellt, die beiden andern grossen Jungfrauen an, in faltigen Diploidien, aber ohne Kopfumschleie-
rung. Sichtbar sind diese drei Jungfrauen und ihr Vortreter die Gegenstände der im Relief darge-
stellten Verehrung. Ihre bedeutend höhere Grösse bezeichnet sie als göttliche Wesen, und die Opfer-
prozession ist ganz auf sie gerichtet. Pan, im oberen Winkel, in kleiner Figur, und abgewendet von
der Szene unter ihm, dient nur zur Bezeichnung des Locals oder der Sphäre, der die Wesen, welchen
das Opfer gilt, angehören. Bei der letzten Jungfrau erscheint im unteren Winkel des Bildes an Stein-
blöcken ein sehr grosser bärtiger Kopf oder Maske, Profil eines väterlichen Dionysos oder Hermes.
Der Herausgeber erklärt ihn mit Recht für Bezeichnung eines Quells. Quellmündungen wurden häufig
in Masken der alten Wald- und Trift-Gottheiten gefasst oder sonst mit ihren Bildern geziert. Dies
vereinigt sich auch sehr wohl mit der ganzen Deutung des Herausgebers, dass Kekrops mit seinen

Töchtern, und zwar in der Kluft der Makrä bei der Pansgrotte der Akropolis, vorgestellt sei. Denn neben dieser Kluft befand sich und befindet sich noch im Fels der Akropolis der Brunnen Klepsydra.

Zwar für topographisch genau, wie man wohl früherhin glaubte, darf man die so aufgefasste Darstellung nicht nehmen. Denn Grotte und Bezirk der Aglauros, was hier die Seite des Bildes rechts unter der Pansgrotte wäre, liegt in der Wirklichkeit der letzteren links. Auch ist der Brunnen Klepsydra nicht unter oder dicht neben der Aglauros-Grotte, sondern in der Felswand der Pansgrotte. Indessen kann sein Wasser eine Mündung linkshin in den Bezirk der Aglauros gehabt, auch dieses Bezirkes unterste Terasse sich rechtshin unter die Pansgrotte und über ihre Linie hinaus erstreckt haben.

Mehreres ist jener Erklärung günstig. Das Bildwerk stammt aus Attika. Vom Weihenden ist in der Unterschrift noch sein Heimatflecken, der attische Gau Phlya, zu lesen [1]). Dass den Athenern Kekrops und seine Töchter heilig waren, ist bekannt. Das Grab des Kekrops war im Poliastempel. Mit diesem Tempel stand das Heiligthum der Aglauros und mit dem Cultus der Pallas die mystische Festfeier der Aglauros in Verbindung. Pandrosos ist wieder im Poliastempel selbst Opfergenossin der Göttin. Und zwischen diesen beiden Schwestern, die sogar als Beinamen der Pallas Athena genannt werden, steht Herse, Theilnehmerin des mythischen Unterganges der Schwestern und ihrer Heiligkeit. Alle drei werden Jungfrauen, auch Flur-Jungfrauen (Parthenoi Aglaurides) genannt, Aglauros aber als Geliebte des Ares bezeichnet, dem sie die Alkippe (eine Bewässerungs-Nymphe) gebar, Herse und Pandrosos als geliebt von Hermes, der mit ihnen die Geschlechtsheroen der erblichen Opferherolde von Athen erzeugte. Ein Hauptfest der Aglauros waren die Waschungen (Plynteria) im Frühling. Es wurden da in ihrem Bezirke die Kleider der Pallas unter mystischen Zeremonien gewaschen, während das alte Bild der Göttin verhüllt, der Zugang zur Akropolis durch ein Seil gesperrt, der Tag ein düsterer war, an dem kein Geschäft sollte vorgenommen werden. Nach einer Sage soll das Ende der Aglauros Versteinerung gewesen sein, weil sie missgünstig der Liebe des Hermes zu ihrer Schwester Herse entgegentrat. Zu alledem passt die Art, wie im Relief die vorderste der Jungfrauen vorgestellt ist. Man kann den Felsblock, hinter und über dem ihre Gestalt sichtbar wird, und ihre gerade, unbewegte, geschlossene Stellung selbst, während die beiden Andern bewegter und minder verhüllt sind, als eine Andeutung ihrer Versteinerung fassen. Die Umschleierung, die sie auszeichnet, entspricht der mystischen Natur ihres Cultus. Ihr Himation umgibt den Leib, umhüllt den Kopf, liegt, umgeschlagen, um den Hals und ist von da über die linke Schulter nach dem Rücken geworfen. Ihr linker Arm liegt gerade herabgelassen auf dem Gewand, der rechte befindet sich, vor den Leib herabgelegt unter ihm, die Hand greift heraus und fasst es, wodurch zarte Queerfalten über dem Schose entstehen. Die ganze Haltung gibt ihr etwas Geheimnissvolleres als den Schwestern, die übrigens auch eine Erscheinung und Gewandung haben, wie sie für Heroinen und für nymphenähnliche Wesen sich schickt. Nur den Vortretenden möchte man eigentlicher und feierlicher charakterisirt wünschen, wenn er den Vater

---

[1]) . . . . . ΙΙΠΟ ΦΛΥΕΥΣ ΑΝΕΘΗΚΕΝ (N. N. des Phil)ippos Sohn aus Phlya hat's geweiht. — Zu Folge dem H in dieser Inschrift, gehört das Werk nicht vor die letzten Jahre des Peloponnesischen Krieges und kann aus viel späterer Zeit sein. Der Styl des Reliefs ist edel, hat gute, ächtgriechische Gewandmotive, doch ohne den tieferen Athem einer lauteren Originalität und ohne die Zartheit einer durchhin selbstempfundenen Ausführung, vielmehr im Charakter einer überkommenen guten Schule und minder genialen als anständigen Ausübung.

der Jungfrauen und altmythischen Landesvater Kekrops ausdrücken soll. Wenn man auch nicht die Schlangen-Endigung, welche der Volksmythus seiner Gestalt beilegte, verlangen will, noch muss, da auch der im Mythus gleichgestaltete Erichthonios doch in ganz menschlicher Bildung vorkommt: so würde immerhin dem väterlichen König langes Gewand, ein langer Greisenbart, und der Scepter geziemen. Der kurze Chiton des Vortretenden, von nicht längerer Chlamys überhangen, und die Andeutung eines dichtlockigen Haupthaars, geben ihm vielmehr den Charakter, welchen jüngere thätige Heroen, blühende Jünglinge (Epheben) und ihr Ideal, Hermes, zu erhalten pflegen. Ob er bärtig vorgestellt war, ist zweifelhaft, da die Zeichnung anzeigt, dass das ganze Gesicht abgestossen war. Darum, und weil auch die bewegtschreitende Stellung und gleichsam einladende Haltung sehr der Vorstellung des Hermes als göttlichen Herolds entspricht, möcht' ich diese Gestalt eher für Hermes, als Kekrops halten. Da Hermes im Mythus und im Cult des Poliastempels mit den Kekropstöchtern verbunden ist, da hier die verschleierte Jungfrau am Felsenstein sogar eben so, wie in der Legende Aglauros, zwischen ihm und den Schwestern steht, so kann bei dieser Auffassung die vorige Erklärung des Reliefs im Uebrigen noch bestehen. Ganz schicklich steht Hermes, auch nach seiner Eigenschaft des Opferheroldes, unmittelbar vor den Anbetenden. Diese Benennung wird endlich unterstützt durch ein anderes Bildwerk von verwandter Art, welches auf jeden Fall mit dem eben betrachteten in Vergleichung gebracht werden muss. Es ist zuerst von Paciaudi in seinen Monumenta Peloponnesiaca S. 207 herausgegeben, auch von Millin, mit zum Theil irriger Erklärung, in seine Mythologische Gallerie aufgenommen (T. LXXXI, Nr. 327).

Auf diesem, ebenfalls von Ursprung attischen, Relief sind zwei Darstellungen, eine obere und eine untere, durch einen Inschriftstreifen getrennt. Die obere enthält, nur in einer andern Anordnung, wesentlich dieselben Figuren, wie das Relief Worsley; blos die Anbeter sind hier nicht vorgestellt. In der unteren steht ein Mann, der sein Pferd am Zügel führt, vor einem Altar; hinter dem Altar sitzt eine Göttin und tritt neben ihr eine andere, mit Fackeln in den Händen, hervor [1]). In der oberen Vorstellung sieht man links ein eben solches grosses bärtiges Masken-Profil, wie es im letztbesprochenen Relief sich an der rechten Seite befindet. Nahe bei einer plastischen Bezeichnung eines Quellborns, und zu ihr herantretend, steht Hermes, das unbärtige Haupt bekränzt, die Chlamys, die unter dem Halse gefibelt ist, nur über den Rücken geworfen; die Rechte biegt er auf, den Quell begrüssend und besprechend. An seiner Linken führt er eine ihm nachschreitende Jungfrau, die eben so an ihrer Linken eine zweite, diese eine dritte führt. Sie haben langes, um Stirn und Schläfe zurückgesträhltes Haar, Himatien, die um den Leib gezogen, über die linke Schulter nach dem Rücken geworfen sind, und folgen so Hand in Hand dem Hermes in leichtbewegten, anmuthigwechselnden Motiven. Neben der Dritten, am rechten Ende der Vorstellung, sitzt en face, mit gekreuzten Bocksfüssen, etwas erhöht auf einem Steine Pan und bläst die Syrinx, die er in beiden Händen hält, die Ellbogen auf die Schenkel gestemmt. Also hier, wie in jenem Relief, zwischen Pan und einem Quell-Kopf Hermes, dem drei Jungfrauen folgen. Die Inschrift nun unter dieser Gruppe lautet: „Die Wäscher weihen ihr Gelübde den Nymphen und sämmtlichen Göttern: Zoagoras, Zokypros Sohn. Zokypros,

---

[1]) Dass es Göttinnen, ist ganz unverkennbar, und unbegreiflich die Erklärung bei Millin, es seien Männer.

Zoagoras S. Phayllos, Leukios S. Sokrates, Polykrates S. Apollophanes, Euporions S. Sosistratos. Manes. Myrrhines. Sostas. Sosigenes. Midas" [1]).

Hier sind also nicht des Kekrops Töchter, sondern blos Nymphen vorgestellt, mit welchen ja Hermes, als Flur-Gott schon seit der ältesten Zeit verbunden, auch in Kunstwerken oft gruppirt ist, eben so gewöhnlich, als man Pan an ihrer Seite erblickt. Da die Weihenden Wäscher sind, und diese Nymphen-Gruppe vor einem Brunnen steht: so ist das Ganze eine Votivtafel für einen Wasserbau, dergleichen uns römische in ziemlicher Anzahl erhalten sind. Da stehen auch Nymphen, ganz gewöhnlich drei, bisweilen allein, nicht selten gruppirt mit andern Göttern, beisammen; und die Unterschriften nennen Aquarii, Hydrauliker, kaiserliche Freigelassene, die in dem Denkmale ihren Bau eines Bassins, oder Wiederherstellung einer Wasserleitung, eines Flusses mit Weihung an die Nymphen bezeugen. Die Nymphen sind dann als die bestimmten dieser besondern Quellen und Wasserleitungen gedacht, weshalb sie auch bei kaiserlichen Aquäducten Nymphae Augustae heissen.

Solche Freigelassenen möchten auch diese Wäscher sein. Wären sie Bürger, so stünde wohl bei jedem sein Gau-Name. Ich weiss nicht, ob die den fünf Ersten im Genitiv beigefügten Namen die ihrer Patrone sein können. Bei den sechs Letzten sind keine solche beigefügt, und es sind Sklaven-Namen; ganz gewöhnliche: Manes, Midas, Sostas (nur Variante von Sosias). Paciaudi vergleicht diesen Wäschern die Lotores römischer Inschriften. Auf römische Zeit weist auch der (von Paciaudi wohl richtig ergänzte) Name Leukios (Lucius), die Formel: „den Nymphen und allen Göttern," und das untere Relief derselben Tafel. Der bärtige Mann in Tunika und Sagum, der, sein Ross an der Hand, dem Altar und den Göttinnen naht, wird am wahrscheinlichsten für einen römischen Kaiser genommen. Seine Zeichnung und Gewandung ist ganz ähnlich Darstellungen des Trajan und des Hadrian auf den an Constantins Triumphbogen versetzten Reliefs. Reitend erscheinen auf Münzen reisende Kaiser (Profectio Aug.), das Ross führend ankommende (Adventui Aug.). Die natürlichste Art, den Zusammenhang dieses Reliefs mit der darüber befindlichen Inschrift und jenem oberen, etwas kleineren, zu erklären, ist die Annahme, dass die Wasserleitung, von der die Wäscher profitirten oder sich daran ein Bassin bauten, von einem Athen besuchenden Kaiser gestiftet worden.

Nach Paciaudi ist dies Votiv-Relief beim Stadium des Herodes Attikus gefunden, also am Hange der Neustadt von Athen, welche vom Kaiser Hadrian schöne Gebäude und seinen Namen (Hadrians-

---

[1]) ΟΙΓΛΥΝΗΣ : ΝΥΜΦΑΙΣΕΥΣΑΜΕΝΟΙ : ΑΝΕΘΕΣΑΝ : ΚΑΙΘΕΟΙΣΠΑΣΙΝ: ΣΩΑΓΟΡΑΣ : ΞΩΚΥΓΡΟΥ : ΖΩΚΥΠΡΟΣ : ΖΩΑΓΟΡΟΥ. ΦΥΛΛΟΣ : ΛΕΥΚ ΣΩΚΡΑΤΗΣΠΟΛΥΚΡΑΤΟΥΣΑΠΟΛΛΟΦΑΝΝΣΕΥΠΟΡΙΩΝΟΣ : ΣΩΣΙΣΤΡΑΤΟΣ ΜΑΝΗ % ΝΥΡΡΙΝΗΣΩΣΤΑΣ : ΣΩΣΙΓΕΝΗΣ : ΜΙΔΑΣ

Xokypru ist in der Inschrift oder vom Copisten nur verschrieben statt Zokypru, wie der gleich folgende Name richtig geschrieben ist. Eben so ist der dritte in der ersten Zeile Phyallos wohl nur aus Verwechslung der Vokale des bekannten Namens Phayllos entstanden. Sein Vatersname ist wahrscheinlich Leukios (Lucius), und in der letzten Zeile das letzte Zeichen des ersten Namens ein etwas verzogenes Sigma, missverständlich vom Copisten mit dem ersten Strich des My combinirt, mit dem der folgende Name anfängt. —

Stadt) und einen Aquädukt von Kephisia her erhielt[1]). Hadrian war bekanntlich selber zweimal in Athen, wo er Feste und Spiele gab, und sich in die Eleusinischen Mysterien einweihen liess. Die Göttinnen, vor deren Altar der Ankommende unseres Reliefs steht, sind wirklich die Weihe-Göttinnen: daran wird kein Archäolog zweifeln. Demeter, mit dem Kalathos auf dem Haupt, neben ihr Persephone mit langen Fackeln, sind in gleicher Darstellung reichlich nachweisbar. Der sehr freundlich empfangende, mit aufgebogener Rechten grüssende Gest der sitzenden Demeter, und das Entgegenneigen der stehenden Persephone spricht noch besonders dafür, dass der so geehrte Besucher ihres Altares ein Kaiser sei. Man kann also erklären: Mit ihrem Weihbilde an die Nymphen für den Bau eines Waschbrunnens verbinden die Wäscher eine Darstellung des Kaisers, des Verordners der Wasserleitung bei seinem Besuche Athens und seiner Einweihung in die Mysterien.

War der Brunnen der Wäscher vom Aquäduct des Hadrian abgeleitet, so kann er nicht wohl während Hadrians Anwesenheit fertig geworden sein, da der von ihm begonnene Aquäduct erst unter seinem Nachfolger vollendet wurde (s. d. letzte Anmerkung). Der Nachfolger, Antoninus Pius, hat Athen nicht besucht. Immerhin aber konnte auch unter ihm eine Erinnerung an Hadrians festlichen Besuch mit dem Denkbilde eines Wasserbaues, den derselbe damals begründet hatte, schicklich verbunden werden. Doch hat nachher des Pius Nachfolger, Mark Aurel, ebenfalls Athen besucht und auch er in die Mysterien sich einweihen lassen, deren Heiligthum er, zur Steuer seines schuldfreien Bewusstseins, allein betrat[2]). Möglich daher, dass das Wasch-Bassin damals gefasst worden und er der im Relief vorgestellte Gast der Mysterien-Göttinnen ist. In der That kann man die gezeichnete Figur dem Mark Aurel ähnlich, besonders Haar, Bart, und das länglichte Gesicht ihm ähnlicher als dem Hadrian finden. Doch bleibt Derartiges ohne Ansicht des Originals unsicher.

Die Vorweihen der Mysterien wurden in Agrä am Iliss gefeiert, dessen Wasser dabei zu Reinigungen verwandt wurde. Der Iliss und das Heiligthum der Vorweihen war jenem Stadium, dem Fundort unseres Reliefs, nahe. Also könnte man auch zwischen der darin angedeuteten Einweihung des Kaisers und der vorgestellten Brunnen-Weihe durch Hermes und die Nymphen den Zusammenhang voraussetzen, dass die letztere einem Becken gelte, in welchem der Kaiser bei seiner Vorweihe etwa gar von den genannten Wäschern gereinigt worden. Allein der Vorsteher der Wasser-Reinigungen bei den Weihen hiess (nach Hesych) Hydranos, nicht, wie unsere Männer hier, Plyneus. Er war wohl jederzeit ein attischer Bürger. Seien dies auch die Wäscher der Inschrift: so wird doch dem Worte nach ihre und der mit ihnen verbundenen Sklaven Wäscherei sich auf eine religiöse Reinigung schwerlich beziehen lassen. Eben so wenig auf das Waschen oder Baden der Athleten, woran Paciaudi darum dachte, weil ihr Denkmal beim Tummelplatz der Athleten, dem Stadium, gefunden. Solche würden Balaneis heissen. Plyneis bedeutet eigentlich Kleider-Wäscher. Die Inschrift weist nur auf einen den Zwecken dieses Gewerbes entsprechenden Wasserbau. Hätten diese Leute bei der Einweihung des Kaisers fungirt, so würden sie dies nicht verschweigen; die Inschrift würde es mit ähnlicher Feierlich-

---

[1]) Ein Becken dieses Aquäducts war am Lykabettos gebaut, mit einem ionischen Stirngiebel und der Inschrift: Imp. Caesar T. Aelius Hadrianus Antoninus Aug. Pius Cos. III Trib. pop. II P. P. aquaeductum in novis Athenis coeptum a divo Hadriano patre suo consummavit dedicavitque (Stuart T. II, p. 28).

[2]) Philostrat. Leb. d. Sophist. Herod. Att. 12. Capitolin. Vit. M. Anton. Phil. 27.

keit rühmen, wie jene noch erhaltene der Weihepriesterin des Hadrian (Mus. Worsley. Nr. 29). Ich bleibe also bei der obigen Erklärung, nur dass ich, welchen Kaiser das untere Relief meine, dahingestellt sein lasse. Für die Zeit Hadrians und der Antonine passt auch der Styl dieses Reliefs ganz gut. Er knüpft an edle alte Vorbilder an und ist anmuthig und sauber.

Ich kehre zurück zum Worsleyanischen Relief. Ueber dessen bisher angenommene Deutung macht nun das zuletzt betrachtete zweifelhaft. Dass auf ihm der sogenannte Kekrops nicht deutlich charakterisirt, das Lokal der Makrä nicht sicher bezeichnet sei, hab' ich schon erinnert. Was nun bleibt, die von einem Quell her den Anbetern entgegengeführten drei gewandeten Jungfrauen und in der Nähe ein Pan, ist ganz analog jenem Votiv-Relief für die Brunnen-Nymphen und den verwandten römischen, die, wie das letztere, durch Inschriften, dass sie Nymphen vorstellen, bezeugen. Genöthigt sind wir also bei dem Worsley'schen nicht, an die Kekropstöchter zu denken. Der Styl auch dieses Reliefs, zumal in den regelmässigen Gewandmotiven der Anbeter und im unteren, leichtfliegenden Gefält der zweiten und dritten Nymphe ist dem der Antoninen-Zeit, wie wir ihn aus römischen Reliefs und Statuen von Tibur kennen, entsprechend genug. Wenn daher der Vortreter der Nymphen wirklich das reichlockige Haar und den gelockten Bart hatte, wie es die Zeichnung (zwar Beschädigung andeutend) umschreibt: so wäre unverwehrt, den Kaiser in demselben heroischen Costüm, in welchem das Relief der Wäscher solchen vorstellt, in ihm, und in dieser Nymphenkluft den Felshügel des Lykabettos zu erblicken, wo der Behälter der Hadrianisch-Antoninischen Wasserleitung stand.

Wer jedoch die Erklärung aus altattischer Mythologie und dem Localcult der Akropolis festhalten will, kann dafür ausser der unterscheidend feierlichen Erscheinung der ersten Nymphe Das anführen, dass ja auch die Töchter des Kekrops nach ihrem alten Begriff als Flur-Jungfrauen (Parthenoi Agraulides) und nach der Schilderung des Euripides nymphenähnliche Wesen sind, daher nicht auffallen darf, sie plastisch unter Charakteren einer Nymphengruppe dargestellt zu sehen. Fand doch im Bezirk der Aglauros die heilige Kleider-Wäsche statt, wie im Nymphen-Brunnen jenes andern Reliefs die profane Kleiderwäsche.

Leichter und unbedeutender, als das Worsley'sche ist in Entwurf und Ausführung das kleine athenische Relief (Nr. 82), von welchem wir ausgingen, welches von Müller in gleichem Sinne aufgefasst ward. Hier führt der Vortreter den Jungfrauen-Zug an der Hand, wie im Wäscher-Votiv-Relief Hermes die Nymphen, während jener im Worsley'schen ohne diese ausdrückliche Führung nur vor ihnen heraustrit und die Anbeter empfängt. Wenn ferner im Letzteren Pan ausserhalb dem Hauptraum, und von der Szene abgewendet, oben nur wie zur Staffage angebracht ist, so ist hier seine Höle der Hauptraum und der Zug auf ihn gerichtet. Es trifft sich seltsam, dass der hochwüchsige Führer, der ihm naht mit einer Armbewegung gleich jener des Hermes auf der Votiv-Tafel der Wäscher, dieselbe kurze Doppelgewandung hat, wie der Vormann im Worsley'schen Relief, und wie bei diesem, Gesicht und Kinn bei ihm so beschädigt sind, dass unklar bleibt, ob sein Gesicht jugendlich oder bärtig war. Ein bärtiges ist man am Hermes des späteren, leichten Styls, den die Vorstellung hat, nicht mehr gewohnt; bei einem glatten würd' ich mich für Hermes entscheiden. Denn Figur und Gewand passt doch besser für ihn, als für den altheiligen Landeskönig. Dann, welchen Sinn es habe, dass Kekrops selber seine Töchter dem Pan zuführe, versteht sich nicht unmittelbar. Dass es etwa ihre

14*

Aufnahme in Pans Nachbarschaft bezeichne, ist nicht gut anzunehmen. Nach der Sage, die Herodot (6, 106) mittheilt, war Pan erst nach der Schlacht bei Marathon in Athen eingezogen, und hiernach ein viel neuerer Anwohner der Akropolis, als die Kekrops-Töchter. Es müsste denn doch zu einem Tanze, einer Festfeier sein, dass der König mit den Töchtern käme, und hierbei würde man schon zugeben müssen, es sei auf ihn und die Töchter ein bei Hermes und den Nymphen gewöhnliches Motiv übertragen. Die Hauptzüge von Kekrops und seiner Töchter Mythen liegen im eigenthümlichen Kreise der Pallas-Religion. Hermes aber ist nach alten Dichtungen des Pan und der Nymphen Spiel- und Fest-Genosse. So singt bei Aristophanes der Weiber-Chor am Thesmophorienfest (976):

> Den Fluren-Hermes, bitt' ich auch,
> mit Pan und Nymphen holdgesinnt,
> in seiner gefälligen Scherzlust
> sich mit zu erfreuen
> an unseren Tänzen!

Ein Anathem anderer Art, von nicht so heiterem Anlass, ist Nr. 104: Votivrelief für einen Kranken, dessen Vater etwa und Bruder neben dem Altare stehen, während am Lager des Kranken der Arzt oder Priester sitzt, und über seinem Haupte der Heilgott seinen schützenden Arm erhebt. Es war der Pansgrotte gegenüber, an der entgegengesetzten Seite der Burg, der südlichen, dass der Heilgott Asklepios seinen Tempel hatte. Der Priester Diophanes, Apollonios Sohn, unter dem das Relief seiner Ueberschrift zufolge geweiht wurde, ist für den des Asklepios zu nehmen. So fand man 1835 an der Südseite des Parthenon ein vierseitiges Altärchen oder kleines Postament mit der Inschrift: „Soterides hat es zum Gelübde für seine Kinder geweiht dem Asklepios unter dem Priester Ktesikles aus dem Gau Agnus"[1]. Unseren Priester Diophanes in jenem an dem Bette sitzenden Alten, der die Hand des jungen Kranken fasst, zu erblicken, erlaubt auch sein Costüm, der Stab und sein bei blosem Oberleibe über die linke Schulter zurückgeworfenes Gewand. Virgil schildert so einen priesterlichen Arzt (Aen. 12, 400): „nach der Sitte der Diener des Heilgotts rückwärtsgeworfen des alternden Leibes geschürzte Umhüllung." Asklepios selber hat diese Erscheinung nicht nur auf Pergamenischen Münzen und im gewöhnlichsten Typus seiner erhaltenen antiken Darstellungen (wie Nr. 102), sondern schon im Ostfriese des Parthenon. Thronend hier neben Hygiea, halbgewandet, den Stab an der Seite, zeigt er schon ganz diese zeus-ähnliche, bärtige Bildung, die, freilich dem Menschenverstande auffallend wird, wenn man die stets jugendliche Darstellung seines Vaters, des Apollon, dagegenhält. Es lässt sich aber darum die Ansicht, dass dies Ideal des ältervorgestellten Heilgottes erst der späteren Kunst

---

[1] Kunstbl. 1835, Nr. 45:

Σ)ΩΤΗΡΙΔΗΣΥΠΕΡ
Τ)ΩΝΠΑΙΔΩΝΕΥΞ(Α)
ΜΕΝΟΣΑ(ΝΕ)ΘΗ(Κ)Ε(Ν)
ΑΣΚΛΗΠΙΩΙ
Ε)ΠΙΙΕΡΕΩΣΚΤΗΣΙΚΛΕΟΥ(Σ
Α)ΓΝΟΥΣΙΟΥ

Der Charakter der Schrift ist ziemlich übereinstimmend mit dem unserer Weihinschrift. Vgl. auch unten Nr. 168.

angehöre, nicht halten. Zwar blühte Kalamis, dessen Asklepios zu Sikyon keinen Bart hatte (Paus. 2, 10, 3), etwas früher, als sein Zeitgenosse Phidias. Die andere Vorstellungsweise aber, die der Letztere bei der Göttergruppe am Parthenon beobachtete, muss doch damals auch schon gewöhnlich gewesen sein, weil ja sonst der in der Mitte anderer so gezeichnete Gott nicht erkennbar gewesen wäre. Sodann finden wir auch das Umgekehrte, dass das jugendliche Ideal des Heilgottes in späterer Zeit keineswegs abkam; woraus folgt, dass der Unterschied (wie auch bei andern Götterbildern) der coordinirte einer verschiedenartigen Auffassung, nicht der successive verschiedener Zeitalter war. Auch Skopas bildete, über zwei Menschenalter nach Kalamis, einen bartlosen Asklepios zu Gortys (P. 8, 28), von welchem vielleicht einer zu Titane, da er Gortynios hiess, ein Abbild war (P. 2, 11, 8). In seinem Tempel zu Phlius sah Pausanias (2, 13, 3) ebenfalls einen Asklepios noch unbärtig vorgestellt. Der späte Sophist Kallistratos beschreibt (10) eine Statue desselben in jugendlicher Blüthe und Lockenfülle; und das Museo Chiaramonti (Nibby t. 9) besitzt eine solche, die zu Rom in der Gegend des Tempels und Mausoleums der Flavier gefunden (vgl. Guattani Mem. enc. T. VI, p. 137). Demnach dürfen wir auch auf unserem Relief die Gestalt, welche durch verhältnissmässige Grösse und ihr Motiv als Gott bezeichnet ist, ungehindert durch ihre jugendlichmännliche Bildung, Asklepios nennen. Sonst könnte man an Apollon denken, in dessen Bereiche die Heilkraft eingeschlossen war, auf die das Wesen seines Sohnes sich beschränkte.

Es ist eine bekannte Sache, dass in den Heiligthümern des Asklepios zahme Schlangen als Organe, ja Incarnationen des Gottes selbst galten [1]). Freilich hatten auch Pallas, auch Demeter ihre lebendigen Schlangen im Tempel, die Opferkuchen erhielten [2]). Aber bei Darstellungen von Opfern an diese Göttinnen, finden sich, wenn auch die Schlange dabei ist, noch andere speziellere Attribute. Den Asklepios kann seine Schlange ohne weiteres vertreten. Hiernach sind die Opfer an eine Schlange in dem Relief von Eteonos (103) und dem attischen (105) aufzufassen. Die Männer auf beiden können für Priester gelten. Dass der auf dem zweiten die Rechte vor den Mund hält, ist Zeichen der Andachtstille (Euphemie), die bei Beginn jedes Opfers und Opferzuges geboten wurde, damit in der bedeutungschweren Gegenwart der Gottheit kein unbedachtes Wort doppelt verfänglich werde. In gleichem Sinne sieht man im Parthenonfriese bei einem Opferdiener, der mit den Rindern geht, das Himation über den Mund, gleich einer Binde, heraufgezogen.

Dass ein Hahn zum Genesungsopfer für Asklepios diente, weiss jedermann aus dem edeln Witzwort des sterbenden Sokrates. Es wird wohl diesen Genesungszoll bedeuten, wenn auf dem Relief Nr. 106 der Knabe Demetrios einen Hahn herbeizieht [3]). Zwar gereicht in der griechischen Kunst

---

[1]) Aristoph. Plut. 690. 733. Paus. II, 28. 10, 3. Liv. X, 47. Epit. XI. Ovid Metam. 15, 622. Val. Max. I, 8, 2.
[2]) Herod. 8, 41.' Strab. IX, §. 9, p. 393. Paus. I, 36, 1.
[3]) Eine Figur, die einen Hahn hält, wird unter anderen Anathemen aufgeführt in dem Bruchstück eines an zwei Seiten beschriebenen Inschriftsteines von der Akropolis:'Αρχ.'Εφ. Nr. 129 u. 130. Nr. 129, Z. 15 u. 16: _ ΣΜΙΚΡΟΝΑΝΑΘΗΜ.—
_.ΛΕΚΤΡΥΟΝΑΕΧΕ .

Dass dies unser, obzwar auf der Akropolis gefundenes kleines Anathem sei, daran ist nicht zu denken. Die Inschrift erscheint älter in ihren Zügen, als das Relief in jenen der beiden Namen und seinem Style sich zeigt. Auch sind die Anathemen, welche die Inschrift verzeichnet, wohl lauter runde und meist bronzene Figuren. Denn es wird immer wieder ange-

der streitlustige Hahn auch zur Bezeichnung des gymnastischen Wetteifers. Bei solchem Sinne würde aber der Knabe schwerlich am Boden rutschen, sondern ein dem Athleten geziemendes Motiv, wohl auch die Palme oder Binde haben. Somit ist der sitzende Eupolemos, dessen Füssen der Knabe sich naht, wahrscheinlich der Arzt oder Priester. Was bedeutet aber der kleine Vogel, den Eupolemos vor sich hinaushält? — Dass der Knabe wieder freie Bewegung habe? — Bei liebreichen Begegnungen in Vasenbildern ist ein Vogel auf der Hand oder in der Nähe nicht selten. Dabei finden die Archäologen Gelegenheit, sich über Jynx, den Vogel des Liebeszaubers auszubreiten. Vögel gehörten auch zu den Gaben, mit welchen man besonders die Jugend erfreute. Darnach hat man in Grabreliefs den Vogel in der Hand auf die beendigten Jugendspiele des Todten oder die freundliche Gesinnung des Nachtrauernden bezogen. Man könnte in diesem Symbol auch die Flüchtigkeit, Fangbarkeit, die Gefahr und Zartheit des Lebens ausgedrückt glauben. Dies würde nicht minder für ein Genesungsrelief und den warnenden Arzt sich schicken. Merkwürdiger Weise findet sich der Sache nach dieselbe Vorstellung: ein sitzender Alter nämlich, der einen Vogel hält, und ein Knabe, der ihm einen Hahn darbeut, unter den Reliefs eines Grabdenkmals zu Xanthos in Lycien (s. Fellows Journal etc. 1839, p. 232).

Uebergehen wir das unbedeutende, der Aphrodite geweihte Relief (55) und das mit dem Eber-Träger Herakles (107), welcher Art wir schönere Darstellungen haben, so bleibt noch von einigem Interesse Nr. 85, deutlich Denkmal eines Theatersieges. Die Preise solcher waren, wie bekannt, Dreifüsse, die auf einfacherem oder geschmückterem Postament, mit oder ohne Statuen, auf der Tripodenstrasse, die nach dem Theater führte, aufgestellt wurden. Die an solchen Denkmalen angebrachte Sieges-Inschrift konnte auch für sich, als Tafel (Pinax) geweiht werden (s. Boeckh C. J. V. I, P. II, Cl. V). Zu einer solchen Inschrift mag ursprünglich unser Relief gehört haben. Der Satyr, der den Dreifuss hält, bedeutet nicht gerade einen Sieg im Satyrspiel, sondern kann jeden theatralischen bedeuten. Denn diese Scherzgenossen des Dionysos, die mythischen Mimiker und ältesten Masken der volksmässigen Spiele und Dionysischen Chöre, sind Prototyp jeder dramatischen Kunstübung. So ist in einem Epigramm (Gr. Anthol. I, p. 399) die fingirte Statue des Grabes von Sophokles ein Satyr, und drückt in den Versen die Verdienste des Sophokles um die Tragödie bildlich als Veredlung und Schmuck aus, der ihm (dem Satyr) durch Sophokles zu Theil geworden. So spricht am Denkmal des Lysikrates, dessen Relief Satyre vorstellt, wie sie den Frevel der Tyrrhener strafen, die Inschrift nur allgemein von dem Siege mit einem Knaben-Chor. Auch wurden ja Satyrspiele in der Blüthezeit des attischen Drama, so viel wir wissen, nicht isolirt, sondern in einer Aufführung verbunden mit den drei

---

geben: „Es ist losgetrennt (ΑΠΟΣΤΑΤΕΙ), was die Figur hielt" (ΟΤΙΕΙΧΕ) — so wiederholt — oder „Es sind losgetrennt die Augen [die eingesetzt waren] — „die Schwanzfedern" [also von einem Vogel] — „der Fuss" — „das eine Auge" (. . ΟΣΤΑΤΟΥΣΙΝΟΙΟΦ_. .ΤΟΟΡΡΟΡΥΓΙΟ._ΚΑΙΟΡΟΥΣ_._ΣΟΦΘΑΛΜΟΣ_). Als angeführte Figuren sind lesbar: „eine eherne grosse" — „ein Palladion" — „eine unbärtige Bildfigur" — „ein nackter Knabe, der einen — Hasen (od.r, je nachdem man ΛΑΓ ergänzt, einen Hasen-Knittel [Hirtenstab] oder eine Flasche) hält" — „eine Figur mit Helm und Speer" — jene „den Hahn haltende" — „ein nackter Knabe" noch zweimal. — Eine ansehnliche Zahl von solchen Inschriften, welche Tempelschätze nebst ihrem Zustand und dem Gewicht der einzelnen verzeichnen, macht nebst dem, was Schriftsteller angeben, recht fühlbar, wie das Erhaltene in gar keinem Verhältniss zum Vorhandengewesenen steht.

Tragödien jedes tragischen Dichters gegeben. Der Sieg des Satyrspiels fiel also zusammen mit dem der Tragödien.

Mit einem solchen Theatersiegesdenkmal und seinem Dreifuss verbunden war auch der berühmte Satyr (Periboetos) des Praxiteles von Bronze (Paus. 1, 20). Da uns nur, dass ihn Praxiteles selbst unter seinen Werken neben dem Eros am höchsten schätzte, nichts Näheres aber von seiner Gestalt überliefert ist, bleibt unentschieden, ob der jugendlichblühende, in anmuthig nachlässiger Stellung an einen Baumstamm gelehnte Satyr, der in Antiken-Gallerieen meist Periboetos genannt wird, wirklich ihm nachgebildet sei. Wir wissen auch von einem marmornen Satyr des Praxiteles in Megara (Paus. 1, 43, 5). In die Periode des Praxiteles kann jedenfalls der Typus jener erhaltenen anmuthigen Satyrstatuen mit guten Gründen gesetzt werden. Und berühmt muss ihr Original gewesen sein, da sie so mehrfach sich gleichmässig wiederholt vorgefunden haben, so dass man sie zu Rom im Pioclementino und Capitolino, zu Paris im Louvre, in der Glyptothek zu München, dem Berliner Museum und einen schönen Tors davon im Museo Borbonico sieht. Ausserdem existirt noch der Kopf mehrfach. Dieser denn auch in Athen (oben Nr. 69), samt einer kleinen, späten, ganz schlechten Nachahmung der ganzen Figur (Nr. 70). Die Statuette Nr. 68, die bei anderem Motiv zu derselben Classe idealisirter Satyrn gehört, stammt nicht aus Athen. Sie ist hübsch gearbeitet, aber nicht mit besonderem Leben und Geist. Sehr artig muss das Satyrfigürchen Nr. 31 gewesen sein.

Zu einem Theatersiegesdenkmal kann auch der Silen (Nr. 64, T.V, F. 10) gehört haben, da er unweit dem alten Theater im Süden vom Burghügel gefunden und nach seiner Darstellung ein eigentlicher Theater-Silen ist. Denn der Dionysos-Knabe, den er trägt, ist durch die Maske in der Hand, auch die Gewandung, als der Gott der Schauspiele bezeichnet und an dem Träger selbst die Behaarung seiner Glieder als nur angezogenes Costüm ausgedrückt. Was er, der gebliebenen Spur zufolge, in der rechten Hand hielt, war vielleicht ein Kranz oder ähnliches Zeichen des gewonnenen Preises.

An diese plastischen Denkmale des Theaterwesens knüpfe ich die grosse runde Sphinx mit der Urne (Nr. 122) aus Delos, weil ich sie für das Grabdenkmal eines dramatischen Dichters oder Schauspielers halte. Ihr unvollendeter Zustand hat, indem die noch unabgearbeiteten Marmorstützen für Beulen genommen wurden, den Gedanken veranlasst, es sei darin die Pest versinnbildet worden. Andere haben sie für eine Sirene angesehen. Sie hat keine Vogelbeine, sondern Löwenfüsse, und überhaupt ganz die Bildung, welche bei der griechischen Flügelsphinx, sowohl wenn sie mit Oedipus vorgestellt, als wenn sie zum Schmuck und Tragen an Thronen, Tischen und anderem Geräth angebracht ist, gewöhnlich gefunden wird. Man ist nur gewohnt, sie dabei zugleich auf den Vorderfüssen stehen zu sehen, welche sie hier als Arme gebraucht. Das Letztere aber ist z. B. auch auf der schönen Millinschen Gemme der Fall, wo sie auf den Schild des Oedipus, der schon sein Schwert gezogen hat, hingesprungen, über den Schildrand hinauf beide Vorderfüsse als flehende Arme ausstreckt. Hier fasst sie mit dem einen die Urne, stützt den andern auf ihren Rand, und sitzt übrigens so, wie es im Oedipus des Euripides von der Sphinx hiess: „den Schweif einschlagend unter den löwenfüss'gen Sitz." In der Poesie und in scherzhafter Anwendung im gemeinen Leben finden wir bei den Alten die Sphinx zur Bezeichnung des Verderblichen und Verheerenden, besonders auch der Raubsucht gebraucht, weil die Sphinx des thebischen Mythus Menschen raubte und verzehrte. Desswegen wurde

sie mit solcher Beute zwischen den Tatzen auch als Schildwappen, und dieselbe Vorstellung zur Andeutung göttlichen Strafgerichts, vorn an den Thronlehnen des Olympischen Zeus von Phidias angebracht. Die mythische Sphinx hat aber auch die andere Seite, dass sie mächtig durch den Zauber
ihres überlegenen Geistes ist. Denn sie gibt Räthsel auf, welche, schwer zu ergründen, den, der sie
nicht zu lösen weiss, in ihre Gewalt liefern. Wegen dieser geistigen Macht überhaupt und insbesondere als Räthsel-singendes Wesen ist sie den Dichtern verwandt. Denn diese kleiden ebenfalls ihre
Weisheit in ein Gewand, welches den inneren Sinn zugleich andeutet und verbirgt, und das eigentliche Räthsel-Aufgeben gehörte zum Berufe der alten volksmässigen Träger der epischen Poesie.
Dies beweisen die Räthsel, die das sagenhafte Leben des Homer ihm zuschreibt; wie auch endlich
seine Unfähigkeit, ein aufgegebenes Räthsel jüngerer Männer zu lösen, die Ursache seines Todes gewesen sein soll. Daher nennt umgekehrt Sophokles die Sphinx eine „Rhapsodin" (König Oed. 392),
und „die Künstlichsingende" (130), die „grausame Sängerin" (36). So ist die Sphinx ein Symbol geheimer Weisheit und mächtiger Kunst. Dies wird der Sinn ihres Bildes auf den Münzen von Chios
sein, die auf der andern Seite den Kopf des Homeros haben. Von unserer delischen Sphinx ist, dass
sie gleichfalls ein Bild der Dichtung und zwar der dramatischen Kunst abgeben sollte, um so wahrscheinlicher, weil sie den angebundenen Haaraufsatz hat, wie ihn die Schauspieler über ihren Masken
zu tragen pflegten. Dazu die Urne, die sie hält — als Aschen-Gefäss — und die angedeutete schmerz-
volle Gebährde verrathen, dass sie für ein Grabmal bestimmt war.

Wenn die Stele (Nr. 121) mit der vortrefflich gezeichneten Flügelsphinx in Relief
(T. VI, 2. Reihe) eine Grabstele war, sollte sie wohl ebenfalls an den Geist oder die Kunst des Ver-
storbenen erinnern.

Verwandt der Sphinx in solcher Bedeutung und Anwendung ist die Sirene. Auch im Begriff der
Sirenen verbindet sich das Furchtbare, Tödtliche mit der Macht über die Seele durch das Schöne.
Sie sind Zaubersängerinnen auf öder Klippe, umgeben von verwesendem Gebein; denn Wem sie sin-
gen, den zieht es unaufhaltsam in die Wellen des Todes hinab. Es scheint, dass die Phantasie des
Grabgesanges ursprünglich dem Bilde der Sirenen zu Grunde lag. Euripides lässt sie als Leichen-
sängerinnen anrufen und verknüpft sie der Unterwelt und Todtengöttin (Helena 168). Auch ist sie wohl
im Zusammenhang mit den Wassergüssen des Leichenopfers, dass sie von Phorkos, dem unterirdischen
Wasser, oder Acheloos, dem Todtenfluss, hergeleitet werden. Von Seiten aber ihres unwiderstehlichen
musikalischen Zaubers geben sie das Gleichnissbild jeder hinreissenden Genialität und Anmut ab,
jeder Macht über die Seelen, die ohne äussere Gewalt die Gemüther zwingt. Nach beiden Bewandt-
nissen sind Sirenen für Grabmäler, nach der Letzteren besonders für die von Künstlern und von Red-
nern geeignet. Auf dem Grabe des Sophokles soll eine eherne Sirene gestanden haben (Anonym.
Biogr. g. E.). Der Gott seiner Kunst selbst, Dionysos, soll bei dem Tode des Sophokles, da die Be-
lagerung der Spartaner sein Familiengrab unzugänglich machte, dem Heerführer derselben im Traume
mit dem Gebot erschienen sein, er solle der neuen Sirene die Todtenehren zukommen lassen. „Man
pflegt — fügt dieser Erzählung Pausanias (1, 21) bei — noch jetzt, die einnehmende Macht von Dichtungen und Reden der Sirene zu vergleichen" [1]). Auch vom Grabe des Redners Isokrates wird ange-

---

[1]) Photios Lex. Σειρῆνες: αἱ τῆς ψυχῆς ἐναρμόνιοι καὶ μουσικαὶ δυνάμεις.

geben, es habe sich darauf eine Sirene (10 Fuss hoch an einem 45 Fuss hohen Pfeiler) befunden, „in sinnbildlicher Bedeutung," sagt der Biograph (Leb. d. 10 Redn. Isokr.). Wahrscheinlich war der Tafelpfeiler im Mus. Worsley 7, an welchem in Hochrelief auf wenig vortretendem Sockelbande eine solche Vogeljungfrau aufrecht stehend mit beiden Händen sich in die Haare fasst, ebenfalls eine Grab-Stele; und Krönung einer solchen dürfte auch die oben (Nr. 124) angeführte Stirnziegel-Figur einer Sirene gewesen sein. Noch deutlicher ist diese Bestimmung bei der Sirenenfigur Nr. 123, da sie ihr grosses dreiseitiges Saitenspiel über einer Urne, versteht sich, einer Todten-Urne hält. Dass diesem Gefäss die letzte Ausführung fehlt, lässt mich vermuthen, das Bildwerk möchte in Vorrath gearbeitet und für die Gelegenheit seiner bestimmten Anwendung die Vollendung der Urne mit näher bezeichnender Zuthat vorbehalten worden sein. — Ein allgemeines und wenigstens in späterer Zeit sehr gewöhnliches Gräber-Symbol ist der Todtengenius, welcher ein Bein über das andere geschlagen, fackelsenkend und die Hand des anderen über die Brust liegenden Arms auf die Schulter gelegt, sein Haupt nach der Seite neigt (Nr. 113).

Ich habe diese letzteren Bildwerke, welche sonach einem folgenden Abschnitte, worin ich die Grabdenkmäler zusammenfassen will, zugehören, dem vorstehenden einverleibt, sofern sie überhaupt Attributfiguren sind. Die Sphinx wurde ja auch sonst als ein bedeutender Schmuck in der Ausstattung der Pallas und an Göttergeräth angebracht[1]). Und Sirenen trug z. B. als Attribut ihrer gewaltigherrschenden Schönheit eine Hera-Statue zu Koroneia auf der Hand (Paus. IX, 34, 2). Das besonders der Pallas eigene Attribut furchtbarer Macht, das Medusenhaupt oder Gorgoneion, ist in unserm Verzeichniss nur durch zwei geringe Exemplare (Nr. 116. 117) vertreten. Es war in alter Zeit, wie Ueberlieferungen, auch Schatzinschriften bezeugen, ein häufiges Anathem auf der Akropolis. In die mythischen Zeiten selbst verlegt Euripides in seinem Erechtheus „die goldene Gorgo" auf der Burg als Symbol der Pallas Athena. Wirklich war zum mindesten schon vor den Perserkriegen ein goldenes Gorgoneion, abtrennbar, an dem alten Pallasbilde im Polias-Tempel angebracht. Es wurde im Beginn des Perserkriegs entwendet (Plut. Themistokl. 10). So wird uns auch ein anderes, das als Weihgeschenk auf der Burg befindlich war, gleichfalls von Gold, durch die Erwähnung bekannt, dass es (vor Ol. 95) ein gewisser Philorgos gestohlen (Isokr. g. Kallim. c. 22). Der Seleukide Antiochos weihte nach Athen ein grosses goldenes Gorgohaupt, welches an der südlichen Mauer der Akropolis oberhalb dem Theater befestigt war (Paus. I, 21, 4. V, 12, 2). Das andere Attribut der nach altem Glauben so seltsam ausstaffirten Pallas, die Nachteule, die in Athen dem Sprichwort nach so häufig war, war es gewiss in Natur nicht mehr als in Kunstwerken und Weihfiguren. Aus ihrer Anzahl ist uns denn wenigstens von einem Exemplar, einem colossalen marmornen (Nr. 118), die Hälfte übrig geblieben, die im Frühjahr 1840 aus dem Schutt vor der Nordseite des Parthenon hervorkam. Endlich als Attributfiguren des Zeus finden sich statt all der herrlichen Statuen dieses Gottes, die Athen einst hatte, nur noch ein kleines Bildwerk seines Mundschenken (112) und von jenem schlangenhaltenden Adler, den schon Homer als den Siegesboten des Zeus vorstellt, die Klauen an der Schlange (119).

[1]) Mit der oben besprochenen Beziehung auf musische Kunst sind Sphinxe angebracht auf zwei Pfeilern, zwischen welchen ein Kitharöde steht, auf einer Preis-Vase, deren andere Seite Apollon und Artemis darstellt; eben so symbolisch, wie auf denselben Pfeilern anderer Preisvasen für athletische Siege die kampflustigen Hähne zu stehen pflegen. S. Gerhard Etrusk. u. Kampan. Vasenbilder: Erläuterungs-Tafel A. Nr. 13.

15

Unter den Statuen dieses Abschnitts ist nach einem tüchtigen, aus blühender Kunstzeit stammenden Vorwurfe die colossale Artemis (Nr. 56) gearbeitet. Das Motiv der eilenden Jägerin, welches sie mit mehreren erhaltenen Statuen gemein hat, gibt an sich und wegen seiner Einstimmung mit Dichterschilderungen (Müller Hdb. d. Arch. §. 363) sich als Ausfluss guter Schule zu erkennen. Nach Gesichtsbildung und Haarlage steht sie weniger mit dem späteren, der Venus eng verschwisterten Gesichtsideal der Artemis, als mit dem kernhafter blühenden der Diana Colonna in Verwandtschaft, wenn schon das Gestaltmotiv der Letzteren ein anderes ist. Der Statuentypus der Diana Colonna, der in vielen Wiederholungen existirt, also sehr geschätzt war, verschmilzt mit anmuthiger Fülle eine so edle Strenge, dass man ihn wohl von Praxiteles, dessen Artemisbildung gepriesen wird, kaum von einem späteren herleiten darf. Auch in dieser Beziehung also weist die athenische Statue auf ein Vorbild aus guter Zeit zurück. — Dass ungefähr aus der Periode der Praxitelischen Kunstblüthe ein Apollon-Ideal herrührte, welches ganz der Bruderkopf zu jenem der Diana Colonna war, lässt sich nächst Münztypen und Gemmen aus einigen erhaltenen unter sich verwandten Apolloköpfen entnehmen, einem in der Stadtsammlung zu Venedig, dem Pourtaléschen aus der Giustinianischen Gallerie und seinem Pendant, und dem, welcher im Museo Borbonico (Portique des mélanges Nr. 45) der Farnesischen Statue eines fechtenden Heros aufgesetzt ist. Auch in England in der Sammlung Coke zu Holkham scheint sich eine colossale Apollonbüste dieser Klasse zu befinden, nach einer Andeutung von Waagen in seiner Kunstreise in England (2r Bd. S. 562). In eine Reihe mit denselben stellt sich der Kopf, dessen Abbildung von unseren Tafeln die vierte (Fig. d.) enthält. Wir sahen ihn zu Rom in den Thermen der Antonine, wo er neben andern Sculptur-Trümmern im Freien lag. Er ist von griechischem Marmor und römischer Arbeit, die Haare gebohrt, die Pupillen ausgearbeitet, deutet aber auf jenen schönen Apollo-Typus, von welchem auch noch der Kopf des Belvederischen ein Ableger ist.

Von den angeführten Aphrodite-Figuren lassen zwei gewandete (Nr. 51. 52) das Motiv der rückgebogenen Hand, die das Kleid an der Schulter vorzieht, erkennen, welches von den Römern besonders bei der Venus genetrix angewendet wurde. Die zweite der genannten ist zugleich an einen Pfeiler gelehnt, was man öfter bei den gewandeten Statuen dieser Göttin findet.

Die kleine Marmorfigur einer Aphrodite aus Thera (Nr. 53) ist im Charakter und im Motiv der linken Hand nach Art der Knidischen des Praxiteles aufgefasst. Die Rechte aber der Letzteren ist frei, während jene mit derselben ein Gewand-Ende vor den Schos hält; wie dieses auch, aber mit der Linken, die Aphrodite des Menophantos thut (im Palazzo Chigi). Alle drei haben das Gemeinsame, dass die unverhüllte Darstellung zartblühender Weiblichkeit mit einer spielenden Beiziehung zugleich und Beseitigung des Gewandes leicht vermittelt wird. Gänzlich abgethan ist dann das Gewand bei der Aphrodite des Kleomenes (der Mediceischen), von deren so oft wiederholter Auffassung Nr. 54 eine kleine Nachahmung ist.

Die halbgewandete Aphrodite aus Thyrea (Luku) Nr 50 ist ebenfalls Beispiel einer mehrfach ganz gleichmässig vorkommenden Darstellung, die, wenn auch keine der grossartigsten, doch würdig und harmonisch genug ist, um für ächt griechisch zu gelten. Dies Exemplar stammt zwar aus römischer Zeit; man kann es ihm ansehen, und der römische Charakter der Gebäude - Trümmer, unter welchen es hervorgezogen ist, beweist es. Ich glaube, es war eigentlich ein Bildniss, nur im Typus der Aphrodite; was sich zeigen würde, wenn der Kopf erhalten wäre. Es steht ihm eine männliche Bildnissfigur zur Seite von gleichem und gleich fleckig gewordenem Marmor, ganz ähnlicher Arbeit und entsprechender Grösse; wohl der Gemahl dieser Venus. Aber der ursprünglich ideale Typus ist nach anderen und schöneren, in Stellung und Gewandung ganz übereinstimmenden Statuen sicher der einer Aphrodite. Eine dieser Statuen mit dem stützenden Delphin befindet sich im Hof des Museo Borbonico in einer Nische. Der anmuthige Kopf, der bei ihr erhalten ist, hat oberhalb dem Stirnscheitel die Lockenschleife und von den Ohren herab Langlocken. Eine zweite in demselben Museum (im Saal des Adonis Nr. 344) — sie stammt aus der Farnesischen Sammlung — ist an den Füssen, der Brust und im Gewand etwas restaurirt, übrigens hübsch gearbeitet; und sollte der verhältnissmässig etwas kleine Kopf von guter Bildung ihr nicht ursprünglich angehört haben, so doch die auf die Schultern gehenden Locken. Auch der Delphin mit dem Kopf auf einem Felsenstück und dem steilrechten Schweif, auf dem ihre Rechte ruht, ist antik. In Florenz, im Besitze des Bildhauers Pozzi ist eine dritte von griechischem, durchsichtigem, angenehm gelblichen Marmor. Ihr fehlen der Kopf und rechte Arm; auch ist der rechte Fuss neu und der linke geflickt; aber der umhüllte Schos, der schöne Körper und linke unter dem Ueberwurf angestemmte Arm sind wohlerhalten. Der Wuchs ist schlank, die Haltung edel, die Arbeit sorgfältig. Zwei andere Exemplare sind zu Rom, das eine in der neuen Sammlung der Villa Borghese, das andere, unter Lebensgrösse, aber in schönem Marmor sehr gefällig ausgeführt, im Museo Chiaramonti (Nr. 451 des Catalogs mit der falschen Benennung Nimfa).

Was man von der Statue zu Athen, welche mit den fünf genannten übereinstimmt, sagen muss; dass sie einen guten Charakter abgeschwächt wiedergebe, das gilt fast von allen Statuen dieses Abschnitts. Von gefälligem Leben ist der Dionysosknabe (Nr. 61); von netter Arbeit der kleine Garten-Dionys (Nr. 62). Die Nummern 77. 78. 108. 115 sind hübsche Beispiele der Anwendung bacchischer und verwandter Figuren zum Schmuck von Pilastern, Tragestämmen, Gittern[1]). Wenn sie, nebst anderen angeführten Satyr- und Silen-Stücken, wie in ihrer Art die Dianenstatue, an Praxitelische Schöpfungen erinnern können, ist es nur mittelbar und meist entfernt. Der Theatersilen ist nüchtern, müde, möcht' ich sagen, ausgeführt. In ähnlicher Trockenheit zeigt seinerseits der kämpfende Heros (90) die Nachwirkung der idealisirten Proportionen, die von Lysipp und Euphranor ausgingen und an gleichartigen Vorwürfen angewendet wurden. Die Hermes-Torse (Nr. 87 ff.), die Herakles-Hermen (Nr. 109 ff.) sind Figuren, wie sie für Gymnasien und Schulen, auch für Privat-Bibliotheken und Landhäuser in Jahrhunderte-alter Gewöhnung fortgearbeitet wurden. Sichtbar stammen die meisten dieser Werke aus einer Zeit, in welcher Athens thatlockendes Meer und heiterer Himmel über den Epigonen ihrer Zöglinge stumm geworden waren.

---

[1]) Ich vermuthe, dass gleichfalls nur Träger eines Gitterstabes von einer Umzäunung jene unbedeutende Pan-Statue gewesen sein dürfte, welche, durch Clarke nach Cambridge gebracht und abgebildet in Wilkins Magna Graecia p. 71, durch ihre Klammerspuren am Nacken, die Conjectur veranlasst hat, es sei an ihr ursprünglich eine Trophäe befestigt gewesen, und diese Statue habe in der Pans-Grotte der Akropolis, unter der sie gefunden sein soll, den Pan als Träger des Siegeszeichens von Marathon (Tropäophoros) vorgestellt. Die am Leibe herabgelassenen Arme, überhüllt, in einer Hand die Syrinx, eignen sich schlecht für das Tragen einer Trophäe.

———

II. (FORTSETZUNG.)

B. Bildnisse und Darstellungen aus dem Menschenleben.

a) Porträtstatuen und Bildniss-Reste.

α) weibliche:

125) **Gewandstatue in Naturgrösse (Kopf und Füsse fehlen).** Der Chiton geht vom Hals bis an die Füsse, das Himation von feinerem Stoff bildet ein anliegendes Uebergewand bis an die Knöchel, von wo dann bis auf die Füsse der Chiton nur als kurzer, tieffaltiger Vorstoss herauskommt. Oberhalb ist das Himation, wie ein grosses Halstuch, um beide Schultern und Arme genommen und auf der Brust gekreuzt. Der r. Arm, mit dem Ellbogen an der Hüfte, liegt, ganz eingewickelt, nach der Brust hinauf, die heraustretende Hand liegt auf dem linken Ueberwurf des Himation, der den am Leib herabgelassenen l. Arm umhüllt, und dessen unterer Saum sich von der Brust und der Wurzel der rechten Hand herab nach der linken Hüfte hinzieht, wo die (fehlende) linke Hand auf dem Schenkel liegt. Durch diese Anlage und indem das Standbein das rechte, das linke aber mit leichter Biegung vorgeschoben ist, entsteht eine einfache Massentheilung rundlichgezogener Falten hinauf und hinab: hinauf um den rechten Arm nach der Schulter: hinab um den linken nach der Seite: queer in kurzen Bogenfalten um den Leib: in herabgespannten aber um das vorgeschobene linke Knie, die dann allmählig vom Schos nach der Seite mit den vertikalen zusammengehen, die über das rechte Bein herab sich bilden. (T.)

126) **Aehnlich, nur etwas gesuchter Gewandete, wenig unter Naturgr.** (Kopf und Hals fehlt), der r. Arm ebenfalls im Himation angebogen, die Hand heraus; der linke am Himation-Saum hinab auf den l. Vor-Schenkel, klemmt eine Seiten-Masse an die Hüfte und hält in der Hand eine andere, herabfallende. (T.)

127) **Frau in ähnlichem Gewand-Motiv** (ganz dem der Polymnia von Tivoli), fabrikmässig. (T.)

128) **Frau im Doppelchiton,** fabrikmässig; steht auf dem l. Bein, beide Oberarme liegen an; Ellbogen, Unterarme, Hals und Kopf fehlen. (T.)

129) **Unvollendete sitzende Frau im Chiton,** an der Brust gegürtet; das Himation geht über die l. Schulter herab und unter der r. Brust herum; die ziemlich gespreizten Beine ziehen Chiton und Himation straff und etwas nach rechtshin, während Leib und Brust sich linkshin wenden, das Gesicht wieder rechtshin. Der rechte (fehlende) Arm war ausgestreckt; der l., vom Himation umhüllte Oberarm weicht, herabgelassen, hinter der Brust zurück, der (fehlende) Vorderarm war vorgebogen. (T.)

130) **Obertheil einer weiblichen Figur,** unausgearbeitet und unter der Brust abgebrochen. Die Ampechone bildet einen Schleier um den Kopf und umhüllt von der rechten Kopfseite und dem Rücken herüber den rechten darin gebogenen und nach dem Halse hinaufgelegten Arm, von dem sie schräg über die l. Schulter nach dem Rücken geht. Diese Masse lässt den Hals und den

Chiton am linkén Oberarm und der Brustseite ungedeckt. Ueber dieselbe kommt von der l. Kopfseite und l. Schulter die andere Masse der Ampechone herüber, schlägt sich unter dem Hals herum und geht durch die sie fassende rechte Hand an der rechten Hals-Seite. Der l. (fehlende) Unterarm müsste ohne Zweifel queer am Leibe, und die Hand unter dem Ellbogen der rechten liegen. Der Hals ist etwas rechts, das leise geneigte Gesicht links gewendet. (T.)

131) Unterstück einer grossen Gewandstatue aus schwarzem Marmor, scharf gearbeitet. (Hinter dem T.)

 β) männliche:

132) Junge m. Bildnissfigur, kaum lbsgr., fabrikmässig. (T.)

133) M. Bildnissfigur, lebsgr., von fleckiggewordenem M., im Chiton und queerumgenommenen Himation, welches, über den l. Vorder-Arm hinausgeschlagen, die rechte Brustseite frei lässt. Kopf, Hals, r. Arm, l. Hand, und die Beine von den Knieen abwärts fehlen.
  (Aus Luku. Seitenstück zur Venus Nr. 50.) (T.)

134) Rest einer colossalen m. Figur (Kopf, die ganze r. S., und Füsse fehlen), das Himation queer unter der Brust umgenommen, den r. Arm hinübergelegt auf dem Himation-Wulst nach der l. Seite (d. Hand fehlt) an die von der l. Schulter herabkommende Masse. (T.)

135) Tors eines grossen Kriegers in röm. Panzer (kein Imperator). Der unverzierte Panzer, der Form des Leibes sich anschmiegend, drückt Brust und Nabel aus; darunter der Vorstoss der Tunica bis in die Kniegegend erhalten; auch vom l. Oberarm der Ansatz. Zwei Löcher im Panzer: unter der l. Brust und der r. Weiche. (T.)

136) Mittelstück eines Imperators; unter dem Panzer in den Gefieder-Platten Köpfe in Rel. (M.)

137) Mehrerere römische Köpfe — einer ähnlich dem Gallien — einer dem Julian (der Pariser Statue) mit spitzem Bart und einem Kranz um die plumpgearbeiteten Haare. (Z. E.)

138) Zwei janusartig verbundene bärtige Bildnissköpfe röm. Charakters. (Z. E.)

139) Zwei janusartig verbundene jugendliche Köpfe gleicher Art. (Z. E.)

140) Kopf aus römischer Zeit mit kurzgeschorenem Haupt, ganz eigenthümlicher Schädelform; wahrscheinlich nach einem Abguss von der Natur. (P.)

141) Marmorschild mit Büste in Chlamys; der Kopf fehlt. (T.)

  b) Darstellungen menschlicher Momente.
 α) ideale:

142) Knabe mit Gans, rund, lebsgr., nackt (Kopf fehlt), den Vogel an seinen Leib drückend — erinnert, ohne gleiche Trefflichkeit und ohne spezielle Uebereinstimmung an jenen Capitolinischen, auch in mehreren andern Museen vorhandenen, für dessen Urheber Boethos gilt, nach Plinius (34, 8 s. 19): „Das Kind, wie es die Gans würgt, ist vortrefflich von Boethos gemacht." (T.)

143) Epheb mit Ross, Relief, von kräftiger, doch mässiger Erhebung, in schönem Styl, war über drei Fuss breit und wenigstens eben so hoch. Das Pferd ist von r. nach links im Profil gegeben (der Kopf zerstört, die Beine fehlen, der Schweif abgestossen). Der Jüngling, vom Pferd gedeckt,

hinter ihm schreitend, ragt mit dem Obertheil, gleichfalls im Profil, über dem Rücken desselben hervor. Sein Gesicht unter fliessendem, leichtgetheiltem Haar ist abgeschlagen; die r. Hand hält er vor die Brust; an dem linken hinabgelassenen Oberarm bemerkt man unter der Schulter bis herab, wo er (noch oberhalb dem Ellbogen) die Rückenlinie des deckenden Pferdes erreicht, einen schmalen Streif, worin eine Anzahl kleiner Bohrlöcher dicht untereinander, meist zwei nebeneinander. — Gefunden im Schutt des Aphrodite-Tempels beim Hafen zu Aegina, und wegen sichtbarer Einlochung der Platte für eine Metope dieses Tempels erkannt. S. Expédit. d. Mor. Vol. II, Pl. 41. F. 1 u. 2. (T.)

β) kriegerische:

144) Drei Krieger im Aufbruch. Rest einer kleinen Relief-Gruppe (Beine und Köpfe fehlen) schön gezeichnet, dicht geschlossen. Links ein grosses Schild mit dem Arme drin von einem nach rechts Bewegten. Dicht an ihm en face Einer, der das Parazonium mit der um den Griff gelegten Linken an die eigene Brust hält, den Griff nah am Hals, das Ende an der l. Hüfte. Das Band des Parazonium geht vom Heft über die linke Schulter. Um seinen Schos faltiges Gewand. Ein Dritter, mit der r. Hüfte dicht am Ellbogen des Zweiten, den r. Schenkel vor des Letzteren linkem, scheint im rechten, über dessen linke Schulter hinaufgestreckten Arm ein Schwert erhoben zu haben. Sein Gewand lässt die rechte Brustseite und Arm blos, hängt leichtfaltig von der l. Schulter herab und ist um den rechten Schenkel geschürzt. Ein Queerband geht von der r. Achsel herum nach der l. Hüfte. (M.)

145) Krieger mit Freundesleiche, Reliefbruchstück, die Figuren waren etwa 2' hoch; das Oberste und die Beine fehlen. Zeichnung trefflich, hohes Relief. Man sieht, von links nach rechts profilirt, die entblöste r. Seite und den vorgestreckt herabgebogenen r. Arm des Helden, der den nackten, fast en face gesehenen Leib des Gefallenen an den seinigen andrückt, mit der r. Hand dicht unter dessen linker Achsel herumgreifend, die rechte Achsel desselben an seiner Brust. Der l. Arm des Gehaltenen und sein, auf die Schulter dieses Armes zurückgefallener (zerstörter) Kopf hängen niederwärts; die r. Schulter steht empor, der fehlende Arm hing wohl um den unsichtbaren linken des Haltenden, der an des Andern Rücken greifen muss. Die Chlamys des Haltenden bildet, zurückgeschoben, am Contur seines Rückens ein par kleine Wellen und vorn auf seiner Brust einen kleinen Bausch in und unter der Achsel des Gehaltenen. Ausserdem erscheint ein Stück freies Gewand über des Gehaltenen rechter Schulter und abwärtshängendem Kopf, welches wohl die hinter ihm liegende Linke des Helden überflattert. (Z. P.)

146) Zwei Kämpfer, vorschreitend, von einem kleinen Relief guter Arbeit; beide von rechts nach links, mit Klappen- und Kamm-Helmen, die weniger attischen, als Gladiatoren-Helmen ähnlich sind, mit anliegenden Panzern, länglich runden, oben horizontal abgestumpften Schilden, in den schwerthaltenden Rechten eine eigene Art Fechthandschuh. (P.)

γ) friedlich:

147) Kleines ländliches Relief-Bild mit Rindern von artiger Zeichnung und Composition. (In der Hofmauer des Wohnhauses des K. Leib-Arztes Röser.)

— 119 —

C. Gliederstücke und Reste nicht näher bestimmbarer Statuen.

148) Colossaler, weiblicher Fuss, von der kl. Zehe bis zur Ferse 20″ lang. (Z. E.)

149) Schöner Colossalfuss, im Garten des Königs beim Iliss, und von demselben Fundort, wahrscheinlich derselben Figur angehörig: Schenkel - Stücke; auch eine Hand mit Zeige-, Mittel- u. Gold -Finger; Zeigefinger 7″ lang. (R.)

150) Colossale, männlich jugendliche Brust mit Hals-Stück und Anfang der Ohren. (T.)

151) Stück eines colossalen Kopfs mit kurzen starken Locken und vielen kleinen Blättern umher. (Z. P.)

152) Schöner, weiblicher, etwas niobidenartiger Kopf, sehr beschädigt, unter verschiedenen andern. (M.)

153) Wohlgearbeitetes Hintertheil von einer jugendlichen, fast lebensgrossen Statue. (Z. P.)

154) Nackte Gliederstücke verschiedener Grösse, Bruchstücke lebensgr. Bildniss-Statuen, Reste von Statuetten, bes. weiblichen. (Z. E. und T.)

155) Fragmentchen einer kleinen, zierlichen Frauenfigur, nur an der l. Seite von der Brust bis zum Knie erhalten. Ein Gewandstreif geht, queer dem Leibe, über die Handwurzel des l. herabgelassenen Arms; die Hand aber fasst, graziös niedergebogen, mit Daumen und Zeigefinger ein Knöpfchen an einer über jenen Queerstreif hinabgehenden schmalen Gewandmasse, die, so hervorgelüpft durch die zupfende Hand, unter ihr frei herabfällt. (P.)

D. Thiere.

156) Löwe auf einem Rinde, das, zusammengesunken, schmerzvoll den Kopf zurückbeugt, beisst in seinen Bug. Unter Naturgr. (T.)

157) Hockender Bär, unter Naturgr., styllos. Byzantinisch? (Z. E.)

158) Pferd v. w. M., verstümmelt; am nördl. Abhang d. Akrop. auf d. Mauer unter d. Aglauros-Grotte.

159) Pferde-Rumpf von Pent. M. in Naturgr., mit Loch für den Schweif; dabei ein Stück Hals. (Bei der Karyatiden-Halle.)

160) Pferde-Hals und Kopf bis zu den Augen erhalten, v. M.; am Nacken Bronze vom Zügel. (In Pittakis Haus.)

161) Pferde-Kopf in Naturgr.; späte Arbeit. (T.)

162) Oberstück eines colossalen Perdekopfs mit Hals-Stück; unter dem Parthenon gefunden; grösser als die aus dem Parthenon-Giebel; härter und, wie es scheint, alterthümlicher, aber tüchtig gebildet; die Augen kleiner und weniger vorliegend als bei jenen. (Z. P.)

163) Pferdekopf und Hals von einem Relief (Kopf 1′ lang); Kiefer sehr stark in Vergleich mit Nüstern und Maul-Stück, Hals kräftig herausgeschwungen; Auge gross und hohl; Mähne kammartig stehend und über der Stirn ein vornübergebogener Schopf; darunter ein tiefes Loch für das Ohr. S. auch oben Nr. 118. 119. (P.)

E. Geräthe.

164) Schmucker Thron v. w. M., an den Handlehnen Greife, an der Rückseite flacherhaben eine gewandete Arabesken-Figur mit rundlich emporgebogenen Flügeln, hält zwei Fleurons und geht

unten vom Gewand ab in Voluten aus, die sich um beide Seiten des Sessels verschlingen. Von einer am obern Rande hinlaufenden Inschrift sind nur in der Mitte der hinteren Biegung neun Buchstaben und nicht recht deutlich erhalten: P A Γ O I ⎯ . O I . P O

An der Ostseite des Parthenon gefunden. (M.)

165) Fünf Throne aus M., zum Theil mit artigen Arabesken; einer zweisitzig. (Aussen am T.)

166) Löwen-Köpfe und Füsse von Marmor-Sesseln oder Tischen. (Z. P.)

167) Block von einem einfachen Thronsessel nach Art jener zwei in der kleinen Cella zu Rhamnus. Das Erhaltene ist ein Stück der Sitzfläche und ihrer vertikalen, aber etwas concav herabgeschweiften Basis. Den vorderen Rand des Sitzes und oberen der Basis macht ein einfaches Band, dessen erhaltene Länge 22″. Dieses durchkreuzt ein schmaleres Band, das von hinten nach vorn auf der Sitzfläche liegt und an der Basis herab fortläuft, die in einer Höhe von 16″ erhalten ist. (Die Seitenflächen dieses Sitz-Blocks und die untere sind rauh und brüchig, also nicht bis an die ursprünglichen Oberflächen erhalten.) Vorn, unterhalb dem Horizontal-Bande steht in nacheuklidischer Schrift:

IEPEΩΣ   Des Priesters
BOYTOY   Butos.

Beim Erechtheion gefunden. S. Kstbl. 1836, Nr. 84. (P.)

168) Altärchen des Sonnengottes, unter 1 Fuss hoch und breit, viereckig, mit Sockel und Sims, oben schalenförmig; an einer Seite steht: HΛIΩI . (In Pittakis Haus.)

169) Altärchen des Heilgottes, vierseitig, 8″ hoch; an der Basis: AΣ)KΛHΠIEΩΣ .

170) Kleiner Altar des Zeus Xenios, viereckig, mit gegliedertem Sockel und Sims, 1′8″ hoch. An einer (in ihrer rechten Kante oben etwas abgestossenen und eingerissenen) Seite steht in Zügen, die wohl römischer Zeit sind:

TONΔE ΛYKC..   Lyko(s? und — .) widmeten
KATO   eines
NIPON   sic?   Traums halb
TΩIΞENΩNE   Diesen Altar dem Zeus,
ΦOPΩIBΩMON   welcher die Fremden
EΘ . TOΔII   beschützt.

Zwischen Propyläen und Parthenon gefunden. (Z. E.)

171) Gr. vierseitiger Altar des Hadrian mit verzierten Gliedern und der Inschrift:

ΣΩTHPI   Dem Retter
KAIKTIΣTH   und Gründer,
AYTOKPATOPI   dem Selbstherrscher
AΔPIANΩI   Hadrian,
OΛYMΠIΩI   dem Olympier.

(Aussen am T.)

172) Gleichartiger Altar des M. Aurel und L. Verus, m. d. Inschr.:

ΕΠΙΝΕΙΚΗΚΑΙ	Für Sieg und
ΥΓΕΙΑΤΩΝ	Heil der
ΘΕΙΩΝΚΑΙΦΙ	göttlichen und
ΛΑΔΕΛΦΩΝΑΥ	brüderlichen
ΤΟΚΡΑΤΟΡΩΝΜΑΡ	Selbstherrscher M.
ΚΟΥΑΥΡΗΛΙΟΥ	Aurelius
ΑΝΤΩΝΕΙΝΟΥ	Antoninus
ΚΑΙΛΟΥΚΙΟΥΑΥ	und Lucius Au-
ΡΗΛΙΟΥΟΥΗΡΟΥ ⌀	relius Verus.
ΕΠΙΜΕΛΗΤΕΥΟΝΤΟΣΓΝΑΙΟΥΛΙΚΙΝ⌀	Die Ausführung besorgt von Cneius Licin-
ΝΙΟΥΑΤΤΙΚΟΥΓΑΡΓΗΤΤΙΟΥ⌀	nius Atticus aus d. G. Gargettus.

(Aussen am T.)

173) Lyra? v. M. 7″ hoch. Drei Stäbchen, in Form viereckiger Pfeilerchen, durch ein Band darüber verbunden, stehen auf einem kesselähnlich flach gerundeten Untersatz.   (Z. P.)

Aus diesem meist unbedeutenden Theile des Vorraths, den wir betrachten, heb' ich zunächst das Relief-Bruchstück Nr. 145 heraus, welches das Weihbild eines Kriegers kann gewesen sein, in der Vorstellung selbst aber einen edeln heroischen Charakter und durch sein spezielles Motiv Interesse hat. Die Composition dieses kleinen Bildwerks ist sehr nahe verwandt der grossartigen colossalen Gruppe, die, unter dem Namen Menelaos oder Aias mit dem Leichnam des Patroklos oder Achill, zu Florenz im Pallast Pitti steht, und in Stücken von Ponte vecchio wiederholt ist, sodann zweimal zu Rom in verschiedenen Resten angetroffen wird. Der bekannte Marforio nämlich, der in einer Strassen-ecke Roms seit Jahrhunderten steht und lange zum Zettelanschlagen diente, ist der behelmte Kopf und Tors dieses Heros, obwohl im traurigsten Zustande. Wohlerhalten aber ist der Kopf desselben, samt dem Schulterstück des Verwundeten und dessen Füssen mit einem Theil der Beine, in Tibur gefunden, im Pio Clementino zu sehen. Diese Ueberreste von vier Exemplaren, und Wiederholungen vom Haupte des Heros in andern Museen, und die ähnliche Vorstellung einer antiken Gemme zeugen für die Berühmtheit der Gruppe. Nach ihrer grandiosen Kraft und der vollkommenen Meisterschaft der Darstellung muss sie von einem der grössten Künstler des Alterthums herrühren. Für die Niobiden-Gruppe haben wir wenigstens die Angabe, dass römische Kenner den Skopas, oder aber Praxiteles als Urheber nannten, für den Laokoon und den Farnesischen Stier sind uns die Künstlernamen über-liefert; für diese Gruppe, welche die beiden Letzteren an Styl übertrifft und dem Adel der Ersten, wie wir sie aus dem Nachbilde ahnen, näher steht, fehlt uns jede Spur ihrer Herkunft. Man kann nur sagen, dass ihr Charakter zu dem Begriffe stimmt, den die Mittel der Kunstgeschichte uns von dem Styl des Lysippos geben. Unverkennbar wenigstens ist in diesem Werke eine nicht mehr naive und noch nicht manierirte, eine hocherfahrene, in ihrer Virtuosität und für sie begeisterte Kunstübung. So war es in der Zeit um Lysipp.

Unser attisches Relief stellt sich nun, so weit es erhalten ist, einer Ansicht dieser Gruppe gleich. Wie der Zusammengesunkene hängt, wie der Held gegen ihn gestellt ist und ihn gefasst hat, wiederholt sich unter ganz ähnlichen Linien; nur dass im Relief der umfasste Leib etwas höher an die Brust des Haltenden heraufgehoben ist. Kopf und linker Arm fallen aber in gleicher Weise nieder, der Leib ist nicht, wie in der Pariser Gemme, vom Haltenden ab, nach aussen gekehrt, sondern, wie in der Gruppe, ihm zugewendet, während der entglittene Arm und das schwere Haupt nach rückwärts absinken. Selbst die Art, wie die Chlamys des Haltenden zurückgeschoben und am Rücken in leichte Bäusche durch die Gürtung getheilt ist, findet sich hier, wie dort, so dass die Uebereinstimmung nicht zufällig zu sein, sondern dem Reliefbildner das schon vorhandene Original der Gruppe vorgeschwebt zu haben scheint.

Es ist plastische Poesie in diesem Contrast der Spannkraft eines vollkräftigen Heldenleibes mit der Schwere eines entseelten. Heroisch und Moment einer Hauptszene des Epos ist die Gruppe ohne Zweifel, am wahrscheinlichsten Aias mit der Leiche des Patroklos[1]). Ob sie nicht ursprünglich Haupttheil einer grösseren Composition, etwa in einem Giebel war, dem sie sich nahe der Mitte, mein' ich, vortheilhaft einfügen würde? — Wir wissen von zwei Tempeln, an deren Aeusserem man Szenen aus dem troischen Heldenepos sah, beide in demselben Menschenalter, vielleicht demselben Jahrzehent, gegründet, indem der eine nicht früher, als gegen Ende der 89. Olympiade, der andere nicht später, als gegen die 93. errichtet sein kann. Jenes der neue Tempel der Hera zu Argos, dieses der ungeheure des Olympischen Zeus zu Agrigent[2]). Von jenem sagt Pausanias: „Was oberhalb den Säulen ausgearbeitet ist, bezieht sich theils auf die Geburt des Zeus und den Kampf der Götter mit den Giganten, theils auf den Krieg gegen Troja und die Eroberung von Ilios." Von dem andern sagt Diodor: „An den so mächtigen und hohen Hallen ist an der Ostseite die Gigantenschlacht in ausnehmend grossen und schönen Sculpturen, an der Westseite die Eroberung von Troja so gebildet, dass jeder Heros dem Zustande gemäss charakterisirt ist." An beiden Tempeln war wohl die Gigantenschlacht in einzelnen Gruppen in den Metopen vorgestellt, wie sie am Parthenon in den Metopen vorkommt. Dann ist von der Eroberung Ilions zunächst für den Olympier-Tempel, theils der Correspondenz wegen, theils nach der Andeutung in Diodors Worten, jeder einzelne Heros sei angemessen vorgestellt gewesen, eine gleichfalls gruppenweise Vertheilung in die Metopen zu schliessen, und mit um so mehr Wahrscheinlichkeit, als die bekannte Nichtvollendung dieses Tempels an Giebel-Sculpturen weniger denken lässt. Nimmt man für die gleichen Vorstellungen am Tempel zu Argos ebenfalls ihre Vertheilung in die Metopen an, so bleiben für ihn als Giebel-Bilder übrig an der einen Seite die Geburts-Mythe des Zeus, an der andern ein Bild aus dem Kriege gegen Troja. Dies könnte denn der Patroklos-Tod und darin unsere Gruppe gewesen sein. Denn wenn wir schon ihr Vorbild um Lysipps Zeit setzen, so wurden bisweilen Giebelbilder, wie z. B. die Delphischen, lange nach Errichtung des Tem-

[1]) O. Müller Hdb. d. Arch. §. 415, 2.
[2]) Paus. II, 17, 3. 7. Thukyd. IV, 133. Diodor XIII, 82.

pels ausgeführt; auch wissen wir ja nur, wann der alte Tempel zu Argos verbrannte, nicht wann der neue fertig ward.

Wie dem sei, so muss in der Periode, als die griechische Kunst vom grossen attischen Styl zur Ausbildung des virtuospathetischen fortging, der troische Fabelkreis mächtige Talente beschäftigt haben. Dafür zeugt, nächst den genannten architektonischen Sculpturen, die Schlacht am Kaikos von Skopas im Giebel des Tegeatischen Tempels (Paus.8,45,4), und nächst der besprochenen colossalen Gruppe, welche im Kleinen das attische Relief wiederholt, ein wahrscheinlich auch griechisches Relief, das auf eine grandiose Vorstellung des Priamos-Todes zurückweist. Ich meine das Bruchstück, welches aus der Sammlung Mollin· in Venedig nach Verona in die Villa Giusti gekommen, durch Orti's Herausgabe bekannt, so stylvoll tragisch ist [1]).

Keiner solchen heroischen Vorstellung, eher einer von wirklichen Kriegern oder, wie ich nach der gebuckelten, schweren Bewaffnung schliessen möchte, von Gladiatoren war das Fragment Nr. 146 angehörig. Spiele, wie sie z. B. Hadrian bei seiner Tempel-Einweihung zu Athen gab, konnten ein solches Anathem veranlassen.

Ueber die römische Zeit hinaufzugehen ist man auch bei keiner der angeführten Bildniss-Statuen genöthigt. Die Gewandung der drei weiblichen Nr. 125. 126. 127 sieht man bisweilen bei Göttinnen später Charakters. Die Erstere ist nicht selten in italischen Museen als Ceres restaurirt; in einzelnen Exemplaren z. B. einem Pariser (Mus. fr. IV, p. 2, Nr. 4) sind die Attribute der Ceres wirklich antik; andere sind unzweifelhafte Bildnisse; gleichwie die Draperie von Nr. 127 sowohl bei solchen, als bei Musen gesehen wird. Es sind ursprünglich wohlerfundene Motive, bis zur Ermüdung wiederholt.

Was allein schon hingereicht hätte, die alte Kunst, als die griechischen Staaten ihre politische Bedeutung verloren hatten, zu entadeln und abzumatten, war die maass- und sinnlose Häufung von Bildniss-Statuen und Ehren-Denkmalen. Es ist bekannt, wie weit auch Athen seit der Zeit der Diadochen diese Art von Schmeichelei und hohlem Pompe trieb. Die Beispiele dafür haben auch die neueren Ausgrabungen mehr als durch plastische Ueberreste durch Inschriften und Postamente vermehrt. Da liest man die Namen mazedonischer, syrischer, ägyptischer, thrazischer, pontischer Könige und Königinnen, die Beschlüsse von Errichtung eherner Statuen auf dem Markt und auf der Burg, oder Aufstellung neben jenen des Harmodios und Aristogeiton; wie für einen Günstling des Antigonos und Demetrios decretirt wird. Und von Bildnissen römischer Kaiser, Prinzen und Consuln muss die Akropolis voll gewesen sein. — An einem Postamente steht: „Den Caj. Jul. Spartiaticus, den Erzpriester der Götter-Kaiser und der kaiserlichen Familie von der Gesammtheit von Achaja für Lebenslänge, seit Menschengedenken den Ersten, weiht der Priester des Poseidon Erechtheus Gaieochos, Tib. Claudius Theo(genes Sohn?) aus dem Gau Päonia, als seinen Freund." Ein anderes nennt: „Den Quint. Trebellius Rufus, Quintus Sohn, vom Gau Lamptra, ersten Ober-Priester der Provinz von Narbon, Consul und Erneuer der Heiligthümer des Volkes der Römer, und geehrt mit allen Ehren

---

[1]) S. Gli antichi monumenti greci e rom. nel giardino de' conti Giusti in Verona illustr. p. c. di Giov. Orti di Manara Nobile Veronese. Verona. Antonelli. 1835. T. III.

in seiner Vaterstadt Tolosa, und namengebenden Archon von Athen und Priester des Consul Drusus und Priester der Eukleia und Eunomia für Lebenslänge und geehrt mit lebenslänglicher Goldschmuck-Tracht und mit dem Beschlusse der Aufstellung seiner Statuen und Bildnisse in jedem Tempel und auf jedem ausgezeichneten Platze der Stadt."

Bei solchen läppischen Prunksteinen, bei Hermen-Stücken und Fussgestellen von Daduchen, Gymnasiarchen, Kosmeten, Rhetoren wollen wir uns nicht verweilen. Eher noch lohnen mag ein Ueberblick der Inschriften mit Künstler-Namen, die den neueren Ausgrabungen verdankt werden. Sie geben doch einige Beiträge zur Kunstgeschichte.

Einige auf der Akropolis gefundene Marmorbasen mit Künstler-Namen der altattischen Schule hab' ich oben zum ersten Abschnitt angeführt. Auf Grund derselben ist der Bildner Nesiotes, dessen Name unseren Gelehrten bis dahin nur für Ortsbezeichnung des mit ihm verbundenen Kritios gegolten hatte, von Ross (Lettre à Mr. le Chev. Thiersch 1839) wieder in die Kunstgeschichte eingeführt worden. Aus der Inschrift eines anderen daselbst entdeckten Sockelsteines wurde von Ross auch der Name eines etwas jüngeren Künstlers, des Kresilas, wiederhergestellt, an dessen Stelle man bei Plinius Ktesilaos hatte schreiben wollen. Die Inschrift lautet:

HERMOLYKOΣ   Hermolykos,
ΔΙΕΙΤΡΕΦΟΣ   des Diitrephes Sohn (weiht dieses,)
ΑΠΑRXEN   als Abtrag an die Gottheit.

KRΕΣΙΛΑΣ   Kresilas
ΕΠΟΕΣΕΝ   hat's gemacht.

Nach einer, zwar sehr fabelhaften, Anekdote bei Plinius erscheint Kresilas als ein Zeitgenosse des Phidias. Auch muss er es gewesen sein, wenn er des Perikles Bildniss-Statue bei dessen Leben machte. Die Züge unserer Inschrift erlauben gleichfalls ihm dies Alter zuzuschreiben. Wenn man mit Ross unter Diitrephes, dem in der Inschrift genannten Vater des Hermolykos, jenen Diitrephes versteht, der bei Thukydides (7, 29 f.) vorkommt, so kann auch hiermit bestehen, dass Kresilas, der für dessen Sohn gearbeitet, ein Zeitgenosse des Phidias gewesen, obwohl ein jüngerer, da diese Arbeit 15—20 Jahr nach Phidias Tod fiele. — Eine Statue des bei Thukydides erwähnten Diitrephes sah Pausanias beim Austreten aus den Propyläen auf die Burg. In geringer Entfernung davon, zwischen Propyläen und Parthenon, in einer vor des letzteren Westseite liegenden Zisterne ist jener Stein vom Weihbilde des Diitrephes-Sohnes, das Kresilas machte, eingemauert. Die bei Pausanias angeführte Statue des Diitrephes war von Pfeilen durchbohrt vorgestellt. Eines Verwundeten, sichtbar noch Athmenden Statue von Kresilas erwähnt Plinius. Diese Data combinirt Ross dahin, dass des Kresilas Verwundeter kein anderer als der von Pausanias gesehene, mit Pfeilen durchbohrte Diitrephes und dieser das (nach der Inschrift) von Kresilas gearbeitete Weihgeschenk des Diitrephes-Sohnes Hermolykos gewesen. Mindestens enthält diese Combination nichts Unmögliches und ist so ingeniös, dass man sie nicht gerne abweisen mag.

Wiederum als Zeitgenossen oder wenig jünger als Kresilas sind die Bildner zu betrachten, von welchen einzelne Arbeiten und die Zahlungen dafür auf den Stücken von Bau-Inschrift-Steinen gelesen werden, die man mit Recht auf den Erechtheion-Bau bezieht. Nach den Inschriften selbst sind es Bildner-Arbeiten an einem Gebäude, einem Tempel. Ein Bruchstück erwähnt das Blei zum Anfügen der Figuren (Kunstbl. 1836, Nr. 60). Beim Erechtheion hat man fast runde Marmorfiguren, natürlich vom Friese, gefunden, für welche solche Anfügung sowohl, als auch bei ihrer geringen Grösse der mässige Preis der in den Inschriften erwähnten Zahlungen passt. Nach diesen und anderen Gründen arbeiteten also die verzeichneten Künstler für das Erechtheion. Die Schrift dieser Baurechnungen weist kurz vor oder kurz nach Euklid, somit in die neunziger Olympiaden. Für unbedeutende Meister darf man diese Bildner nicht nehmen; die Fragmente ihrer Arbeiten sprechen für ihren Werth. Es ist daher natürlich Diejenigen, deren Namen zusammentreffen mit sonst schon bekannten Künstler-Namen der bezeichneten Periode, für die letzteren Künstler selbst zu halten. — Abgesehen vom Architekten, Archilochos, nennen uns diese Inschriften zwölf Namen[1]). Darunter sind vielleicht blosse Handwerker Prepon, Medos und Rhädios; Modelleurs architektonischer Ornamente sind Neses und Agathanor[2]), Meister der Ornamenten-Enkaustik ist Dionysodoros; Bildhauer aber sind die attischen Beisassen Mynnion und Sokles und der Bürger Jasos, die wir nur aus der Inschrift kennen lernen, ferner Phyromachos, Praxias und Antiphanes, Namen wenigstens, welche die Kunstgeschichte schon kannte (Ross im Kunstbl. 1836, Nr. 39 f.). Phyromachos, dem in der Inschrift drei verschiedene Figurenbilder bezahlt werden, kann derselbe sein, von welchem ein Epigramm der Anthologie ein üppiges Bildwerk anführt (s. Silligs Catalog. Artif. v. Pyrom.). Ein Praxias ist als Arbeiter von Giebel-Bildern des Delphischen Tempels bekannt, und von einem Antiphanes führt Pausanias mehrere erhebliche Werke an. Pausanias nennt den Praxias Athener, womit nicht gerade im Widerspruch ist, dass der Praxias der Inschrift nur als Beisasse zu Athen lebt. Den Antiphanes nennt er Argiver, wogegen der in der Inschrift Genannte attischer Bürger ist. Da aber Pausanias den Zusammenhang des Antiphanes mit der Schule von Argos und ein bedeutendes Werk, das er für Argos gearbeitet, anführt, so wäre denkbar, dass er ihn nur darum, wenn er auch Athener war, für einen Argiver gehalten. Wenigstens kann mehr als blos zufällig scheinen, dass die drei sonst bekannten Bildner Phyromachos, Praxias, Antiphanes, ziemlich in eben den Zeitraum gehören, aus welchem die Inschrift ist. Phyromachos soll für Anaxagoras gearbeitet haben[3]). That er es jung für den alten Anaxagoras, so reichte seine Blüthe noch in die 90er Olympiaden hinein. Antiphanes blühte sicher im Anfang der 90er Olympiaden, und Praxias, als Schüler des Kalamis kann da noch geblüht haben. (S. diese Namen in Silligs Catal. artif.)

Dieser Periode gehört ferner, der Weih-Inschrift an einem Marmor-Postament zufolge, Strongylion an, der nach täuschenden Schlüssen in eine spätere Zeit gesetzt war. Nur auf das bei Pausanias erwähnte Zusammenstehen seiner Werke mit solchen anderer Künstler stützte sich die Vermu-

---

[1]) S. von Quast: Das Erechtheion zu Athen etc. S. 125 ff. Andere Stücke der Inschriften über denselben Bau enthalten eine noch grössere Anzahl anderer Namen, die aber darin blos in der Eigenschaft von Steinhauern, Schleifern, Vergoldern, Werkleuten angeführt sind. S. Ἀρχ. Ἐφ. 1837 Nov., Nr. 9. 10.

[2]) Agathanor war, nach einem spätergefundenen Rechnungsbruchstück auch Bildhauer in Stein. S. Kunstbl. 1840, Nr. 18, S. 72.

[3]) Es ist allerdings anzunehmen, dass das Epigramm unter dem Anaxagoras, der jenes Priapische Bildwerk des Phyromachos geweiht habe, keinen andern, als den berühmten Philosophen Anaxagoras verstehe, weil dieser zuletzt in Lampsakos, und zwar sehr angesehen daselbst, lebte, Priap aber vorzüglich in Lampsakos verehrt war.

thung, dass Strongylion um Olympiade 103 geblüht. Nun aber nach den Schriftzügen der im Frühjahr 1840 entdeckten Inschrift wird man ihn nicht später, als die 90er Olympiaden annehmen können. Diese Inschrift findet sich an zwei grossen Marmorstücken, welche, zusammengeschoben, wie die fortlaufende Zeile erheischt, 5′ 4″ an der Inschriftseite messen, und an den anstossenden Seiten doppelt so lang waren. Die Inschrift ist:

XA I PE ∆ E M O Ξ E Y A ̧ ̧ ∆ E I/C E ʃ̃ ʃ̃ O I ̧ E Ξ A N E ⊖ E ʃ̧ E N'
ΞΤΡΟ ̧ ̧Y Ͱ I Ο N E Γ Ο I E Ξ E N

Chäredemos, Euangelos Sohn aus d. G. Koile hat's geweiht,
Strongylion gemacht.

Aus der Anführung eines Scholiasten (z. Arist. Av. 1128) kannten wir bereits diese Weihinschrift mit Ausnahme des Künstler-Namens als diejenige des Bronze-Bildes vom trojanischen Pferd, welches Pausanias beschreibt. Man sah aus seinem hohlen Leibe den attischen König Menestheus und den Salaminier Teukros und des Theseus Söhne hervorblicken. Nach Pausanias muss es unweit der Propyläen gestanden haben; und diese Basis ist in geringer Entfernung vom inneren Süd-Eck der Propyläen blosgelegt worden. So sind uns nun die Werke des Strongylion um eines vermehrt, dessen Meister die Ueberlieferung uns verschwiegen hatte, und ist zugleich die Lebenszeit dieses Künstlers näher bestimmt worden [1]).

Demselben Zeitraum angehörig und ebenfalls als Bürger von Athen erscheint **Pyrrhos** in folgender Inschrift an einem etwas mehr als halbrunden Postament:

A ⊖ E N A I O I T E I A ⊖ E N A I A I T E I Y Γ I E I A I   Die Athener der Athenaia Hygieia
Γ Y Ρ Ρ Ο Ξ E Γ Ο I Η Ξ E N A ⊖ E N A I O Ξ   Pyrrhos, der Athener, hat's gemacht.

Offenbar ist dies der bei Plinius ohne Angabe seiner Zeit und Heimat erwähnte Pyrrhos. Plinius nennt von ihm eine Hygiea und eine Athena, Pausanias erwähnt, ohne den Künstler zu nennen, unter den ersten Standbildern der Akropolis eine Hygiea und eine Athena mit dem Beinamen Hygiea. Gerade beim Eingange in die Akropolis, nämlich bei der innern Propyläenhalle, aus der man auf die Burg tritt, aussen an ihrer südlichen Ecksäule ist dies Fussgestell der Athena Hygieia des Pyrrhos zum Vorschein gekommen und neben ihm Stücke einer andern, vierseitigen Basis. Beide von Pausanias angeführte Statuen waren demnach Werke des Pyrrhos; die Athena, die ihm Plinius gibt, war nach der Uebereinstimmung unserer Inschrift mit Pausanias unter dem besonderen Begriff der Heilgöttin vorgestellt und mit der allgemeinen Heilgöttin, der Gefährthin und Tochter des Asklepios, zusammengestellt. Hienächst erhält Pyrrhos durch unsere Inschrift Athen zum Vaterlande, und als Zeitbestimmung,

---

[1]) **Ross**, in jenem Briefe an Thiersch, will dieser früheren Periode auch den Bildner Apollodor zueignen, in welchem die gewöhnliche Annahme einen Zeitgenossen des Silanion (Ol. 114) sieht. Die Basis, welche **Ross** für seine Meinung anführt, übermeisselt, um die Inschrift einer römischen Statue anzunehmen, hat über der neuen und unter der zerstörten Inschrift noch in älterattischen Zügen den Namen (A)Γ O ̧ ̧ O ∆ O P O Ξ erhalten. Allein da dies ein sehr gewöhnlicher Name und daneben das Zeitwort, das ihn als Künstler bezeichnen würde, **nicht** erhalten ist, so ist die gemachte Anwendung doppelt ungewiss.

nach den Zügen der Inschrift, die 90er Olympiaden (vgl. Ross im Kunstbl. 1840, Nr. 37 f. Die an jene Statue geknüpfte Ciceronen-Anekdote glaub' ich nicht).

Auf anderen Blöcken begegnen uns Namen der jüngeren attischen Kunstblüthe, des Leochares nämlich und Sthennis, der berühmten Zeitgenossen des Praxiteles. Es sind schöne grosse Quadern eines Monuments, das der Westseite des Parthenon gegenüber errichtet war, über welche sich eine Anzahl männlicher und weiblicher Namen von der Familie eines Pasikles aus dem Gau Potamos hinziehen. Die Namen in je drei oberen in Columnen abgesetzten Zeilen sind kleiner geschrieben, viel grösser und weitläufiger die durchlaufende Stifter-Angabe der vierten Zeile, unter dieser steht in noch kleinerer Schrift, als die oberen Namen haben, unterhalb der ersten Columne: .... ΝΙΣΕ-ΠΟΗΣΕΝ, unterhalb der zweiten: ΣΘΕΝΝΙΣΕΠΟΗΣΕΝ, der dritten: ΛΕΩΧΑΡΗΣΕΠΟΗ-ΣΕΝ. Diesen Inschriften zufolge befanden sich auf diesem Fussgestell: die Statue eines Pasikles, Myron's Sohn, aus Potamos, vom Meister Leochares; eines Myron, Pasikles Sohn, aus Potamos, vom Sthennis; vom Sthennis auch die einer Lysippe, Tochter eines Alkibiades aus dem Gau Chollidä, Frau eines Pandaites; und dieser Pandaites, Pasikles Sohn, aus Potamos ist mit einem (Bruder?) Pasikles als Stifter des Weihgeschenkes genannt. Die nacheuklidische, aber nicht spätgriechische Form der höchst sauber eingeschnittenen Schrift berechtigt, unter den Verfertigern dieser Bildniss-Statuen den rühmlichbekannten Olynthier Sthennis und den ausgezeichneten Athener Leochares zu verstehen, die um die 110te Olympiade wohl nebeneinander arbeiten konnten (S. Ross Kunstbl. 1840, Nr. 32).

Früher schon hatte man in der Nähe des Erechtheion ein Piedestal ausgegraben, welches nach der ganz wahrscheinlichen Ergänzung der Inschrift von Ross eine Statue aus der Familie der erblichen Erechtheus-Priester, der Butaden, getragen hatte, die ein Werk der Söhne des Praxiteles war. Und diese Söhne des Praxiteles, Timarchos und Kephisodotos nennen sich auch an einer andern Basis als Stifter einer Statue ihres Oheims Theoxenides [1]).

Demselben Zeitraume eignen sich endlich nach ihrer Schreibung noch zwei andere vorher unbekannte Künstlernamen, an zwei verschiedenen Marmorgestellen beide in der Nähe des Erechtheion gefunden. An einem transversal abgestossenen Bruchstück nämlich unter Versen, die von einer Weihung „in den schönen Tempel der heiligen Pallas" und von einer „nicht unrühmlichen Arbeit im

---

[1]) Ross Lettre p. 13 ff.

a) ΑΔΟ ιΕ
Ι . . ΣΙΣΤΡΑ . . . ΒΑΤΗΟΕΝ
ΟΣΠΟ.ΥΕΥΚΤΟΥΕΡ . . Ε . <
ΝΕΘΗΚΕ
.ΟΣΤΙΜΑ . . Ο . ΕΠΟΙΗΣΑΝ

Des But)aden, des Prie(sters des Erechtheus Sohn - oder Tochter) — — aus dem Gau Bate hat - — der Sohn des Polyeuktos aus d. G. Ercheia geweiht, Kephisodot)os, Tima(rch)o(s) haben's gemacht.

b) ΚΗΦΙΣΟΔΟΤΟΣΤΙΜΑΡΧΟΣ
ΕΡΕΣΙΔΑΙΤΟΝΘΕΙΟΝ
ΘΕΟΞΕΝΙΔΗΝΑΝΕΘΗΚΑΝ

Kephisodotos, Timarchos aus d. G. Eresidä haben ihren Oheim Theoxenides geweiht.

— 128 —

Dienste der Göttin" reden, steht als Verfertiger des Werks Nikomachos[1]). Und eine über 3 Fuss lange, gegen 1 Fuss hohe Statuen-Basis nennt einen Meister Exekestides[2]).

Auch zwei Bildner-Namen aus der römischen Periode sind in neuerer Zeit zum Vorschein gebracht, Antignotos und Leochares. Eine 1838 zwischen Propyläen und Parthenon gefundene Marmor-Basis hat die Inschrift: „Das Volk hat den König Rasknporis, Kotys Sohn, wegen seines Verdienstes um dasselbe aufgestellt, Antignotos gemacht[3]). Dieser König gehört (s. Boeckh C. J. Nr. 359) in Augustus Zeit, folglich auch der Plastiker Antignot. Es kann immerhin der Antignotos sein, den Plinius ohne Zeitangabe als Bildner von athletischen und anderen Statuen erwähnt. — An der Nordseite des Erechtheion sah ich einen Marmorquader mit Fussspuren und mit Klammerlöchern (2¼′ lang, über 1¼′ breit, 1 hoch); an der einen Langseite stand in älterer Schrift:

ΑΡΙΣΤΟΝΕΙΚ.ΣΕΜΜΕΝΙΔΟ.ϝΕΚ:. (Aristoneikos, Emmenides Sohn, aus —) — [4])

---

[1]) S. Ross Lettre etc. Nr. 7. Wir fanden dies Fragment in der Zisterne beim Erechtheion, die Buchstaben schon etwas undeutlicher als Ross sie giebt.

Müller:

HΣ
VOΣ
ΡΩI
ΣΑΙ+I.ΛIΛΟI
.ΔΕΚΑΙΝΟΥ
IΠΑΡΑΠΑΣΙΣΛΦ+
ΝIIΔΕΜΕΜΟIΡΑ
ΕΝΕIΣΝΑΟΝΠΕΡIΚΑΛΛΗ
ΓΑΛΛΑΔΟΣΑΓΝΗΣ
ꓘΟΝΟΝΟΥΚΑΚΛΕΑΤΟΝΑΓ
ΕΛΑΤΡΕΥΣΑΘΕΑI

ΝΙΚΟΜΑΧΟΣΕΠΟΗΣΕΝ

Ross:

HΣ
VOΣ
ΡΩI
ΕΣΑΦΗΣΔΗΛΟI
ΑΔΕΚΑΙΝΟΥΣ
ΕIΠΑΡΑΠΑΣIΣΑΦΗΣ
ΝΝΗΔΕΜΕΜΟIΡΑ
ΑΕΝΕIΣΝΑΟΝΠΕΡIΚΑΛΛΗ
ΓΑΛΛΑΔΟΣΛΓΝΗΣ
...ΠΟΝΟΝΟΥΚΑΚΛΕΑΤΟΝΔΕ
ΕΛΑΤΡΕΥΣΑΘΕΑI

ΝΙΚΟΜΑΧΟΣΕΠΟΗΣΕΝ

[2]) ΩΝΑΠΟΛ...ΩΡΟIΦΡL._ .. on, Sohn des Apollodor, aus d. G. Phrearrhö
ΑΘΗΝΑIΠΟΛIΑΔIΑΝΕΘΗ... hat's der Athena Polias geweiht,
ΕΞΗΚΕ....ΣΕΠΟΗΣΕΝ Exeke(stide)s hat's gemacht.

(Ständen die Buchstaben in ganz gleichen Abständen, so liesse sich die Lücke im Namen nicht Exekestides ausfüllen, weil man dazu einen Buchstaben-Raum zu wenig hätte; aber die Schrift ist nicht ganz gleich gesetzt.) Ross im Kunstbl. 1840, Nr. 17 liest den Namen der ersten Zeile Adon, den Künstler-Namen Exekestos, allein zwischen dem Ε und Σ fehlen mehr als drei Buchstaben.

[3]) S. Kunstbl. 1838, Nr. 46: ΒΑΣΙΛΕΑΡΑΣΚΟΥΠΟΡΙΝΚΟΤΥΟΣ
ΑΡΕΤΗΣΕΝΕΚΕΝΤΗΣΕIΣΕΑΤΟΝ (sic)
ΑΝΤIΓΝΩΤΟΣΕΠΟΗΣΕΝ

[4]) Ross (Kunstbl. 1840, Nr. 16, S. 63) gibt diese Inschrift so:
ΑΡIΣΤΟΝΕΙ..ΣΕΜΜΕΝΙΔΟ:ΕΚ —, was er ergänzt:
Ἀριστονεί[δα]ς Ἐμμενίδου ἐκ [Θηβῶν?
Er findet hierin den Erzgiesser Aristonidas (von welchem sich, nach Plinius H. N. 34, 40, zu Theben eine Statue des Athamas

auf der entgegengesetzten Seite stand mit umgekehrt gestellten Buchstaben späteren Charakters:

<table>
<tr><td></td><td>Das Volk</td></tr>
<tr><td>ΜΑΡΚΟΝΑΝΤΩΝΙΟΝ . . . . . . ／Α . ι</td><td>Den Markus Antonius - —</td></tr>
<tr><td>ΑΝΑΞΙΩΝΟΣΥΙΟΝΑΡ . . ΗΣΕΝΕΚΑ</td><td>Anaxions Sohn, wegen seines Verdienstes.</td></tr>
<tr><td>ΛΕΩΧΑΡΙ·ΙΣΕΠΟΙΙ·ΙΣΕΝ</td><td>Leochares hat's gemacht.</td></tr>
</table>

Nach den Buchstaben dieser Weihschrift und ihrem Gegenstande muss dieser Leochares jedenfalls für später gelten, als jener, der am Bathron des Denkmals von der Familie des Pasikles genannt ist, selbst wenn der Letztere nicht identisch mit dem berühmten Leochares sein sollte [1]).

Ergebnisse also der neueren Ausgrabungen sind nähere Bestimmungen über acht früher bekannte Künstler [2]), und zehn neue Künstler-Namen [3]), nebst dem Aufschluss über die Verfertiger dreier Werke, die uns ohne die Meister genannt waren [4]), der Angabe zweier Bildniss-Statuen als Werke des Sthennis, einer des grossen Leochares, und zweier der Söhne des Praxiteles. Freilich ist es bei alle dem, was die Kunstwerke selbst betrifft, als hörten wir von ihnen nur mit verbundenen Augen reden. In dieser Beziehung machen allein die Bruchstücke vom Erechtheionfriese eine Ausnahme. Zwar lässt sich in keinem derselben eines derjenigen Bildwerke erkennen, welche gerade in der Inschrift erwähnt sind; aber es ist doch kein Zweifel, dass sie zu gleichem Zwecke um dieselbe Zeit gearbeitet sind. In der Inschrift kommen vor als einzeln gefertigte und bezahlte Figuren: ein Jüngling bei einem Panzer: ein Pferd, das ein von hinten Gesehener zurückdrängt: ein Wagen mit zwei Rossen und einem Jüngling: ein Pferd mit seinem Führer: ein Pferd mit einem, der es schlägt, bei einem Pfeiler: Einer, der einen Zaum hält: ein Mann auf seinen Stab gestützt bei einem Altar: endlich eine Frau, an die ein Mädchen geschmiegt ist. — Gefunden aber sind in verstümmeltem Zustande zwei thronende Frauen mit Knaben auf dem Schose; eine Göttin auf verziertem Throne; und eine Anzahl

---

befand, die beschämt, ja schamroth aussah, indem der Bronze Eisen beigemischt war) und setzt denselben nach seiner Beurtheilung der Inschrift v o r die 94te Olympiade. Ich zweifle an der Statthaftigkeit der Schreibung Ariston e i das, und sehe bei dem Namen, w i e man ihn lese, keine Nöthigung, an einen Künstler zu denken, da es eben so wohl der Stifter oder der Aufgestellte sein kann.

[1]) Von einem Künstler ebenfalls aus römischer Zeit ist nur der Vatersname noch erhalten an einem Basisfragment, das, nach Pittakis, 1819 in der Nähe des Areopag (?) gefunden wäre. Er gibt es so ('Ἀρχ. Ἐφ. 1839, Nov. Dez., Nr. 340):

<table>
<tr><td>_ιιυιΑΡΕΩΣΑΠΟΛΛΟΦΑΝΟΥ</td><td>(Unter dem Priester) des Mars Apollophanes</td></tr>
<tr><td>._ΩΝΘΕΟΞΕΝΟΥΤΟΥΔΗΜΗΤΡΙΟΥ</td><td>und den (Verwaltern) Theoxenos, Demetrios Sohn,</td></tr>
<tr><td>.ΛΩΝΙΟΥΕΓΩΝΥΜΟΥΔΕΤΗΣ</td><td>(und N. N.) des Apollonios Sohn, und dem namen-</td></tr>
<tr><td>.ΤΟΚΟΙΝΟΝΤΩΝΑΧΑΡΝΕΩΝΑΝΤΙ</td><td>gebenden Archon - —</td></tr>
<tr><td>.ΧΑΡΙΣΤΗΡΙΟΝΑΡΕΙΚΑΙΣΕΒΑΣΤΩ</td><td>die Gemeinde der Acharner für - -
Dankesweihung dem Mars und dem Kaiser</td></tr>
<tr><td>ΟΣΔΙΟΓΝΗΤΟΥΑΧΑΡΝΕΥΣΕΠΟΙΕΙ</td><td>— os, Diognetos Sohn, aus d. G. Acharnä machte es.</td></tr>
</table>

Ob der Diognet, bei welchem M. Aurel malen lernte, von dieser Acharnischen Familie war, lass' ich billig unentschieden.

[2]) Nesiotes, Kresilas, Strongylion, Pyrrhos, Phyromachos, Praxias, Antiphanes, Antignotos.

[3]) Aristokles, Agathanor, Dionysodoros, Jason, Mynnion, Neses, Sokles, Nikomachos, Exekestides, Leochares der Jüngere.

[4]) Für das bronzene trojanische Pferd Strongylion, für den verwundeten Diitrephes Kresilas, für die Athena Hygieia Pyrrhos.

Reste von weiblichen und männlichen Figuren. So zerstört, haben sie gleichwohl als Ueberbleibsel einer Kunstepoche, in der ein und der andere Schüler des Phidias noch leben konnte und Skopas vielleicht schon geboren war oder wenige Jahre darauf zur Welt kam, für die Kunstgeschichte hohen Werth. An den besser erhaltenen zeigt sich eine völlige, kräftig weiche Formenbildung und ein grossartiger Gewandstyl, allerdings verwandt in ihrem kleineren Massstabe den edeln Parthenon-Sculpturen, gleichwie mehrere der in der Inschrift genannten Theil-Vorstellungen in Gegenstand und Motiv an solche des Parthenonfrieses erinnern. Schon wegen der Vergleichung mit den Letzteren sind diese Reste sehr wichtig.

Der auffallende Unterschied von Dem, was wir vom Style noch der Zeitgenossen des Phidias wissen, so wie dem Style in den Metopenfiguren des Parthenon selbst, gegen den edleren und geistvollreinen der Friesdarstellungen und Giebel-Gestalten an demselben lässt den Zweifel, ob die Letzteren nicht erst der Epoche nach Phidias angehören, nicht eben grundlos erscheinen. Hirt hat sie geradezu der Epoche des Skopas und Praxiteles zugetheilt. Die Hochreliefs nun aber vom Erechtheionfries, da dessen plastische Verzierung den Schriftzügen der Baurechnung zufolge zum wenigsten gegen ein halbes Menschenalter, vielleicht ein volles Menschenalter vor der Blüthe des Skopas zu setzen ist, geben einen Beweis, dass eben so lange vor diesem Künstler bereits in einem anmuthig-grossen Styl gezeichnet und gebildet ward. Nach derselben ungefähren Zeitbestimmung sind diese Hochreliefs allenfalls um eben so viel jünger, denn Phidias Blüthenzeit, als sie älter, denn die des Skopas oder Praxiteles sind. Nicht minder aber, meine ich, müsste man aus dem blosen Anblick der kleinen Hochrelief-Figuren vom Erechtheion geneigt sein, sie für jünger als die Parthenon-Bildwerke zu halten. In den schönsten der Letzteren findet man eine unvergleichliche Verschmelzung von Naivetät mit Genie und Meisterschaft. In diesen Hochreliefs, wenn ich dem Eindrucke so unganzer Stücke vertrauen darf, ist schon mehr Schulmässiges; was am meisten im reichlichen Gewandfluss, in der Führung und dem rundlichen Schwung des Gefälts hervortreten dürfte. Es ist die Schule des grossen Styls, der in den Fries-Gruppen und Giebelstatuen des Parthenon ganz Seele und Athem, hier wohl bereits mehr Behandlungsart, Gewöhnung einer ausgiebigen Anlage und breitflüssigen Modellirung ist, edel, frei, anmuthend, aber etwas gelernter, geläufiger, kälter. Seh' ich die colossalen Parthenon-Götter an: sie sind so ganz olympisch, dass sie nicht für Andere, nur für sich, nur gross und seelig in sich zu sein scheinen. Die Gebilde aber vom Erechtheion, dünkt mich, kündigen schon mehr selber ihre Wirkung an. Ihre Bruchstücke haben auch etwas sehr Gleichartiges untereinander. Wären ihrer mehr (vielleicht finden sich noch welche hinzu!) und wären alle gleichartig, so würde dies bei der durch die Inschrift bezeugten Vertheilung der Arbeit auf viele Hände am meisten die Schulmässigkeit derselben bezeugen. Am Parthenon findet solche Gleichmässigkeit nicht statt. Auf der einen Seite trifft man unter den im Ganzen härteren, bisweilen barocken Metopen-Gruppen hinwieder einzelne reiner und grossartig entwickelte, und auf der andern Seite enthält der im Ganzen so edelschöne Fries auch ein par schwächere, kleinlicher behandelte Gruppen. Es sind gleichfalls neben den unübertrefflichen Giebelfiguren trocknere und nicht grossartig ausgeführte Stücke vorhanden. Aehnliche Gegensätze einer harten, ja ungeschickten Technik gegen vortreffliche Zeichnung und höchst schöne Theilvorstellungen lässt der Fries des Arkadischen Tempels bemerken, der unter Mitwirkung oder

Leitung der Schüler des Phidias entstanden ist. Man kann also in den Werken, die uns unter Phidias und seiner Schüler Namen überliefert sind, das Hervortreten einer hohen Genialität und plastischen Reife noch neben einer einseitigeren Gewöhnung älterer und einer niedrigeren Bildung mitthätiger Zeitgenossen bemerken. Wofern nun wirklich die urkundlich jüngeren Werke des Erechtheion um einen Grad weniger Ursprünglichkeit, im Ganzen aber mehr gleichartige Sicherheit vor Augen stellen: so wird man der Ueberlieferung über Herkunft und Epoche der Parthenon-Sculpturen desto mehr vertrauen können.

Ueber die Bildwerke vom Fries des Niketempels und von der Balustrade, die seinen Unterbau krönte, hab' ich mich an anderen Orten bereits ausgesprochen [1]) und hoffe, sie später einer besondern Betrachtung zu unterziehen. Es ist mir bei diesen, wie bei den Bildwerken am Theseus-Tempel, nicht möglich, sie für älter als jene des Parthenon zu halten. Bei Aufzeichnung der Reliefs am Niketempel-Friese hat sich Müller bemerkt, dass sie in gewisser Beziehung an die vom Denkmal des Lysikrates erinnern. Hier können genaue Vergleichungen und Studien noch interessant und lehrreich für die Kunstgeschichte werden. Ich sehe nächst den plastischen Resten vom Erechtheion diese Compositionen als Hauptmittel an, um uns über die Periode der Plastik nach Phidias und den stetigen Zusammenhang zwischen seiner und der Skopas-Praxitelischen Epoche bestimmte Begriffe zu geben. Die lebhaften Fries-Reliefs des Niketempels möcht' ich zwischen diese beiden Epochen setzen, die musikalisch bewegten Nikefiguren seiner Balustrade könnten etwa selbst schon der zweiten dieser Epochen angehören. Die grossartige Niobe-Tochter des Museo Chiaramonti, treffliche Bildniss-Statuen aus derselben Epoche, wie die des Aeschines und Demosthenes, die zu Neapel und Rom noch mehrfach vorhanden sind, dann das Denkmal des Lysikrates, nach der Blüthezeit des Skopas und Praxiteles, wenige Jahre nach der Schlacht bei Chäroneia, ausgeführt, die in's Britische Museum gebrachte Dionysos-Statue vom Denkmal des Thrasyll, welches kurz nach den tollsten Wechselfällen der Diadochenzeit errichtet ward — diese und ähnliche in verschiedenem Sinne werthvolle Erbtheile sind noch nicht so ganz ausgebeutet. Die zweite Hochblüthe der attischen Plastik, wunderbar in der politischen Herabspannung und Entnervung Athens, kann in ihrer Grösse und Manichfaltigkeit, in ihrer immer noch ächten, maassvollen und geistreichen Schönheit noch viel deutlicher werden. Weitere Belege ihrer fortdauernden Schule und verlaufenden Wirkung sind sodann die attischen Grabdenkmäler. Zu ihnen wollen wir hiernächst uns wenden.

---

[1]) Försters Allg. Bauzeitung 1841.

(Ende des ersten Hefts.)

——◁●▷——

Berichtigung und Zusatz.

S. 100 in Nr. 122, Zeile 7 statt: ihrer l. Seite lies: ihrer rechten S.
S. 108, Anmerk. 1 füge bei: S. auch Ross im Kunstbl. 1840, Nr. 18.

Gedruckt bei den Gebr. Unger in Berlin.

Erklärung der Tafeln.

FSC
www.fsc.org

MIX

Papier | Fördert
gute Waldnutzung

FSC® C083411

Zeitfracht Medien GmbH
Ferdinand-Jühlke-Straße 7
99095 Erfurt, Deutschland
produktsicherheit@kolibri360.de